全国职业院校铁路类专业规划教材

Tiedao Gailun
铁道概论

刘柱军　孙建晖　**主　编**
宗栗冰　周体江　卢仕发　**副主编**
张秀嫒[北京交通大学]　**主　审**

人民交通出版社股份有限公司
China Communications Press Co.,Ltd.

内容提要

本书为全国职业院校铁路类专业规划教材。本书着重介绍铁路的基本知识和基本原理，突出高速铁路、重载运输、现代化运输管理等最新技术成果，适度介绍铁路建设的前沿知识。它系统、全面地介绍了铁路运输体系的构成和铁路基本知识及基本原理。全书共分八章：第一章绪论，介绍现代化的交通运输和铁路发展史；第二章铁路线路；第三章铁路车辆；第四章铁路机车；第五章铁路车站；第六章铁路信号与通信；第七章铁路运输组织；第八章高速铁路和动车组及重载运输。

本书是铁路各专业高职和中职学校教学用书，也可作为广大铁路职工培训或自学用书，同时可供铁路管理人员和铁路工程技术人员及铁路爱好者学习参考。

* 本书配有教学课件，读者可于人民交通出版社股份有限公司网站免费下载。

图书在版编目（CIP）数据

铁道概论/刘柱军,孙建晖主编.—北京：人民交通出版社股份有限公司,2018.1
全国职业院校铁路类专业规划教材
ISBN 978-7-114-14276-5

Ⅰ.①铁… Ⅱ.①刘…②孙… Ⅲ.①铁路工程—高等职业教育—教材②铁路运输—高等职业教育—教材 Ⅳ.①U2

中国版本图书馆 CIP 数据核字（2017）第 256996 号

全国职业院校铁路类专业规划教材

书　　名：	铁道概论
著 作 者：	刘柱军　孙建晖
责任编辑：	袁　方
出版发行：	人民交通出版社股份有限公司
地　　址：	（100011）北京市朝阳区安定门外外馆斜街3号
网　　址：	http://www.ccpress.com.cn
销售电话：	(010)59757973
总 经 销：	人民交通出版社股份有限公司发行部
经　　销：	各地新华书店
印　　刷：	中国电影出版社印刷厂
开　　本：	787×1092　1/16
印　　张：	17.25
字　　数：	403千
版　　次：	2018年1月　第1版
印　　次：	2020年1月　第3次印刷
书　　号：	ISBN 978-7-114-14276-5
定　　价：	48.00元

（有印刷、装订质量问题的图书由本公司负责调换）

前　言

铁路是国家的关键基础设施和重大民生工程，是综合交通运输体系的骨干，它在国家经济社会发展中的地位和作用至关重要。目前，我国铁路各项技术快速发展，管理水平全面提升，"四新"知识不断应用，各铁路职业院校招生、就业迅速扩大。因此，急需一套适合铁路快速发展和铁路职业院校需求、实用性强的规划教材。针对目前职业教育"校企合作、工学结合"的教学改革形势，人民交通出版社股份有限公司组织编写了这套铁路类专业规划教材。

《铁道概论》是铁路院校各专业开设的一门基础课，它为铁路各专业的学生学习铁路相关专业课程提供必要的基础知识。本书系统、全面地介绍了铁路史、铁路运输业、铁路运输设备以及铁路运输工作的基本概念、基本原理及基本运用。本书在编写过程中，密切跟踪国内外铁路技术发展，紧密结合铁路运输现场实际，强调铁路基本知识、基本原理，突出铁路新技术、新工艺、新装备的应用，适度介绍铁路建设的前沿知识，体现铁路高速化、重载化、电气化、信息化的特点。通过本书的学习，可以建立对铁路运输的整体认知，了解铁路各专业之间的关系，掌握铁路运输设备的基本构造、基本原理，认清铁路运输的现状和发展趋势。

本书由黑龙江第二技师学院刘柱军担任主编并负责全书统稿，辽宁铁道职业技术学院孙建晖担任第二主编；哈尔滨铁路局哈尔滨职工培训基地宗栗冰和黑龙江第二技师学院周体江、卢仕发担任副主编。本书由北京交通大学张秀媛主审。为方便师生教学，本书在每章配有适量的习题，同时还制作了电子课件，可于人民交通出版社股份有限公司网站下载使用。

本书在编写过程中，得到上海交通职业技术学院阎国强、刘见见和辽宁铁道职业技术学院冯俊杰的大力支持和帮助，同时得到了哈尔滨铁路局有关站段的鼎力相助，在此表示诚挚的谢意。除列出的参考文献外，还引用了大量网页资料及论文资料，在此一并向作者们表示衷心的感谢。

鉴于我们水平和时间有限，书中难免存在疏漏与不足之处，恳请大家批评指正。

编　者
2017 年 10 月

目 录

第一章 绪论 … 1
- 第一节 现代化交通运输 … 1
- 第二节 铁路发展史 … 5
- 复习思考题 … 18

第二章 铁路线路 … 19
- 第一节 概述 … 19
- 第二节 铁路线路的平面、纵断面及线路标志 … 22
- 第三节 路基和桥隧建筑物 … 31
- 第四节 轨道 … 50
- 第五节 限界 … 61
- 第六节 工务工作 … 65
- 复习思考题 … 69

第三章 铁路车辆 … 70
- 第一节 概述 … 70
- 第二节 车辆方位、主要技术参数 … 83
- 第三节 铁路车辆的基本构造 … 85
- 第四节 车辆的检修与检测 … 110
- 复习思考题 … 116

第四章 铁路机车 … 117
- 第一节 概述 … 117
- 第二节 内燃机车 … 125
- 第三节 电力机车 … 132
- 第四节 电气化铁道牵引供电系统 … 134
- 第五节 机车的检修和运用 … 138
- 复习思考题 … 141

第五章 铁路车站 … 142
- 第一节 概述 … 142
- 第二节 中间站 … 148
- 第三节 区段站 … 149
- 第四节 编组站 … 152
- 复习思考题 … 159

第六章　铁路信号与通信 ·· 160
第一节　概述 ··· 160
第二节　铁路信号基础设备 ··· 163
第三节　车站联锁系统 ·· 169
第四节　闭塞设备 ··· 175
第五节　列车运行控制系统 ··· 179
第六节　铁路列车调度指挥系统和调度集中控制 ······· 184
第七节　驼峰信号设备 ·· 190
第八节　铁路通信系统 ·· 195
复习思考题 ··· 199

第七章　铁路运输组织 ·· 200
第一节　旅客运输组织 ·· 200
第二节　货物运输组织 ·· 204
第三节　铁路行车组织 ·· 214
第四节　高速铁路运输组织 ··· 227
第五节　铁路运输安全管理 ··· 230
复习思考题 ··· 233

第八章　高速铁路和动车组及重载运输 ························ 234
第一节　高速铁路和动车组 ··· 234
第二节　磁悬浮铁路 ·· 254
第三节　重载运输 ··· 260
复习思考题 ··· 267

参考文献 ··· 268

第一章 绪 论

第一节 现代化交通运输

一、现代交通运输及其种类

铁路是国民经济的大动脉、关键基础设施和重大民生工程,是综合交通运输体系的骨干和主要交通方式之一,在我国经济社会发展中的地位和作用至关重要。交通运输是指运输工具在运输网络上的流动和运输工具上运载人员与物资在两地之间发生位移这一经济活动的总称。交通运输业是将社会生产、交换、分配、消费等各个环节紧密联系起来的一个结合体,它有利于保证我国社会经济的稳步发展。现代交通运输主要包括公路、铁路、水路、航空、管道等五种运输方式,它们各有其不同的技术经济特征与适用范围。随着社会和科技的进步,人们对交通运输的需求迅速增长,各种运输方式的技术装备和组织工作不断更新,技术经济性能和使用范围也在不断变化,新型交通工具不断产生,从而形成了现代的交通运输业。面对强大的市场需求和激烈的竞争,现代交通运输业必须用现代信息技术来改造和提升传统的运输产业,达到高服务质量、高运输效率和低运输成本,实现交通运输的全面现代化。

二、各种交通运输方式的特点及发展趋势

公路、铁路、水路、航空、管道五种运输方式各有其特点和不同的适用范围,这五种运输方式必须有计划地合理分工,充分发挥各自的优势,协调发展。交通运输业今后的发展方向是朝着智能化、高速化、重载化、多式联运、集装箱运输、开发新型绿色运输和保护环境的方向发展。

(一)公路运输

1. 主要特点

(1)原始投资少,资金周转快:公路运输与铁路、水路、航空运输方式相比,所需固定设施简单,车辆购置费用一般也比较低,因此,投资兴办容易,投资回收期短。

(2)技术要求和地形要求低:修建公路的材料和技术比较容易解决,易在全社会广泛开展,是公路运输的最大优点。

(3)在中、短途运输中,运送速度较快:避免中转重复装卸,批量、时间不受限制,客、货在途时间较短,对贵重、易碎、要求防腐保鲜物品的中短途运输尤为适宜。

(4)可实现直达运输:可以把旅客和货物从始发地门口直接运送到目的地门口,实现"门到门"直达运输。

(5)运量小:每辆普通载货汽车每次只能运送5t货物(近几年载货吨位、品种、技术性

能、专用车种都有了新的发展,如60t的重型卡车);长途客车可运送50位旅客,仅相当于一列普通客车的1/30~1/36。

(6)运输成本较高:分别是铁路运输的11.1~17.5倍,是沿海运输的27.7~43.6倍,是管道运输的13.7~21.5倍。

(7)污染环境较严重:汽车所排出的尾气和引起的噪声是大城市环境污染的最大污染源之一。

(8)能耗较大:其能耗分别是铁路运输能耗的10.6~15.1倍,是沿海运输能耗的11.2~15.9倍,是内河运输的13.5~19.1倍,是管道运输能耗的4.8~6.9倍。

2. 发展趋势

智能运输系统是未来公路运输的发展方向;公路运输将与现代物流日益融合;集约化经营、规模化发展,是公路客运发展的方向;公路货运将向快速、长途专用重载发展。公路物流领域将广泛应用电子技术、信息技术、通信技术和系统工程等高科技。

(二)铁路运输

1. 主要特点

(1)准确性和连续性强:几乎不受气候影响,一年四季可以不分昼夜地进行定期的、有规律的、准确的运转,一般情况下能够发车和到站,准时性强。

(2)运输速度快:货物列车时速一般在80~120km之间。高铁列车时速达200~380km。

(3)运量大:一般每列客车可载旅客1800人左右,一列货车可装2000~3500t货物,重载列车可装20000t以上货物;单线单向年最大货物运输能力达1800万t,复线达5500万t;运行组织较好的国家,单线单向年最大货物运输能力达4000万t,复线单向年最大货物运输能力超过1亿t。截至2017年底,中国铁路营业里程达12.7万km,高铁运营里程超过2.5万km,占世界高铁运营里程的60%以上。2016年1~5月,中国铁路完成旅客发送量11.1亿人次,货物发送量10.4亿t,运输总量稳居世界第一。

(4)运输成本和能耗较低:铁路运输费用仅为汽车运输费用的几分之一到十几分之一;运输耗油约是汽车运输的1/20。

(5)投资大,建设周期长,占地面积较大:铁路运输需要铺设轨道、建造桥梁和隧道,建路工程艰巨复杂;需要消耗大量钢材、木材;占用土地,其初期投资大大超过其他运输方式。需要大量的资金、物资用于建筑工程,如路基、站场等;一旦停止营运,不易转让或收回,损失较大。

(6)组织与安排要有高度的统一性:铁路运输由运输、机务、车辆、工务、电务等业务部门组成,要具备较强的准确性和连贯性,各业务部门之间必须协调一致,这就要求在运输指挥方面实行统筹安排,统一领导。

其他轨道交通运输方式的特点:地铁,运量大、速度快、无污染、占用土地少、投资巨大、工程量大、施工期长;轻轨,基建投资较小、安全性和舒适性接近于地铁、能耗相对小、公害小,但运量也小于地铁;磁浮,速度快、噪声小、单位乘客能耗小、安全性较好、造价高、运量小、成本高。

2. 发展趋势

高速、大密度、扩编是将来铁路的发展趋势;高速铁路和客运专线的修建和运营;重载运输和电气化铁路的应用;大城市快速运输系统将与全国铁路网连接,紧密配合,形成客运统一运输网;在货运方面,集中化、单元化和大宗货物运输重载化是各国铁路发展的共同趋势;在客运方面,发展轻型化车辆,提高列车运行速度。

(三)水路运输

1. 主要特点

(1)载运量大、成本低适合大宗货物运输:水运是开展国际贸易的主要方式。我国长江干线驳船顶推能力达3万~4万t,世界上最大的油船已经超过50万t;我国沿海运输成本只有铁路的40%,美国沿海运输成本只有铁路运输的1/8;我国长江干线运输成本只有铁路运输的84%,而美国密西西比河干流的运输成本只有铁路运输的1/3~1/4。

(2)能耗较低、投资小:能耗不到铁路的60%。建设航道不需要占用土地。

(3)劳动生产率高:沿海运输劳动生产率是铁路运输的6.4倍,江河干线运输劳动生产率是铁路运输的1.26倍。

(4)受航道制约和自然条件限制、运送速度较慢。

2. 发展趋势

码头建设向大型化、深水化、专业化发展;运输组织向规模化、网络化迈进;积极发展国内水路集装箱、商品汽车水路运输,大力发展江海直达和多式联运。

(四)航空运输

1. 主要特点

(1)运行速度快:现代喷气式客机,巡航速度为800~900km/h,比汽车、火车快5~10倍,比轮船快20~30倍,距离越长,航空运输所能节约的时间越多,快速的特点也越显著。

(2)机动性好:飞机在空中飞行,受航线条件限制的程度比汽车、火车、轮船小得多。它可以将地面上任何距离的两个地方连接起来,可以定期或不定期飞行。

(3)运输路径短:飞机的航道一般接近直线,不需绕过太多障碍。

(4)安全和舒适性好:喷气式客机的巡航高度一般在10000m左右,飞行不受低空气流的影响,平稳舒适。

(5)基本建设周期短,投资少:在相距1000km的两个城市间建立交通线,若载客能力相同,铁路修筑周期为5~7年,而开辟航线只需2年。

(6)载运量小、噪声大、成本和运价较高、受气候影响较大,影响其准时性与正常性:飞机的舱容有限,高空运输成本在5种运输方式中费用是最高的。

2. 发展趋势

提升总周转量,发展支线运输,充实国际航线,完善和建立现代化的空中交通管理系统,使技术设备、人力服务和航空安全综合保障管理能力达到世界先进水平,使航空安全能力、航空信息化技术、劳动生产率接近世界水平。

(五)管道运输

1. 主要特点

(1)运量大,劳动生产率高:一条管径为720mm的管道就可以每年运送易凝高黏原油2000万t以上,一条管径1220mm的原油管道年运输量可达1亿t。管道运输是一种连续工

程,运输系统不存在空载行程,因而系统的运输效率高。

(2)成本和能耗较低:节能和高度自动化,用人较少,使运输费用大大降低。在无水条件下,采用管道运输是一种最为节能的运输方式。

(3)连续性强、安全性好:管道运输方式,既安全,又可以大大减少挥发损耗;同时由于泄露导致的对空气、水和土壤污染也可大大减少。

(4)投资小、占用土地少、无噪声:管道建设的投资和施工周期均不到铁路的1/2。管道埋于地下,只有泵站、首末站占用一些土地,且占用土地少;沿线不产生噪声,有利于环境保护。

(5)建设周期短、费用低:管道运输系统的建设周期与同等运量的铁路建设周期相比,一般来说要短1/3以上。

(6)灵活性较差:调节运量及改变方向的幅度较小,"承运"的货物比较单一,也不允许随便扩展管线。

2. 发展趋势

管道的口径不断增大,运输能力大幅度提高;管道的运距迅速增加;运输物资由石油、天然气、化工产品等流体逐渐扩展到煤炭、矿石等非流体,且煤浆管道应用前景广阔;趋向智能化,如数字管道升级到智能管道。

三、现代交通运输在国民经济中的作用

交通运输是现代社会的血脉,是国民经济和社会可持续发展的保证,它是国民生产分配各个环节的联系部分。其主要有以下几种作用:

(1)经济作用。5种交通运输方式既要完成国家下达的客货运输任务,还要根据市场商品需求调节各自的运输,自身所创造的经济价值是十分可观的。

(2)社会公益作用。现代化的交通运输业,必须不分昼夜、季节、全天候地从事正常运输,是与国家政治、经济休戚相关的。遇到非常时期,发生灾难时,如地震、洪水、大火、海啸等;或在战争时,或国家财产受到威胁时,交通工具都会用来抢救危亡,恢复社会正常秩序,这种超经济的社会公益作用显得更为突出。

(3)宏观调控作用。当国民经济失调而需要调整或治理整顿时,交通运输作为国家宏观调控工具的作用会更为突出,如煤炭抢运、全国性粮食调运等。5种运输方式中,铁路运输的宏观调控作用尤为明显。

(4)促进国家经济合理布局、协调发展。促进国家区域经济合理布局、协调发展,除了中心城市的作用外,要以交通要道为依托,充分发挥5种交通运输方式的优势。依靠若干条通过能力强的南北向、东西向的运输大通道,引导形成若干跨地区的经济区域和重点产业,优化生产力布局和资源配置,减少重复浪费,交通运输将起很大的促进作用。交通运输是国民经济的重点战略产业,是国民经济的重要基础设施,是制约经济与社会发展的一个重要因素。自改革开放以来,各地政府和人民都认识到"要想富、先修路"。交通运输业要先行,才能保持国民经济的持续、稳定、协调发展。

(5)国防意义。运输是国防的后备力量,战时又是必要的军事手段。运输业关系到民族存亡、国家安危,决非用经济尺度所能衡量的。

第二节 铁路发展史

铁路是人类文明进步的伟大里程碑之一,是现代工业的先驱。铁路最早诞生于欧洲,1825年9月27日,在英国的斯托克顿和达林顿两个城市之间,修建了世界上第一条对公众开放、同时办理客运和货运业务的铁路。由此揭开了铁路运输的序幕。担任该线工程师的英国发明家乔治·斯蒂芬森,成功地设计出世界上第一台实用的蒸汽机车。铁路这种运输形式一出现,就以其"多拉快跑"的特点而表现出强大的生命力。

一、世界铁路的发展

世界铁路发展到今天已有190多年的历史,继英国之后,许多国家陆续修建铁路。美国于1827年、法国于1828年、俄国于1834年先后开始修筑铁路。百余年来,世界铁路技术已有很大发展,大致可以分为萌芽时期、蓬勃发展时期、衰退时期、新发展时期。

1. 萌芽时期(1825—1900年)

"Rail"这个英语单词最初的意思是木栏杆、木栅栏。英国人毕奥莫特于1630年将木头铺在地上,使矿山运输煤的车辆易于通行,车辆的动力是人力或马这样的畜力,这样的路在当时就称为"Rail",这个词今天的意思就是铁路。1825年英国建成的第一条铁路全长27km,最初速度为4.5km/h,后来达到24km/h,由蒸汽机车牵引客货混编34节车厢行驶,这是世界铁路运输史的开端。世界上第一条铁路,如图1-1所示。此后,欧洲各国开始对这种车头冒着浓烟、行驶于两条平行铁轨上的新型车辆产生浓厚兴趣,从而纷纷兴建铁路。

图1-1 世界上第一条铁路

到了1850年,英国与欧洲大陆已修建了约7000km的铁路。美国为了开疆拓土,于1833年开始修建铁路,并于1869年5月在犹他州盐湖城附近的布罗蒙特瑞完成东、西两岸铁路的通车典礼,从此美国东、西岸的交通往来缩减了5~6天,为美国的繁荣与强大奠定了很好的基础。这一时期铁路运输在社会上所处的地位可谓相当重要,除了影响经济发展的货物运送之外,在国防运输上更有其绝对的必要性,所以,欧美各国纷纷于这一时期兴建铁路运输系统。德国于1835年12月7日建成纽伦堡到富尔特的第一条铁路,不过,这条铁路使用的机车由英国制造,火车司机也是英国人。德国第一条铁路,如图1-2所示。在铁路机车制造方面,蒸汽机车

图1-2 德国第一条铁路(纽伦堡—富尔特)

的性能日趋完善,同时1879年德国西门子电气公司研制出世界第一台电力机车,1891年德国制成世界第一台4马力的内燃机车。到1872年止,世界上有26个国家建成铁路并开始营运,见表1-1。

世界一些国家或地区铁路开始营运的年份表　　　　　　　　　　表1-1

国家或地区	开始营运年份	国家或地区	开始营运年份
英国	1825	列文敦士登	1844
美国	1830	牙买加	1845
爱尔兰	1834	匈牙利	1846
德国	1835	丹麦	1847
比利时	1835	西班牙	1848
加拿大	1836	墨西哥	1850
古巴	1837	秘鲁	1851
俄国	1837	智利	1851
奥地利	1838	印度	1853
荷兰	1839	巴西	1854
意大利	1839	挪威	1854
捷克斯洛伐克	1839	澳大利亚	1854
瑞士	1844	日本	1872

2. 蓬勃发展时期(1900—1945年)

这一时期由于欧美各国在海外殖民与拓荒所需,铁路迅速地发展成为陆上运输的骨干,加上其独占性,使得铁路业成为运输业界的领导者,坐享超额利润,也正因为如此,大批的投资人纷纷开始在各地修建铁路。这个时期内有60多个国家和地区建成铁路并开始营运。工业先进国家的铁路已渐具规模,俄国修建的西伯利亚铁路和美国开发西部修建的铁路,都长达数千千米。1903年西门子电气公司研制出第一台实用电力机车,时速达200km。1925年美国在中央铁路首次投入运用300马力的内燃机车。到了1941年,全世界的铁路总长度已达约126万km,其中美洲占47%,欧洲占33%。

3. 衰退时期(1946—1964年)

第二次世界大战以后,小汽车在技术上获得了关键性的突破,美国福特公司开始制造数百万辆的廉价小汽车,让当时美国人民彻底地接受了小汽车的方便性,各国政府有鉴于汽车将被广泛地使用,而纷纷投入大量资金修筑完善公路系统,以促进经济发展,并且提高国民所得,以期获取选民支持。在铁路方面服务水准每况愈下,再加上铁路的可及性不及公路高,因而逐渐遭到各国政府的漠视,甚至制定许多法案限制铁路营运。在这些不利因素影响下,铁路出现衰退期,如美国在1920—1950年拆除9万多千米铁路。

4. 新发展时期(1964年至今)

20世纪60年代后期,涉及世界各国的能源危机,使公路和航空运输发展受到限制,而铁路运输,特别是电气化铁路较少受到燃料价格上涨的影响,铁路在整个交通运输体系中的能耗所占比重较小;另外,由于在运输过程中排放的废气及产生的噪声等对生态环境的污染与其他交通运输工具相比也是最低的;加之,依靠高新技术,铁路提供诸多运输新产品,尤其是大宗货物运输重载化、中长距离旅客运输高速化，使得铁路走向新的发展时期。

1964年，日本建成东京与大阪间的东海道新干线，专门行驶旅客列车，最高行车速度达到210km/h，每天平均载客达45万人，高峰日则超过百万人，营运7年就将10亿美元的建设成本连本带利还清，从而重新找回铁路业者的希望。此后，法、英、美等国和联邦德国都开始修建行驶高速列车的高速铁路。在高速铁路出现的同时，世界上一些有大宗煤炭或其他矿产货物输送任务的国家开始行驶重载列车，行驶这种列车的铁路称为重载铁路。早在20世纪20年代，美国铁路曾行驶由轴重达到30t的货车组成的总重超过万吨的列车。20世纪60年代后，加拿大、巴西、澳大利亚等国陆续修建适应行驶重载列车的重载铁路；美国也扩大了重载列车的运营。到20世纪80年代初，最重的列车总重已达到2万t以上。法国在1981年建成了该国的第一条高速铁路（TGV东南线），列车时速达到270km；后来又建成了TGV大西洋线，时速达到300km；1990年5月13日试验的最高速度已达515.3km/h，可使运营速度达到400km/h。法国的高速铁路后来居上，在一些技术、经济指标上超过日本而居世界领先地位。现在已有高速铁路700多千米，而且由于TGV列车可以延伸到既有线上运行，因此TGV的总通车里程已达2559km。意大利、德国、英国、苏联、西班牙等国也先后建成或修建了高速铁路，就连过去曾因铁路不景气拆掉一部分线路而被称为"汽车王国"的美国，也在重视并着手高速铁路的建设。韩国规划在20世纪末要建成时速达300～350km的高速铁路。目前，高速铁路技术在世界上已经成熟，高速化已经成为当今世界铁路发展的共同趋势。现在，世界铁路总长度约137万多千米，其中高速铁路共有3万多千米，到21世纪末，预计高铁线路将达到5万多千米，约有20%的国家建成高速和准高速铁路。

二、中国铁路的发展

中国从1876年修建淞沪铁路至今已有140余年的历史，中国铁路的发展经历了两个时期，即清朝和中华民国时期、新中国时期。

1. 旧中国的几条铁路

1）不受欢迎的上海吴淞铁路

1872年美国驻上海的副领事着手修建一条从上海市区向北到长江入海口吴淞码头的窄轨铁路，未经中国清政府同意就组织了一个"吴淞道路公司"，并诡称要修筑一条"寻常马路"，从而骗取了上海道台的允许。后来由于资金缺乏，"吴淞道路公司"将筑路权又让给了英国商人，英方组成了"吴淞铁路公司"，总办事处设在伦敦，以怡和洋行作为其在华代理人。1875年英国人以"供车路之用的铁器"为名，从英国偷运来了钢轨、机车和车辆等铁路器材设备。1876年6月由上海苏州河北岸朝东北方向到江湾徐家花园的一段铁路修通了，这是一条窄轨铁路，轨距仅762mm，长8km，运行速度24～32km/h，7月3日正式通车营运。

这条采取欺骗手段修建的铁路，一开始就遭到沿线人民的坚决反对。在勘测线路时，标桩屡屡被拔；在填筑路基时，由于妨碍引水灌溉农田，沿线民众提出了强烈抗议，江湾一带的居民曾鸣锣聚集几百人，捣毁"吴淞铁路公司"办事处。1876年8月，火车又轧死了一个行人，群众的情绪更加激昂，九百多人齐聚江湾一带，坚决阻止火车开行，有的甚至卧轨以示抗议。铁路公司被迫答应停止行车。1876年10月，经过讨价还价，中英双方签订了"收买吴淞铁路条款"，清政府用28.5万两白银将此路买了回来。英国要求赎款一年内分三次付清，而在赎款付清之前,则继续行车营运,并且按照原计划,把铁路一直修到了吴淞镇。1876年12月1日,这条从上海到吴淞镇长14.5km的铁路全线通车。直至1877年10月清政府付清赎金接管铁路为止。赎回后,腐败的清政府根本认识不到铁路这种新式运输工具的优越性,反而最终昏庸地把这条不惜重金赎回的铁路拆掉了。

2) 我国自己创办的唐胥铁路

1881年河北省唐山开平矿务局为了运煤而修建了从唐山至胥各庄的唐胥铁路,它是我国自己创办的第一条铁路。当时几经请求清朝政府,才勉强批准修建。铁路全长10km,1881年开工,同年6月开始铺轨,11月8日举行了通车典礼。采用15kg的钢轨和1435mm的标准轨距,铁路修通了,但火车这个冒烟的怪物跑起来清政府的一些人怕震动远在70km外的清皇陵。所以当初只准用骡马拖拉车辆,后来经过往返疏通,才在1882年改用机车牵引。但在修建铁路的施工过程中,为运输钢轨和材料,中国工人凭着当时任工程师的英国人金达的几份设计图纸,利用矿场起重机的锅炉和竖井架的槽铁等旧材料,试制成功了一台简易的蒸汽机车。这是中国铁路工厂非正式生产的"第一台蒸汽机车"。1882年,又从英国购来了2台小型机车参加运营。唐胥铁路以后逐步发展成为现在的京沈铁路。

3) 中国自己设计、施工修建的京张铁路

京张铁路南起北京丰台,北至张家口,全长201km。1905年9月4日正式开工修建,12月12日开始铺轨。京张铁路"中隔高山峻岭,还有怀来河,特别是居庸关、八达岭,层峦叠嶂,石峭弯多"。全程分为三段,第一段由丰台至南口,长60km;第二段由南口至岔道城,长33km;第三段由岔道城至张家口,长128km。其中第二段因关沟阻隔,地形复杂,最大坡度为33‰,曲线半径182.5m,隧道四座,长1644m,采用"人"字形爬坡线路,工程非常艰巨。

难关就在第二段,首先必须打通居庸关、五桂头、石佛寺、八达岭四条隧道,最长的八达岭隧道1091m。采用南北两头同时向隧道中间点凿进的同时,在隧道中部一带下挖一口大竖井,在隧道的康庄出口附近下挖另一竖直小井,多个工作面同时施工;同时京张铁路设计总工程师詹天佑大胆使用了当时较先进的炸药,大大缩短了工期。依靠人力建成了这条中国筑路史上的第一条长大隧道。京张铁路最为人所知的工程是为克服南口和八达岭的高度差而修建的青龙桥车站人字形线路,如图1-3所示。用一来一去两次较长较缓的爬坡来代替直接爬上很陡的坡。列车在爬坡途中先到青龙桥车站(位于人字的顶点),然后换个方向,原来的后推机车改在前边拉,原来的前拉机车改在后边推,继续爬坡。为保证行车安全,还在青龙桥与南口之间的各会车车站都设有保险岔道(安全线),防止列车失控时的溜逸事故,由于这一巧妙设计,八达岭隧道的长度由1800m缩短了近一半。由于克服了重重困难,在1908年9月完成了第二段工程。

图1-3 青龙桥的"人字形"线路

第三段工程,怀来河大桥工程最为艰巨,该桥长约213m,全桥由7孔30.5m的简支上承钢桁梁组成。1909年4月2日火车通到下花园。下花园到鸡鸣驿矿区岔道一段虽不长,工程极难。右临羊河,左傍石山,山上要开一条20m宽的通道,山下要垫高3.5km长的河床。

京张铁路1909年9月24日通至张家口市,由于詹天佑正确的指挥,及时建成。

京张铁路从1905年9月4日正式开工,到1909年10月2日在南口举行通车典礼,共修建四年整,是中国首条不用外国人员,由中国人自行设计建设完成,并投入营运的干线铁路。京张铁路比原计划提前2年建成,不仅工程造价低,而且为我国培养了第一批自己的铁路工程师,为以后修建铁路打下了坚实的基础。京张铁路的建成,结束了中国人自己不能修铁路的历史,谱写了我国铁路建筑史上光辉的一页。

4) 中国台湾的第一条铁路

1887年,台湾省巡抚刘铭传主持修建从台北至基隆铁路,长28.6km,1891年完成。到1893年自台北展修至新竹,长78.1km。这是我国台湾省最早的1067mm轨距的铁路。

2. 资本主义国家在中国修建的铁路

(1) 俄国于1898年强行在中国建筑自满洲里至绥芬河的中东铁路和自哈尔滨至大连的南满铁路。这两条铁路是按俄国铁路标准修筑的,采用1524mm宽轨距。这是中国东北地区最早的铁路。

(2) 由德国人修建的胶济铁路。东起青岛,经高密、潍坊至济南,横贯山东省,干支线全长440km。1899年开工,1904年全部建成通车。

(3) 由比利时(背后有法国资本)贷款并控制修建权、行车权和财权的京汉铁路。从前门西站至汉口玉带门全长1215km。1897年开工,1906年全线正式通车,开始称卢汉铁路,后改称京汉铁路。

(4) 由英国贷款修建的关外铁路。自山海关外中后所(今绥中)到新发屯(现新民),还包括沟帮子至营口的支线。1894年关外铁路已从山海关修至中后所,1900年中后所经锦州、沟帮子至营口的铁路建成通车,由于义和团兴起,俄军在营口登陆,强占山海关外铁路,工程停顿。1902年俄军撤走,大虎山至新民屯恢复施工,1903年竣工。该铁路干支线共长386km。

(5) 由英商福公司修建的道清铁路。从焦作煤矿区的清化镇经柏山、待王、获嘉,与卢汉铁路相接,再往东至卫河边的道口,以便将焦作的煤运出外销,全长150km。1902年开工,1907年全线通车。

(6) 由比利时贷款修建的汴洛铁路。以卢汉铁路(京汉铁路)的郑州为起点,分别向东、西两个方向施工,通至开封和洛阳,全长184km。1904年动工,1909年竣工,1910年正式通车,该路后来向东西两方向延伸,发展延伸建成为陇海铁路。

(7) 由法国人修建滇越铁路。南起中越边境的河口,向西北,经开远至昆明,长470km,采用1m轨距。1904年动工,由于工程艰巨,1910年才完工。

(8) 由英国贷款修建的沪宁铁路。自上海至南京下关,长311km。1905年开工,1908年竣工通车。

(9) 由英国贷款修建的广九铁路。自广州东郊的大沙头车站至深圳车站,长143km,与香港广九铁路接轨。1907年动工,1911年竣工。

(10) 由英国、德国贷款修建的津浦铁路。自京沈的天津总站至南京长江北岸的浦口,长1010km。1908年开工,1911年完工。

以上这些资本主义国家无论哪种情况修建的铁路,都成了帝国主义榨取中国人民血汗

的吸血管。

 知识链接

詹天佑(1861.4.26—1919.4.24),汉族,字眷诚,号达朝。祖籍徽州婺源(今江西省上饶市)人,生于广东省广州府南海县(现广州市荔湾区恩宁路十二甫西街芽菜巷42号),12岁留学美国,1878年考入耶鲁大学谢菲尔德学院土木工程系,主修铁路工程。他是中国近代铁路工程专家,被誉为中国首位铁路总工程师。主持修建我国自主设计并建造的第一条铁路——京张铁路,有"中国铁路之父""中国近代工程之父"之称。

3. 新中国的铁路建设

新中国成立之初,全国只有2.19万km铁路,其中能够维持通车的仅有1.1万km。1949年中华人民共和国成立后,从此中国修建铁路有了统筹的规划和统一的标准。1950年中国首先决定填补西部地区的铁路空白,开始建设成渝线(成都到重庆)和天兰线(天水到兰州),以及兰新线(兰州到乌鲁木齐),标志着新中国铁路建设的开始。中国铁路的建设大致经历了如下3个阶段。

1)中国铁路第一次筑路潮(1952—1981年)

1952年,成渝铁路建成。早在1936年就开始修建该线路,到1937年7月,因抗日战争爆发而停工,仅完成工程量的14%,一寸钢轨未铺。成渝铁路西起成都,东至重庆站,全长505km。成渝铁路是中国西南地区第一条铁路干线,也是新中国成立后建成的第一条铁路。

1953—1957年的第一个五年计划期内,西部地区首次开通铁路,先后建成的新干线有:成都至重庆、天水至兰州、来宾至凭祥、宝鸡至成都等铁路。

1957年,建成了武汉长江大桥。大桥位于湖北省武汉市武昌蛇山和汉阳龟山之间的江面上,是新中国成立后在长江上修建的第一座复线铁路、公路两用桥,也是长江上的第一座大桥,被称为"万里长江第一桥"。大桥于1955年9月动工,1957年10月15日正式通车,全长1670m。上层为公路桥,下层为双线铁路桥,桥身共有8墩9孔,每孔跨度为128m,桥下可通万吨巨轮,8个桥墩除第七墩外,其他都采用"大型管柱钻孔法",这是由我国首创的新型施工方法,凝聚着我国桥梁工作者的机智和精湛的工艺。作为新中国建设成就的一个重要标志,大桥图案入选1962年4月开始发行的第三套人民币,是中国著名的旅游景点之一。2013年5月3日,武汉长江大桥入选《第七批全国重点文物保护单位》。

1958—1962年的第二个五年计划期内,铁路建设以中国北部为主,先后建成的新干线有:包头至兰州、北京至承德、兰州至西宁等铁路。

1958年宝成铁路开通。宝成铁路北起陕西省宝鸡市,向南穿越秦岭到达天府之国四川省成都市,全长669km。沿线主要城市有宝鸡、广元、绵阳、德阳、成都。宝成铁路宝鸡至阳平关段受地形限制为单线铁路,阳平关至成都段为复线铁路,是国家Ⅰ级电气化铁路干线。宝成铁路自宝鸡站向南,跨过渭河,经过27km的展线群爬升680m通过秦岭隧道,到秦岭站后沿嘉陵江而下,经过甘肃省后穿过大巴山区,到广元站继续向西南,过剑门山进入四川盆地,经过绵阳、德阳两市到达成都市。宝成铁路是一条连接西北地区和西南地区的交通动脉,是我国第一条电气化铁路,也是新中国第一条工程艰巨的铁路。这条铁路的建成,改变了"蜀道难"的局面,为发展西南地区经济建设创造了重要条件。

1966年我国发生"文化大革命",人们的生产生活陷入混乱,经济下滑,但铁路建设没有停止,从1966年到1980年,铁路在十分困难的情况下坚持发展,相继建成贵昆线(贵阳到昆明)、成昆线(成都到昆明)、襄渝线(襄樊到重庆)、太焦线(太原到焦作)等铁路干线。在1953年至1981年28年间,中国共修建了38条新干线和67条新支线。到1981年底止,中国内地铁路营业里程达到了50181km。

1970年7月成都至昆明铁路建成,是中国铁路网中的重要干线,改善了西南少数民族地区的交通状况。成昆铁路是西南地区乃至我国重要的铁路干线,北起四川省成都市,南至云南省昆明市,线路全长1096km。于1958年7月开工建设,1964年复工建设,1970年7月1日竣工通车,是国家Ⅰ级单线电气化铁路。

沿线三分之二崇山峻岭、奇峰耸立、深涧密布、沟壑纵横、地势陡峭、地质状况复杂,创造了世界铁路建筑史上的奇迹。成昆铁路与美国的阿波罗带回的月球岩石、苏联的第一颗人造地球卫星,被联合国并称为"象征20世纪人类征服自然的三大奇迹"。

沿线物产和资源丰富,位于川西平原的成都至峨眉段,素有"川西粮仓"之称,四川省的西昌地区和云南省的元谋至昆明一带,也盛产粮食和经济作物。沿线地区富藏煤、铁、铜、钒(储量全国第一、世界第三)、钛(世界第一)、铅、锌、磷、岩盐、森林木材。成昆铁路的建设,极大满足了西南地区资源运往全国各地的需要。

2)中国铁路由经济推动的快速发展时期(1982—1996年)

1983年京秦铁路通车,这是中国新建的第一条双线电气化铁路。京秦铁路是中国"六五"期间重点建设的铁路。西起北京丰台西站,经双桥、丰润,东到秦皇岛市的山海关,全长341km。该线西端与丰沙电气化铁路相接,主要承担山西煤炭至秦皇岛港下水的运输任务,同时分流京哈线部分直通运量,是晋煤外运的北路重要信道和捷径。

1985年开工,1991年大秦铁路全线贯通。大秦铁路是双线电气化重载运煤专线,大秦线西起大同地区的韩家岭站,东至秦皇岛的柳村南站,全长653.2km,是我国第一条复线电气化开行重载单元列车的运煤专用铁路。重载组合列车采用了一系列新技术,如大功率电力机车,装有旋转式车钩的专用敞车(该敞车可用于大型翻车机不摘钩进行翻车作业)微机调度集中系统,光缆数字通信系统,AT供电系统,运营信息系统等。大秦铁路的开通,使得山西、内蒙古、陕西等省区生产的煤炭源源不断地运到华北、华东、东北及华南地区,对解决这些地区煤炭供应紧张、电力用煤不足,以及增加煤炭出口起到了巨大作用。

1987年,在我国南北铁路大动脉的京广铁路上修建了长14.295km大瑶山隧道,是当时国内最长的复线铁路隧道,居世界双线铁路隧道的第10位。大瑶山隧道的建成,结束了我国不能修建长大隧道的历史,标志着我国隧道建设技术迈入了世界先进行列。

1989年,建成了亚洲最大的铁路综合自动化编组站郑州北站。货车中转、解体、编组作业都可用电子计算机取代手工操作。郑州北站运营管理综合自动化是由货车管理信息系统、驼峰作业过程控制系统、枢纽地区调度监督系统、站内无线通信系统、调车场尾部道岔微机集中联锁系统等组成。它使我国铁路编组站现代化技术走在世界前列。

京九铁路,线路呈北南走向,北起北京西站,南至香港红磡站(九龙车站),1992年10月全线开工,1996年9月1日建成通车。这是中国一次性建成双线线路最长的一项宏伟铁路工程。

京九铁路北起北京,跨越京、冀、鲁、豫、皖、鄂、赣、粤、港等9个省级行政区的103个市县,南至深圳,连接香港九龙,包括同期建成的霸州至天津和麻城至武汉的两条联络线在内,全长2553.2km。沿线主要城市有:北京、衡水、聊城、菏泽、商丘、阜阳、九江、南昌、吉安、赣州、河源、惠州、东莞、深圳、香港等。

京九线被誉为20世纪中国最伟大的铁路工程之一,该线北部线路经过地区地势平缓,南部则隧道密集。其中五指山隧道全长4465m,为全线最长,京九线为双线电气化铁路,电力机车牵引。

3) 中国铁路高速发展时期(1997年至今)

进入21世纪以后,我国铁路建设进入了黄金机遇期,铁路现代化建设发展速度更快,取得了举世瞩目的辉煌成就。

1997年4月1日,中国铁路实施第一次大面积提速。京广、京沪、京哈三大干线全面提速,以北京、上海、广州、沈阳、武汉等大城市为中心,开行了最高时速达140km,平均旅行时速90km的40对快速列车和64对夕发朝至列车。全国旅客列车平均时速提高到55km。

青藏铁路起于青海省西宁市,途经格尔木市、昆仑山口、沱沱河沿、翻越唐古拉山口,进入西藏自治区安多、那曲、当雄、羊八井、拉萨。该铁路全长1956km,是重要的进藏路线,被誉为天路,是世界上海拔最高、在冻土上路程最长的高原铁路。它是中国新世纪四大工程之一,2013年9月入选"全球百年工程",是世界铁路建设史上的一座丰碑。

青藏铁路经过几十年努力,项目四起三下:西格段814km,20世纪50年代准备建设,1979年铺轨,1984年运营;格拉段1142km(新建线1110km)因存在千里冻土、高寒缺氧、生态脆弱三大世界级难题而长期停建,最终克服难题而于2001年6月开工,2006年7月1日建成通车运营。2014年8月16日,青藏铁路延伸线拉日铁路全线开通运营。

2003年,粤海铁路自广东省湛江至海安镇,经琼州海峡跨海轮渡到海南省海口市,沿叉河西环铁路途经澄迈县、儋州市至叉河车站,全长345km,与既有线叉河至三亚铁路接轨。它是中国第一条跨海铁路。粤海铁路是世纪之交中国建设史上一项标志性工程,表明中国在建设跨海铁路上取得了关键技术的突破,填补了多项中国国内空白,标志着中国铁路建设进入了新的历史阶段。粤海铁路作为中国第一条跨海铁路,将对中国跨海铁路的建设、运营、管理,提供宝贵经验。

到2007年4月1日,中国共进行了6次大提速,一批时速超过200km的旅客列车投入运营。而且货运列车时速也超过了120km,时速比20世纪90年代初提高了3倍。

从秦沈第一条客运专线建成后,我国规划并修建了"四纵四横"等客运专线以及城际客运系统。秦沈客运专线于2003年投入运营。2008年6月,京津城际铁路通车,最高时速超过了350km。2010年7月,上海至南京的沪宁城际高速铁路正式开通运营,线路总长300km。

世界上最长的京沪高速铁路,又名京沪客运专线,是中国"四纵四横"客运专线网的其中"一纵",也是中国《中长期铁路网规划》中投资规模大、技术水平高的一项工程。它是新中国成立以来一次建设里程长、投资大、标准高的高速铁路。2008年4月18日正式开工,2011年6月30日通车。线路由北京南站至上海虹桥站,全长1318km,纵贯北京、天津、上海三大直辖市和冀鲁皖苏四省,连接环渤海和长江三角洲两大经济区。总投资约2209亿元,设23

个车站。该铁路基础设施设计速度为380km/h,北京到上海最快只需4时48分。

2012年12月17日,京九铁路全段电气化改造全部完工,改造后的京九铁路可满足开行电力集装箱列车、电力客运列车。

2016年9月12日,历时7年,总投资12.98亿元的青藏铁路无缝钢轨换铺工程完成,全线1956km青藏铁路实现了"千里青藏一根轨",列车的平顺性和安全性有了很大的提高。

三、我国铁路网中长期发展规划

2004年国务院批准实施《中长期铁路网规划》以来,我国铁路建设实现了快速发展。中西部地区铁路加快建设,跨区域快速通道基本形成,高速铁路逐步成网,城际铁路起步发展,路网规模不断扩大,保障能力明显增强。截至2017年底,全国铁路运营里程达到12.7万km,居世界第二位,其中高速铁路2.5万km,居世界第一位。在深入总结原规划实施情况的基础上,结合发展新形势新要求,修编了《中长期铁路网规划》。规划期为2016—2025年,远期展望到2030年。

(一)规划目标

到2020年,一批重大标志性项目建成投产,铁路网规模达到15万km,其中高速铁路3万km,覆盖80%以上的大城市。到2025年,铁路网规模达到17.5万km左右,其中高速铁路3.8万km左右。展望到2030年,基本实现内外互联互通、区际多路畅通、省会高铁连通、地市快速通达、县域基本覆盖。

(1)完善广覆盖的全国铁路网。连接20万人口以上城市、资源富集区、货物主要集散地、主要港口及口岸,基本覆盖县级以上行政区,形成便捷高效的现代铁路物流网络,构建全方位的开发开放通道,提供覆盖广泛的铁路运输公共服务。

(2)建成现代的高速铁路网。连接主要城市群,基本连接省会城市和其他50万人口以上大中城市,形成以特大城市为中心覆盖全国、以省会城市为支点覆盖周边的高速铁路网。实现相邻大中城市间1~4h交通圈,城市群内0.5~2h交通圈。提供安全可靠、优质高效、舒适便捷的旅客运输服务。

(3)打造一体化的综合交通枢纽。与其他交通方式高效衔接,形成系统配套、一体便捷、站城融合的铁路枢纽,实现客运换乘"零距离"、物流衔接"无缝化"、运输服务"一体化"。

(二)规划方案

1. 高速铁路网

为满足快速增长的客运需求,优化拓展区域发展空间,在"四纵四横"高速铁路的基础上,增加客流支撑、标准适宜、发展需要的高速铁路,部分利用时速200km铁路,形成以"八纵八横"主通道为骨架、区域连接线衔接、城际铁路补充的高速铁路网,实现省会城市高速铁路通达、区际之间高效便捷相连。因地制宜、科学确定高速铁路建设标准。高速铁路主通道规划新增项目原则采用时速250km及以上标准,其中沿线城镇人口稠密、经济比较发达、贯通特大城市的铁路可采用时速350km标准。区域铁路连接线原则采用时速250km及以下标准。城际铁路原则采用时速200km及以下标准。

1)构筑"八纵八横"高速铁路主通道

(1)"八纵"通道。

①沿海通道。大连(丹东)—秦皇岛—天津—东营—潍坊—青岛(烟台)—连云港—盐城—南通—上海—宁波—福州—厦门—深圳—湛江—北海(防城港)高速铁路(其中青岛至盐城段利用青连、连盐铁路,南通至上海段利用沪通铁路)。它连接东部沿海地区,贯通京津冀、辽中南、山东半岛、东陇海、长三角、海峡西岸、珠三角、北部湾等城市群。

②京沪通道。北京—天津—济南—南京—上海(杭州)高速铁路,包括南京—杭州、蚌埠—合肥—杭州高速铁路,同时通过北京—天津—东营—潍坊—临沂—淮安—扬州—南通—上海高速铁路。它连接华北、华东地区,贯通京津冀、长三角等城市群。

③京港(台)通道。北京—衡水—菏泽—商丘—阜阳—合肥(黄冈)—九江—南昌—赣州—深圳—香港(九龙)高速铁路;另一支线为合肥—福州—台北高速铁路,包括南昌—福州(莆田)铁路。它连接华北、华中、华东、华南地区,贯通京津冀、长江中游、海峡西岸、珠三角等城市群。

④京哈—京港澳通道。哈尔滨—长春—沈阳—北京—石家庄—郑州—武汉—长沙—广州—深圳—香港高速铁路,包括广州—珠海—澳门高速铁路。它连接东北、华北、华中、华南、港澳地区,贯通哈长、辽中南、京津冀、中原、长江中游、珠三角等城市群。

⑤呼南通道。呼和浩特—大同—太原—郑州—襄阳—常德—益阳—邵阳—永州—桂林—南宁高速铁路。它连接华北、中原、华中、华南地区,贯通呼包鄂榆、山西中部、中原、长江中游、北部湾等城市群。

⑥京昆通道。北京—石家庄—太原—西安—成都(重庆)—昆明高速铁路,包括北京—张家口—大同—太原高速铁路。它连接华北、西北、西南地区,贯通京津冀、太原、关中平原、成渝、滇中等城市群。

⑦包(银)海通道。包头—延安—西安—重庆—贵阳—南宁—湛江—海口(三亚)高速铁路,包括银川—西安以及海南环岛高速铁路。它连接西北、西南、华南地区,贯通呼包鄂、宁夏沿黄、关中平原、成渝、黔中、北部湾等城市群。

⑧兰(西)广通道。兰州(西宁)—成都(重庆)—贵阳—广州高速铁路。它连接西北、西南、华南地区,贯通兰西、成渝、黔中、珠三角等城市群。

(2)"八横"通道。

①绥满通道。绥芬河—牡丹江—哈尔滨—齐齐哈尔—海拉尔—满洲里高速铁路。它连接黑龙江及蒙东地区。

②京兰通道。北京—呼和浩特—银川—兰州高速铁路。它连接华北、西北地区,贯通京津冀、呼包鄂、宁夏沿黄、兰西等城市群。

③青银通道。青岛—济南—石家庄—太原—银川高速铁路(其中绥德至银川段利用太中银铁路)。它连接华东、华北、西北地区,贯通山东半岛、京津冀、太原、宁夏沿黄等城市群。

④陆桥通道。连云港—徐州—郑州—西安—兰州—西宁—乌鲁木齐高速铁路。它连接华东、华中、西北地区,贯通东陇海、中原、关中平原、兰西、天山北坡等城市群。

⑤沿江通道。上海—南京—合肥—武汉—重庆—成都高速铁路,包括南京—安庆—九江—武汉—宜昌—重庆、万州—达州—遂宁—成都高速铁路(其中成都至遂宁段利用达成铁

路)。它连接华东、华中、西南地区,贯通长三角、长江中游、成渝等10个城市群。

⑥沪昆通道。上海—杭州—南昌—长沙—贵阳—昆明高速铁路。它连接华东、华中、西南地区,贯通长三角、长江中游、黔中、滇中等城市群。

⑦厦渝通道。厦门—龙岩—赣州—长沙—常德—张家界—黔江—重庆高速铁路(其中厦门至赣州段利用龙厦铁路、赣龙铁路,常德至黔江段利用黔张常铁路)。它连接海峡西岸、中南、西南地区,贯通海峡西岸、长江中游、成渝等城市群。

⑧广昆通道。广州—南宁—昆明高速铁路。它连接华南、西南地区,贯通珠三角、北部湾、滇中等城市群。

2)拓展区域铁路连接线

在"八纵八横"主通道的基础上,规划建设高速铁路区域连接线,进一步完善路网、扩大覆盖。

(1)东部地区。北京—唐山—天津—承德、日照—临沂—菏泽—兰考、上海—湖州—南通—苏州—嘉兴、杭州—温州、合肥—新沂、龙岩—梅州—龙川、梅州—汕头、广州—汕尾等铁路。

(2)东北地区。齐齐哈尔—乌兰浩特—白城—通辽、佳木斯—牡丹江—敦化—通化—沈阳、赤峰和通辽至京沈高铁连接线、朝阳—盘锦等铁路。

(3)中部地区。郑州—阜阳、郑州—濮阳—聊城—济南、黄冈—安庆—黄山、巴东—宜昌、宜城—绩溪、南昌—景德镇—黄山、石门—张家界—吉首—怀化等铁路。

(4)西部地区。玉屏—铜仁—吉首、绵阳—遂宁—内江—自贡、昭通—六盘水、兰州—张掖、贵港—玉林等铁路。

3)发展城际客运铁路

在优先利用高速铁路、普速铁路开行城际列车服务城际功能的同时,规划建设支撑和引领新型城镇化发展、有效连接大中城市与中心城镇、服务通勤功能的城市群城际客运铁路。京津冀、长三角、珠三角、长江中游、成渝、中原、山东半岛等城市群,建成城际铁路网;海峡西岸、哈长、辽中南、关中、北部湾等城市群,建成城际铁路骨架网;滇中、黔中、天山北坡、宁夏沿黄、呼包鄂榆等城市群,建成城际铁路骨干通道。

2. 普速铁路网

扩大中西部路网覆盖,完善东部网络布局,提升既有路网质量,推进周边互联互通,形成覆盖广泛、内联外通、通边达海的普速铁路网,提高对扶贫脱贫、地区发展、对外开放、国家安全等方面的支撑保障能力。到2025年,普速铁路网规模达到13.1万km左右,并规划实施既有线扩能改造2万km左右。

(1)形成区际快捷大能力通道。推进普速干线通道瓶颈路段、卡脖子路段及关键环节建设,形成跨区域、多径路、便捷化大能力区际通道。结合新线建设和实施既有铁路扩能,强化集装箱、快捷、重载等运输网络,形成高效率的货运物流网,提高路网整体服务效率,扩大有效供给。

①京津冀—东北通道。利用京哈、津山、沈山、哈大、集通等铁路,实施京通、平齐等铁路扩能,构建北京(天津)—沈阳—哈尔滨—绥芬河(同江)、北京(天津)—通辽—齐齐哈尔—满洲里等进出关通道,连接京津冀、辽中南、哈长城市群。

②京津冀—长三角、海峡西岸通道。利用京沪、京九、华东二通道、皖赣、金温、赣龙等铁

路,建设阜阳—六安—景德镇、衢州—宁德、兴国—永安—泉州等铁路;实施皖赣等铁路改造,构建北京(天津)—济南—上海(杭州、宁波)、北京(天津)—商丘—南昌—福州(厦门)通道,连接京津冀、长三角、长江中游及海峡西岸城市群。

③京津冀—珠三角、北部湾通道。利用京广、京九、湘桂、焦柳、大湛等铁路;建设龙川—汕尾等铁路;实施焦柳、洛湛南段扩能改造,构建北京—武汉—广州(南宁)、北京—南昌—深圳通道,连接京津冀、中原、长江中游、珠三角及北部湾等城市群。

④京津冀—西北(西藏)通道。利用京包兰、临哈、南疆以及京广、石太、太中银、兰青、青藏等铁路,实施青藏铁路格拉段、南疆铁路等扩能改造;建设柳沟—三塘湖—将军庙铁路,构建北京(天津)—呼和浩特—乌鲁木齐—喀什、北京(天津)—石家庄—太原—兰州—西宁—拉萨通道,连接京津冀、兰西城市群及西藏地区。

⑤京津冀—西南通道。利用京广、沪昆、南北同蒲、西康、襄渝、成昆、内昆等铁路,构建北京—西安(长沙)—川、渝、黔、滇通道,连接京津冀与滇中城市群。

⑥长三角—西北通道。利用京沪、陆桥以及宁西铁路等,实施西平铁路、宝中铁路平凉至中卫段扩能、三门峡经禹州至江苏沿海港口铁路,构建长三角—西安—乌鲁木齐—阿拉山口(霍尔果斯)通道,连接长三角、中原、关中平原、兰西城市群。

⑦长三角—成渝通道。利用京沪、宁西、宁启、铜九、武九、武襄渝、达成、成渝等铁路,实施南京—芜湖—铜陵—九江铁路等扩能改造;建设九江—岳阳—常德、黔江—遵义—昭通—攀枝花—大理铁路,规划研究沿江货运铁路,构建上海—南京(合肥)—武汉—重庆—成都沿江通道,连接长三角、长江中游、成渝城市群。

⑧长三角—云贵通道。利用沪昆、金温铁路等,建设宁波(台州)—金华、温州—武夷山—吉安、赣州—郴州—永州—兴义铁路;实施衡茶吉铁路扩能,构建长三角、长江中游至云贵地区通道。

⑨长三角—珠三角通道。利用沪昆、京九、京广等铁路,实施赣韶铁路扩能,连接长三角、珠三角城市群。

⑩珠三角—西南通道。利用京广、沪昆、渝黔、广茂、黎湛铁路等,建设柳州—梧州—广州、韶关—贺州—柳州—百色铁路,实施渝怀、黔桂、南昆铁路扩能,构建珠三角至西南地区通道。

⑪山东半岛—西北通道。利用胶济、石德、石太、太中银、兰新铁路等,建设平凉经固原至定西等铁路,构建山东半岛西向联系通道。

⑫西北—西南通道。利用兰新、陇海、宝成、包西、兰渝、西康、襄渝、渝黔、成昆、内昆等铁路,建设库尔勒—格尔木、格尔木—成都等铁路,构建西北(含呼包鄂榆)至西南地区通道。同时,利用大秦、神朔、朔黄、张唐、新菏兖日、山西中南部、宁西等铁路,建设蒙西至华中地区、庆阳—黄陵、庆阳—平凉、神木—瓦塘等铁路,构建西煤东运、北煤南运、海(江)铁联运大通道,完善煤炭集疏运系统,提升煤运通道能力。

(2)面向"一带一路"国际通道。推进我国与周边互联互通,完善口岸配套设施,强化沿海港口后方通道。

①西北方向。规划建设克拉玛依—塔城(巴克图)、喀什—伊尔克什坦、喀什—红其拉甫、阿勒泰—喀纳斯(吉克普林)、阿勒泰—吉木乃等铁路,及满都拉、乌力吉、老爷庙等口岸铁路。

②西南方向。实施南宁—凭祥铁路扩能,规划建设芒市—猴桥、临沧—清水河、日喀则—吉隆、日喀则—亚东、靖西—龙邦、防城港—东兴等铁路。

③东北方向。实施集宁—二连浩特铁路扩能,规划建设伊尔施—阿日哈沙特、海拉尔—黑山头、莫尔道嘎—室韦、古莲—洛古河、虎林—吉祥、密山—档壁镇、南坪—茂山、开山屯—三峰、长白山—惠山、盘古—连崟等铁路。

④沿海方向。以大连、秦皇岛、天津、烟台、青岛、连云港、上海、宁波—舟山、福州、泉州、厦门、汕头、深圳、广州、茂名、湛江、海口等沿海城市及重要港口为支点,畅通港口城市后方铁路通道及集疏运体系,构建连接内陆、铁海联运的国际交通走廊。

(3)促进脱贫攻坚和国土开发铁路,扩大路网覆盖面。

建设安康—恩施—张家界、赣州—郴州—永州—兴义、阜阳—六安—景德镇—温州—武夷山—吉安、兴国—永安—泉州、黔江—遵义—昭通—攀枝花—大理、宁德—南平、瑞金—梅州、建宁—冠豸山—韶关—贺州—柳州—百色、黄陵—庆阳—平凉—固原—定西—额济纳—酒泉、汉中—巴中—南充、贵阳—兴义、黄桶—百色、涪陵—柳州、泸州—遵义、师宗—文山、临沧—普洱等铁路。完善进出西藏、新疆通道。建设川藏铁路雅安—昌都—林芝段、滇藏铁路香格里拉—邦达段、罗布泊—若羌—和田、成都—格尔木、柳沟—三塘湖、将军庙、西宁—玉树—昌都铁路,研究建设新藏铁路和田—日喀则段,形成进出西藏、新疆、青海及四省藏区的便捷通道,促进沿边开发开放。建设韩家园—黑河、孙吴—逊克、乌伊岭、鹤岗—富锦、创业—饶河、东方红、东宁—珲春等东北沿边铁路,芒市—临沧—文山—靖西—防城港等西南沿边铁路。

(4)强化铁路集疏运系统。以资源富集区、主要港口及物流园区为重点,规划建设地区开发性铁路以及疏港型、园区型等支线铁路,形成干支有效衔接、促进多式联运的现代铁路集疏 16 运系统,畅通铁路运输的"最先一公里"和"最后一公里"。上述路网方案实现后,远期铁路网规模将达到 20 万 km 左右,其中高速铁路 4.5 万 km 左右。

3. 综合交通枢纽

统筹运输网络格局,按照"客内货外"的原则,优化铁路枢纽布局,完善系统配套设施,修编铁路枢纽总图。创新体制机制,统筹建设运营,促进同步建设、协同管理,形成系统配套、一体便捷、站城融合的现代化综合枢纽。研究制定综合枢纽建设、运营、服务等标准规范。构建北京、上海、广州、武汉、成都、沈阳、西安、郑州、天津、南京、深圳、合肥、贵阳、重庆、杭州、福州、南宁、昆明、乌鲁木齐等综合铁路枢纽。

(1)客运枢纽。按照"零距离"换乘要求,同站规划建设以铁路客站为中心、与其他交通方式有机衔接的综合交通体,特大城市要强化铁路客运枢纽、机场、城市轨道交通的便捷联结。实施站区地上地下立体综合开发,打造高效便捷的综合客运枢纽和产城融合发展的临站经济区。同步强化客运枢纽场站设施,完善动车段(所)、客运机车车辆以及维修设施,完善客运枢纽(高铁车站)快件集散等快捷货物服务功能设施。

(2)货运枢纽。合理布局铁路物流中心、铁路集装箱中心站及末端配送服务设施,扩大货物集散服务网络。按照"无缝化"衔接要求,完善货运枢纽多式联运、集装箱运输、邮政快递运输、国际联运以及集疏运等"一站式"服务设施,提升枢纽集散能力和服务效率。优化货运枢纽编组站,完善货运机车车辆设施。布局建设综合维修基地、应急救援基地以及配套完

善铁路战备设施等。以发展枢纽型园区经济为导向,推进传统货运场站向城市物流配送中心、现代物流园区转型发展。

复习思考题

1. 简述我国铁路的发展史。
2. 现代运输方式有哪几种?各有什么特点?
3. 简述我国中长期线网规划中的"八纵八横"的高速铁路主通道。

第二章 铁 路 线 路

铁路线路是机车车辆和列车运行的基础。它直接承受机车车辆轮对传来的压力,并引导机车车辆轮对运行。铁路线路是由路基、桥隧建筑物和轨道组成的一个整体工程结构。其中任何一部分结构和强度的改变,都会引起整个线路工作的改变,引起机车车辆与线路间相互作用的改变。为了保证列车能按规定的速度安全、平稳和不间断地运行,铁路线路各部分必须经常保持完好状态,以保证铁路运输部门能够优质完成客货运输任务。

第一节 概 述

一、铁路勘测设计

新线和改建铁路施工前,需要进行大量的调查研究、技术勘测及总体规划、个体工程设计等工作,即勘测设计。由于新建或改建铁路的工程量、投资量都很大,且技术复杂,牵涉面广,因此在修建一条铁路之前,必须进行深入细致的调查研究和勘测工作,并从若干个可供比较的方案中选出一个最优方案来进行设计。因此,铁路勘测设计是一个由全局到个体,由粗略到详尽逐步深化的调查研究和设计过程,必须严格按照一定的程序进行。

(一)勘察设计的阶段划分

勘察设计的阶段划分,见表2-1。

勘察设计的阶段划分　　　　　　　　　　表2-1

勘察阶段名称	踏勘	初测	定测	补充定测
设计阶段名称	预可行性研究	可行性研究	初步设计	施工图
成果文件	项目建议书	可行性研究报告	初步设计文件	施工图文件

(二)各个阶段勘察设计管理的主要内容

1. 可行性研究阶段

(1)成立项目管理机构,落实勘察设计管理人员。

(2)审查勘察大纲,验收勘察报告,地质复杂地段委托勘察监理。

(3)报送用地预审、环保、水保的评估报告书及相关资料。

(4)组织设计单位与相关产权单位签订三电迁改、改路、改渠、管线迁移等框架协议。

(5)铁路公司组织可研初审,铁路局下设项目管理机构组织可研预审,参与可研初审。

2. 初步设计阶段

(1)委托初步设计、勘察监理。

(2)外部电源咨询。

(3)在设计单位协助下,与相关单位签订三电迁改、改路、改渠、管线迁移等原则性协议。
(4)组织或参加初步设计初审,并报送初步设计文件。
(5)督促设计单位按鉴定意见修改初步设计文件,编制检修概算。
(6)组织或参与检修概算的审查并报铁路总公司。

3. 施工图设计阶段
(1)签订施工图设计合同。
(2)组织设计单位进行补充定测和施工图设计。
(3)在设计单位配合下,与相关产权单位签订三电迁改、改路、改渠、管线迁移等实施性协议或纪要。
(4)组织施工图设计审核和优化。
(5)组织投资检算的审查,按要求上报核备。
(6)组织技术交底、测量交桩、全线贯通测量、复核设计图纸。

4. 工程实施阶段
(1)组织审查变更设计。
(2)检查、督促、协调设计现场配合工作。

二、铁路等级和技术标准

(一)铁路等级

铁路等级分为路网地位型、客货取向型、时速型、线数型等。铁路(线路)等级是铁路的基本标准。线路等级不同,在线路的平面、纵断面设计中所采用的技术标准和装备类型等也不同。所以,在进行线路设计时,首先要确定线路的等级。

一般铁路等级是按路网地位型划分的:新建铁路或改建铁路(或区段)的等级,应根据铁路线路在铁路网中的作用、性质和远期客货运量,以及最大轴重和列车速度等条件,来划定铁路的级别。所谓远期年客货运量是指交付运营后第10年,其重车方向的货运量和客车对数折算的货运量之和。每天1对客车按1.0个百万吨(Mt)货运量折算。但不包括客运专线。《铁路线路设计规范》(GB 50090—2006)规定我国铁路可分为Ⅰ级、Ⅱ级、Ⅲ级、Ⅳ级。其具体的条件,见表2-2。

铁路等级及其条件　　　　　表2-2

铁路等级	具体条件	
	铁路在路网中的意义	近年客货运量百万吨(Mt)
Ⅰ级	在铁路网中起骨干作用的铁路	≥20
Ⅱ级	在铁路网中起联络、辅助作用的铁路	10~20
Ⅲ级	为某一地区或企业服务的铁路	5~10
Ⅳ级	为某一地区或企业服务的铁路	<5

按时速等级划分:高铁、快铁、普铁3大等级。

高速铁路是指新建设计时速开行250km及以上的动车组列车的客运专线,初期运行时速大于200km的铁路。其级别高于国铁Ⅰ级;高速铁路线路主要运行高速动车组G,有的兼行一般动车组 D。

快速铁路是指运行时速大于或等于160km且小于200km的客运专线或客货共线铁路；快速铁路主要运行一般动车组，同时可兼行普通客货车。

普速铁路是指一般时速小于160km的普通铁路。普铁又分为骨干普铁和一般普铁，主要运行一般普通的客货列车。

国铁Ⅰ级包括快速铁路和骨干普铁线路。按客货取向型划分等级：客运专线、客货共线、货运专线三个等级。货运专线又称物流专线，就是指各物流公司用自己的货车运送货物至其他的专线目的地。一般在目的地有自己的分公司，这样货车来回都有货装。

(二)铁路主要技术标准

铁路主要技术标准包括：正线数目、限制坡度、最小曲线半径、牵引种类、机车类型、机车交路、车站分布、到发线有效长度和闭塞类型等。这些标准是确定铁路能力大小的决定因素，一条铁路选用不同的标准，对设计线路的工程造价和运营质量有重大影响，同时又是确定设计线路的工程标准和设备类型的依据。

选定铁路主要技术标准是设计铁路的基本决策，应根据国家要求的年输送能力和确定的铁路等级，考虑沿线资源分布和国家科技发展规划；并结合设计线路的地形、地质、气象等自然条件，经过论证比选，慎重确定。

三、线 路 分 类

铁路线路种类很多，除了可按等级分类外，还可按正线数目、允许的最高行车速度、用途分类。

1. 按线路正线数目分类

按线路正线数目可分为单线、双线、部分双线、多线线路等。

(1)单线铁路，即区间只有一条正线的铁路线路。

(2)双线铁路，即区间有两条正线的铁路线路。

(3)部分双线铁路，即在一个区段内只有部分区间为双线的铁路线路。

(4)多线铁路，即区间正线为三条及以上的铁路线路。

2. 按线路允许的最高行车速度分类

(1)普通线路，最高行车速度为120km/h以下。

(2)快速线路，最高行车速度为120~200km/h。

(3)高速线路，最高行车速度为200~350km/h。

(4)超高速线路，最高行车速度为350km/h以上。

此外，按钢轨轨节的长度不同分为普通线路和无缝线路。

3. 按线路的用途分类

按线路用途可分为正线、站线、段管线、岔线、安全线、避难线。

(1)正线是指连接车站并贯穿或直股伸入车站的线路。

(2)站线是指站内除正线以外的到发线、调车线、牵出线、货物线及站内指定用途的其他线路。到发线用于接发客车和货车。调车线用于车列解体和编组并存放车辆。牵出线用于调车作业时将车辆牵引出去。货物线用于货物装卸作业的货车停留。站内指定用途的其他线路包括机车走行线、车辆站修线、驼峰迂回线及驼峰禁溜线等。

(3) 段管线是指机务、车辆、工务、电务等段专用并由其管理的线路。

(4) 岔线是指在区间或站内接轨,通向路内外单位的专用线路。

(5) 安全线是为防止列车或机车车辆从一进路进入另一列车或机车车辆占用的进路而发生冲突的一种安全隔开设备。

(6) 避难线是在长大下坡道上能使失控列车安全进入的线路。

第二节 铁路线路的平面、纵断面及线路标志

铁路线路在空间的位置是用它的线路中心线表示的。线路中心线在水平面上的投影,叫作线路的平面,反映了线路的曲直变化和走向。线路中心线(平面曲线展直后)在垂直面上的投影,叫作线路的纵断面,反映了线路的起伏变化和高程。

从运营的观点来看,最理想的线路是既直又平的线路。但是由于地面存在山脉、河流、湖泊、沼泽、森林、矿区、城镇以及其他各种建筑物,铁路沿线的地形、地质、水文等自然条件千变万化,如果把铁路修得过于平直,就会造成工程数量、工程造价过大,且工期漫长。

从工程观点来看,铁路线路最好能够随地形条件而有适当的起伏和弯曲。这样,既可以减少工程数量、降低造价,又便于避开地形、地质和地物上的障碍。可这又会给运营造成很大的困难,甚至还会影响铁路行车的平稳与安全。

因此,选定铁路线路的空间位置,应该综合考虑工程和运营的要求,通过方案比较,在满足运营基本要求的前提下,尽量减少工程量,降低造价。如图2-1所示,某铁路线路要从A、B、C三点经过,方案一是走最短路径,可将A、B和B、C分别直接相连。这样在AB线段上要修两座桥梁跨越河流,在BC线段上要开挖隧道穿越山岭;方案二是用折线ADB和BEC来代替AB和BC,使其绕避障碍,在折线的转角处,则用曲线连接。

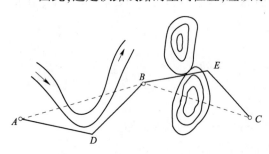

图 2-1 铁路线路绕避地形障碍示意图

曲线的设置可用来绕避地面障碍或地质不良地段,从而减少工程量,缩短工期,降低造价,获得较好的经济效益。

一、铁路线路的平面

(一) 铁路线路平面的组成

线路平面由直线、圆曲线以及连接直线与圆曲线的缓和曲线组成。在线路平面设计时,为缩短线路长度和改善运营条件,应尽可能设计较长的直线段,但当线路遇到地形、地物等障碍时,为减少工程造价和运营支出,应设置曲线。

曲线主体部分为圆曲线,当圆曲线半径特大时,圆曲线可以直接与直线相连,一般情况下,圆曲线与直线之间都以缓和曲线作为过渡。这样,一般曲线的平面形式如下:

直线→缓和曲线→圆曲线→缓和曲线→直线。

按线路的前进方向,直线与缓和曲线的连接点称为直缓点,依次类推,其余各点分别为缓圆点、圆缓点、缓直点,分别记为 ZH、HY、YH、HZ。如图 2-2 所示。

曲线中间的点称为曲中,记为 QZ。

ZH、HY、QZ、YH、HZ 为曲线的 5 个关键控制点,也称为曲线 5 大桩。

两条直线的相交位置称为交点,记为 JD。

1. 圆曲线

铁路线路在转向处所设的曲线为圆曲线。其基本要素有:曲线半径(R)、曲线转向角(α)、曲线长度(L)、切线长度(T),如图 2-3 所示。

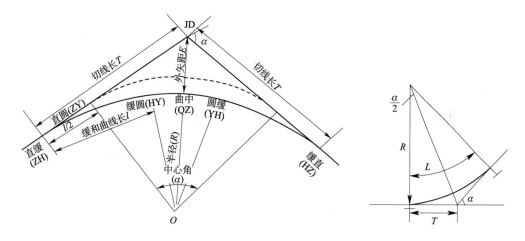

图 2-2　曲线平面示意图　　　　图 2-3　圆曲线组成要素

在线路设计时,一般是先设计出 α 和 R,再按下式算出 T 及 L:

$$T = R \cdot \tan\frac{\alpha}{2} \quad (\text{m}) \tag{2-1}$$

$$L = \pi R \frac{\alpha}{180} \quad (\text{m}) \tag{2-2}$$

曲线转向角的大小由线路走向、绕过障碍物的需要等确定。

圆曲线半径的大小,反映了曲线弯曲度的大小。圆曲线半径越小,弯曲度越大。一般情况下,曲线半径越大,行车速度可以越高,但工程费用越高。而小半径曲线具有容易适应地形困难的优点,对工程条件有利。曲线的存在也会给列车运行造成阻力增大和限制行车速度等不良影响。曲线半径越小,曲线阻力越大,运营条件越差,大半径曲线对列车运行的影响较小,且半径越大,越有利于行车;而小半径曲线则容易适应地形变化,改善工程条件,半径越小,越容易绕避障碍。因此,线路平面设计应因地制宜、由大到小地适合选用曲线半径。为测设、施工和养护的方便,曲线半径一般应采取 50m、100m 的整倍数。我国铁路采用的曲线半径有 12000m、10000m、8000m、7000m、6000m、5000m、4500m、4000m、3500m、3000m、2800m、2500m、2000m、1800m、1600m、1400m、1200m、1000m、800m、700m、600m、550m、500m。

为了保证线路的通过能力,并有一个良好的运营条件,还对区间线路的最小曲线半径值做了具体规定,见表 2-3、表 2-4。

客货共线 I、II 级铁路区间线路最小曲线半径　　　　　　表 2-3

铁路等级	I			II	
路段设计行车速度(km/h)	200	160	120	120	80
一般(m)	3500	2000	1200	1200	600
特殊困难(m)	2800	1600	800	800	500

客运专线铁路区间线路最小曲线半径和最大曲线半径　　　　　　表 2-4

设计速度(km/h)	最小曲线半径(m)		最大曲线半径(m)	
	一般	困难	一般	困难
200	2200	2000	10000	12000
250	4000	3500	10000	12000
300	4500		12000	14000
350	7000		12000	14000

为了减小离心力,保证列车运行的安全、平稳和旅客的舒适,就必须限制列车通过曲线时的行车速度。

允许通过曲线的最大速度与曲线半径的关系,可由以下公式计算:

$$v_{\max} = 4.3\sqrt{R} \tag{2-3}$$

式中:$v_{\max}$——通过曲线时的最大速度(km/h);

　　　R——曲线半径(m)。

因此,列车在曲线上行驶的速度越快,所产生的离心力也就越大。为了保证列车运行的安全、平稳和舒适,就必须限制列车通过曲线时的速度。

2.缓和曲线及最小夹直线长度

1)缓和曲线

为保证列车安全,使列车平顺地由直线过渡到圆曲线或由圆曲线过渡到直线,以避免离心力的突然产生和消除,需要在直线与圆曲线之间设置一条曲率半径变化的曲线。这个曲线称为缓和曲线,如图 2-4 所示。

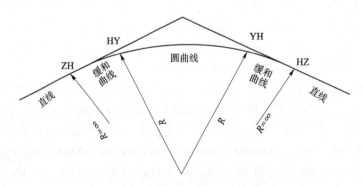

图 2-4　缓和曲线图

缓和曲线的特征为:从缓和曲线所衔接的直线一端起,它的曲率半径 R 由无穷大逐渐减小到它所衔接的圆曲线半径 R。它可以使离心力逐渐增加或减小,从而避免轮轨间的突然冲击,改善行车条件,有利于行车平稳,提高旅客的舒适度。

2)缓和曲线间的夹直线

列车通过同向曲线或反向曲线时,受力情况很复杂,除因外轨超高关系车辆绕线路纵轴转动外,还有缓和曲线始终点处的冲击以及未被平衡横向加速度变化的影响等。为了使列车平稳地通过该地段,必须在同向曲线强反向曲线之间加入一段夹直线段。

简单计算夹直线的公式为:

$$L_{夹} = \frac{v_{max}}{2} \quad (m) \tag{2-4}$$

式中:v_{max}——列车速度(km/h);

$L_{夹}$——夹直线段长度。

我国客运专线铁路考虑高舒适性,夹直线最小长度为$(0.8v_{max})$m,困难条件下为$(0.6v_{max})$m。

夹直线应尽量长些,这对运营是有利的。特别是反向曲线时的夹直线更应长些,因为列车通过反向曲线时,其曲线单位附加阻力比单个曲线增大,影响运行中列车的稳定与安全。

(二)曲线附加阻力

线路平面上有了曲线(弯道)后,给列车运行造成阻力增大和限制行车速度等不良影响。列车通过曲线时,由于离心力的作用,使得外侧车轮轮缘挤压外轨,摩擦增大;同时还由于外轨长于内轨,内侧车轮在轨面上滚动时产生相对滑动,从而给运行中的列车带来一种附加阻力,称为曲线附加阻力。曲线附加阻力的大小,我国通常用下面的试验公式来计算。

$$\omega_r = \frac{600}{R} \quad (N/kN) \tag{2-5}$$

式中:ω_r——单位曲线附加阻力,即列车每一千牛力所摊曲线附加阻力值(N/kN);

R——曲线半径(m);

600——根据试验得出的常数。

这一公式适用于曲线长度大于或等于列车长度的情况。从式(2-5)可知,曲线附加阻力与曲线半径成反比。曲线半径越小,曲线附加阻力越大,运营条件就越差,说明采用大半径曲线对列车运行的影响较小。

(三)线路平面图

用一定比例尺,把线路中心线及两侧的地形地貌投影到水平面上,就得到线路平面图,如图 2-5 所示。

线路平面图是铁路勘测设计的重要设计文件,表明了线路中心线的曲直变化和里程,沿线车站、桥隧建筑物等数量和位置,以及用等高线(地面上高程相等的各点连线)表示的沿线地形、地物等情况。

(四)线间距

线间距是指相邻两股线路中心线之间的最短距离。高速铁路的线间距标准,主要受列车交会运行时气动力控制。

在高速复线线路上,当两列车相遇时,最初的风压力使列车相互排斥,到接近列车尾部时变为相互吸引,产生会车压力。不论是作用在相互排斥的方向或是相互吸引的方向,所发生的最大压力是不相上下的。这个会车压力的最大值与列车的最大运行速度、列车外形尺寸、交会车列车侧壁间净距离等因素有关,其中,列车头部的流线程度影响最为显著。因此,为避免强大风压造成损害,应根据具体情况选择适当的线间距。

我国客运专线上不但运行有 300～350km/h 的高速列车,还有相当数量的跨线旅客列车。根据我国的这一具体情况,客运专线线间距确定为:设计时速为 300km 的采用 4.8m;设计时速 350km 的采用 5.0m。

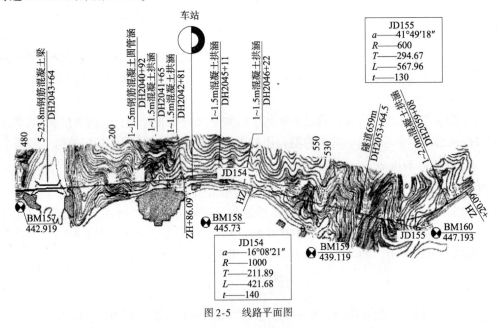

图 2-5 线路平面图

二、铁路线路的纵断面

为了适应地面的起伏,线路上除了平道以外,还修成不同的坡道。因此,平道与坡道就成了线路纵断面的组成要素。

(一) 线路纵断面及组成

线路纵断面由平道、坡道及设于变坡点处的竖曲线组成。坡道的陡与缓常用坡度来表示。坡度是指坡道线路中心线与水平夹角的正切值,即一段坡道两端点的高差与水平距离之比,如图 2-6 所示。坡道坡度的大小通常是用千分率来表示。

$$i = \tan\alpha = \frac{h}{L} \times 100‰ \quad (2\text{-}6)$$

式中:i——坡度值千分率(‰);
α——坡道段线路中心线与水平线的夹角(°);
h——坡道段始点与终点的高差(m);
L——坡段长度,即坡道段始点与终点的水平距离(m)。

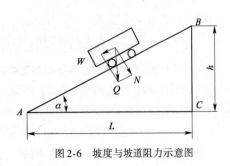

图 2-6 坡度与坡道阻力示意图

设 L 为 1000m,h 为 6m,则 AB 坡道的坡度就为

6‰。坡道的坡度有正、负之分,上坡为正(+),下坡为负(-),平道为零(0)。

(二)限制坡度

坡道给列车的运行造成了一定的不利影响,列车上坡运行时,除其他的运行阻力外,在坡道上又附加了一个沿坡道向下的重力的分力($W = Q\sin\alpha$),即增加了一个坡道附加阻力(图2-6)。显然,坡道越陡,即坡度越大,附加的坡道阻力也越大。列车上坡时,如果坡道过陡,机车的牵引力不足,列车速度越来越低甚至停车而影响正常的运行。列车下坡时,这个重力的分力有使列车不断加速的趋势,为保证列车速度不要太快,不超过规定速度以避免列车发生事故,在必要时必须进行制动,使列车降低速度运行。如果坡度过陡,列车制动力不足,就会造成刹不住车的现象。

因此,从上坡、下坡列车运行角度出发,要求坡道的坡度不能过大。在一个区段上,决定一台某一类型机车所能牵引的货物列车重量(最大值)的坡度,叫作限制坡度。在普通铁路上,由于货物列车装载的货物非常重(如我国主要干线上一列货物列车的重量一般都在3000~5000t之间,甚至有的重载列车一列的总重超过了1万t),而机车的牵引力是不可能无限大的,因此为保证在限制坡度上如此重的货物列车能正常行驶,不致使列车速度越来越低甚至停车,因而限制坡度都比较小。

限制坡度的大小,影响着一个区段甚至整条铁路线路的运输能力和铁路造价。限制坡度越小,列车重量越大,运输能力就越大,运营费用也越省,运营效果就越好;但是,若将限制坡度定得过小,就不易适应自然地面的起伏变化,也会使工程量加大,造价提高。因此,对一条新建铁路或改建铁路来说,选择多大的限制坡度合适,就是一个十分重要的问题。选择合适的限制坡度,往往需要经过周密考虑、综合研究才能确定。一般来说,一条线路(或一个区段)的限制坡度应根据铁路等级、地形类别、牵引种类和运输要求比选确定,并应考虑与邻接铁路的牵引定数相协调。我国《铁路技术管理规程》(以下简称《技规》)规定的最大限制坡度的数值,如表2-5所示。

客货共线Ⅰ、Ⅱ级铁路区间线路最大限制坡度(‰)　　　　表2-5

铁路等级		Ⅰ		Ⅱ	
		一般(‰)	困难(‰)	一般(‰)	困难(‰)
牵引种类	电力	6.0	15.0	6.0	20.0
	内燃	6.0	12.0	6.0	15.0

在个别线路的越岭地段,由于地形障碍显著而集中,若仍采用表2-5中所规定的限制坡度,实际上有困难或工程造价太高时,在经过技术经济比较后,允许线路采用大于限制坡度的加力牵引坡度。加力牵引坡度是指在大于限制坡度的坡道地段,为了统一区段的列车牵引重量标准,保证必要的线路通过能力,而进行多机牵引的坡度。各级铁路的加力牵引坡度,内燃牵引的可增至25‰,电力牵引的可增至30‰。

高速铁路具有功率高、速度快的特点,运营时可以为机车爬坡提供强劲的动能,设计中允许采用较大的坡度值。我国客运专线最大坡度为20‰,困难地段达到30‰,动车组走行线的最大坡度不应大于35‰。

(三)相邻坡段的连接

1.变坡点

平道与坡道、坡道与坡道的交点,叫作变坡点。列车经过变坡点时,由于坡度的突然变化,车钩内产生附加应力;坡度变化越大,附加应力越大,两车钩上下错移量过大,容易发生断钩、脱钩等事故。为了保证列车的运行平稳和安全,我国铁路规定,在Ⅰ、Ⅱ级线路上,相邻坡段的坡度代数差的绝对值大于3‰、Ⅲ级铁路大于4‰时,应以竖曲线连接,如图2-7所示,相邻坡段坡度代数差为6‰,图2-7b)中相邻坡段坡度差为5‰,故需设置竖曲线。

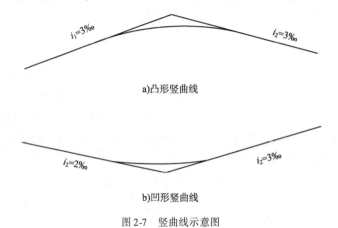

图2-7 竖曲线示意图

2.竖曲线

竖曲线是纵断面上设置的圆曲线,其半径 R 为:Ⅰ、Ⅱ级线路采用10000m,Ⅲ级线路采用5000m。

我国客运专线铁路需设置圆曲线型竖曲线,且竖曲线最小长度不宜小于25m,竖曲线半径不得小于15000m;允许速度大于200km/h的地段,竖曲线半径应不小于20000m。

我国高速铁路区间正线应亦采用圆曲线型竖曲线连接,最小竖曲线半径应根据所处区段远期设计速度按表2-6选用,但最大竖曲线半径不大于40000m。当相邻坡段的坡度代数差大于3‰时,动车组走行线应采用圆曲线竖曲线连接,竖曲线半径宜为10000m,困难时为5000m。

我国高速铁路竖曲线半径采用标准   表2-6

最高行车速度v(km/h)	350	300	250	200
竖曲线半径R(m)	25000	25000	20000	15000

3.最小夹坡段长度

高速铁路线路除了最小坡段长度满足两个竖曲线不重叠外,还要考虑两个竖曲线间有一定的夹坡段长度,保证列车在前一竖曲线终点处产生的振动在夹坡段长度范围内衰减完毕,不至于在进入下一个竖曲线起点时产生叠加,保证高速铁路运行的平稳性与舒适性。此外,还要考虑坡段能够适应地形,减少工程的投资。

(四)线路纵断面图

用一定的比例尺,把线路中心线(展直后)投影到垂直面上,并标明平面、纵断面的各项有关资料,就成为纵断面图,如图 2-8 所示。

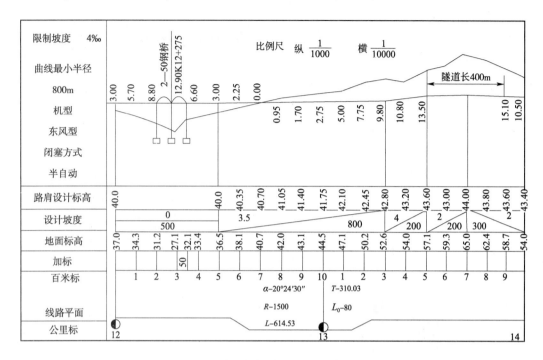

图 2-8　铁路线路纵断面图(尺寸单位:m)

图 2-8 的上部是图,主要表明了线路中心线(即路肩设计标高的连线)、地面线、车站、桥隧建筑物等有关资料及其他有关情况。

图 2-8 的下部是表,主要有沿线的工程地质概况、设计坡度、地面标高、路肩设计标高及线路平面的有关资料等。

铁路线路平面图和纵断面图是全面、正确反映线路主要技术条件的重要文件,也是指导线路施工工作和在线路交付运营后仍需使用的技术资料。

三、线 路 标 志

为了线路的维修和养护,同时为了司机和车长等工作上的需要,在线路沿线设有各种线路标志。其中,常见的有里程标(公里标、半公里标)、曲线标、圆曲线与缓和曲线始终点标、桥梁及坡度标、管界标等,如图 2-9 所示。

公里标、半公里标,是线路的里程标。公里标表示从铁路线路起点开始计算的连续里程,每整公里设一个。半公里标设于线路的每半公里处。

曲线标,设在曲线的中点处,标明曲线中心里程、半径大小、曲线和缓和曲线长度、超高等。

圆曲线和缓和曲线始终点标,设于直线与缓和曲线、圆曲线与缓和曲线的连接处,标明缓和曲线的起点与终点。在该标上分别写有"直缓、缓圆、圆缓、缓直"字样。

坡度标,设于变坡点处。它的正面和背面分别表示两边的坡度和坡段长度,并用箭头表示上坡或下坡,侧面则标明它所在的里程。

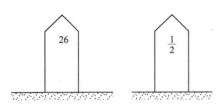

a) 公里标和半公里标

b) 曲线标

c) 圆曲线和缓和曲线始终点标

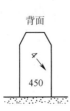

d) 坡度标

e) 桥梁标　　　　　　　　f) 管界标

图 2-9　线路标志

桥梁标,一般设于桥头处,标明桥梁编号、中心里程和长度。

线路标志内侧应设在距线路中心线不小于3.1m处。

线路标志,按计算公里方向设在线路左侧。双线区段须另设线路标志时,应设在列车运行方向左侧。

管界标,设在铁路局、工务段、领工区、养路工区、供电段、电力段的管辖地段的分界点处,两侧标明所面向的单位名称。

第三节 路基和桥隧建筑物

一、路 基

路基是轨道的基础,是铁路线路的重要组成部分。它直接承受轨道的重量,承受轨道传来的机车车辆及其荷载的压力。路基的质量如何,对于整个线路质量和行车安全有着很大的关系。因此,路基必须填筑坚实,基床应强化处理,并经常保持干燥、稳定和完好状态,以保证运输安全畅通。路基面应有足够的宽度,符合轨道铺设、附属构筑物设置和线路养护维修作业的要求。同时,路基两侧应留有足够宽度的铁路用地,以保证路基稳定,满足维修检查通道、栅栏设置及绿化带建设的需要。

路基工程主要由路基本体、路基防护和加固建筑物、路基排水设备3部分建筑物组成。

(一)路基的基本形式

在铁路线路工程中,路基常见的两种基本形式是路堤和路堑。

1.路堤

当铺设轨道的路基面高于天然地面时,路基以填筑方式构成,这种路基称为路堤。如图2-10所示。路堤的组成,包括路基面、边坡、护道、取土坑(或纵向排水沟)等。

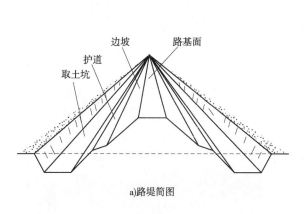

a)路堤简图

b)路堤实物图

图2-10 路堤

2.路堑

当铺设轨道的路基面低于天然地面时,路基以开挖方式构成,这种路基称为路堑。如图2-11所示。路堑的组成,包括路基面、边坡、侧沟、弃土堆和截水沟等。

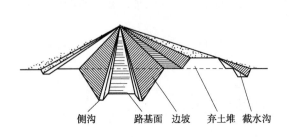

a)路堑简图   b)路堑实物图

图 2-11　路堑

此外,还有半路堤、半路堑、不填不挖路基、半路堤半路堑,如图 2-12 所示。半路堤是在山岳地区,通过部分填筑而形成的路基,见图 2-12a)、b)。半路堑是在山岳地区,通过部分挖掘而形成的路基,见图 2-12c)、d)。不填不挖路基是指路基设计高程与地面高程相同,轨道直接铺设在经过处理的天然地面上,见图 2-12e)、f)。半路堤半路堑是指山岳地区,通过部分填筑、部分挖掘而形成的路基,见图 2-12g)、h)。

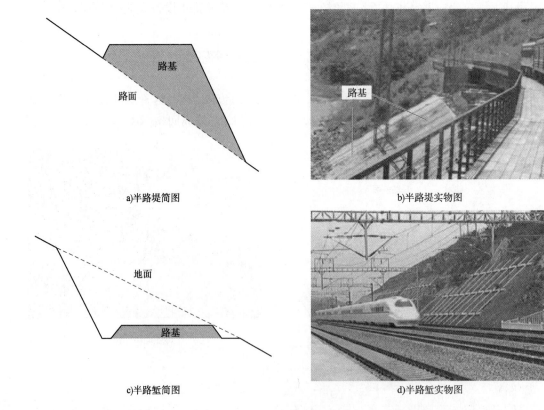

a)半路堤简图   b)半路堤实物图

c)半路堑简图   d)半路堑实物图

图 2-12

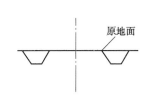
e)不填不挖路基简图

f)不填不挖路基实物图

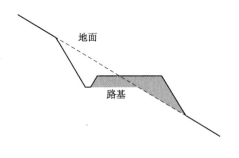
g)半路堤半路堑简图

h)半路堤半路堑实物图

图 2-12　其他形式的路基

(二)路基的基本组成

路基是由路基本体和附属建筑物组成的。

1.路基本体

路基本体由 5 个部分组成,即路基面、路肩、基床、边坡、基底。如图 2-13 所示。

2.路基附属建筑物

路基附属建筑物由两个部分组成:路基防护和加固建筑物、路基排水设备。

(1)路基面和路基顶面宽度:

①路基面:路基顶面,由直接在其上面铺设轨道的部分及路肩组成。

②路基顶面宽度:从路基一侧的路肩边缘到另一侧路肩边缘之间的距离。

(2)路肩与路基边坡,如图 2-14 所示。

①路肩:路基顶面两侧无道床覆盖的部分。

路肩的作用如下:

a.抵抗路基核心部分在受压力时向外发生挤动变形,加强路基的稳定性;

b.防止道砟滚落于路基坡面,保持道床完整;

c.便于设置必要的线路、信号标志;

d.供铁路现场作业人员行走,便于进行工作。

②路基边坡:路肩边缘以外的斜坡。路基两侧的边线。

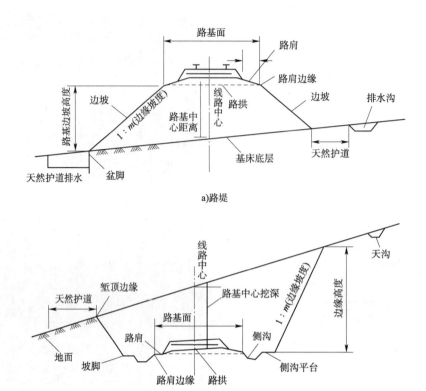

a) 路堤

b) 路堑

图 2-13　路基本体轮廓及各部分名称

图 2-14　路肩与路基边坡

3. 基床

路基上部承受轨道、列车动力作用，并受水文、气候变化影响而具有一定厚度的土工结构物。

4. 基底

路基的地基，是路堤填土的天然地面以下受填土自重及轨道、列车动载影响的土体部分。

(三) 路基的附属设施

路基的附属设施是为了保证路基的强度与稳定，包括排水设施、防护设施、加固工程。

1. 路基排水

为保持路基经常处于干燥、坚固和稳定状态，路基上设有一套完整的排水设备。如纵向排水沟、侧沟和截水沟是为了排除地面水而设置的，如图 2-15 所示。

除了地面水以外，地下水也是破坏路基坚实、稳固的一个重要因素。为了拦截地下水，降低地下水位，常采用渗沟和渗管等地下排水设备，如图 2-16 所示。地下水渗入渗沟后，可通过渗管纵向排出路堑。

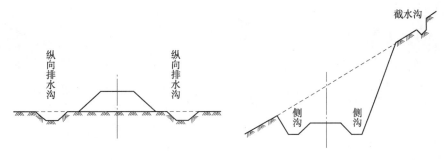

图 2-15 路基地面排水设施

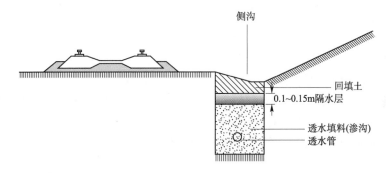

图 2-16 渗沟和渗管

2. 路基的防护与加固

路基坡面的地表水流沿山坡呈片状流动,它与边坡坡度及坡面状态等有关。缓坡、粗糙或有草木生长时流速小,反之就大些。路基坡面地表水流对坡面有洗蚀破坏作用,时间越长还会把坡面冲成纹沟、鸡爪沟,进而破坏路基边坡的稳定性。因此,对路基坡面地表水流的洗蚀应及时进行坡面保护,并修筑排水设施,保证排水通畅。常用的坡面防护措施有:种草、铺草皮、植树、抹面、灌浆和砌石护坡等。此外,还可以设置挡土墙或其他拦挡建筑物。挡土墙,如图 2-17 所示。山体挡棚,如图 2-18 所示。根据地形的实际情况设有石砌重力式、石砌横重式、加筋土挡土墙、混凝土半重力式、钢筋混凝土悬臂式、钢筋混凝土扶壁式、锚杆式、锚碇板式等几种类型。挡土墙属支挡建筑物,常用于高路堤、深路堑、陡坡和地质不良地段,用以支撑和加固边坡、土体,防止滑坡、崩坍、河流冲刷等病害。路基边坡的冲刷防护,如图 2-19 所示。

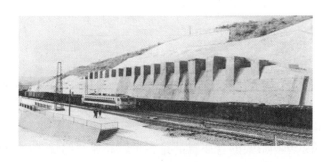

图 2-17 挡土墙

图2-18 山体挡棚

图2-19 路基边坡的冲刷防护

(四)高速铁路路基

与普通铁路路基相比,高速铁路路基具有如下特点:

1. 高速铁路路基的多层结构系统

高速铁路路基结构,已经突破了传统的轨道、道床、土路基这种结构形式,既有有砟轨道,也有无砟轨道。对于有砟轨道,在道床和土路基之间,已抛弃了道砟层直接放在土路基上的结构形式,做成了多层结构系统。见图2-20和图2-21。

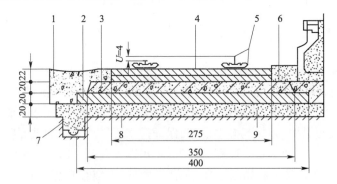

图2-20 德国高速铁路无砟轨道路堤的断面形式之一(尺寸单位:cm)

1-道砟;2-素混凝土;3-混凝土绝热层及支持层;4-钢筋混凝土连续板;5-UIC60钢轨扣件;6-冷沥青层;7-透水材料;8-下伏土层;9-矿渣混凝土

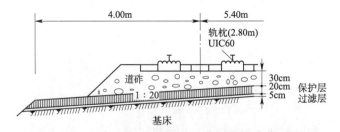

图2-21 德国高速铁路有砟轨道路堤的断面形式之一

2. 控制变形是路基设计的关键

采用各种不同路基结构形式的首要目的是为了给高速线路提供一个高平顺、均匀和稳定的轨下基础。由散体材料组成的路基是整个线路结构中最薄弱、最不稳定的环节,是轨变形的主要来源。

日本东海道新干线的设计时速为220km,由于其中在设计中仅仅采用了轨道的加强措施,而忽略了路基的强化,以至于从1965年起,因为路基的严重下沉,线路变形严重超标,不得不对线路以年均30km以上的速度大举整修,列车运行平均速度降到100~110km/h。

3. 在列车、线路这一整体系统中,路基是重要的组成部分

变形问题相当复杂,是一个世界性的难题。日本及欧洲等国虽然实现了高速但它们都是通过采用高标准的昂贵的强化线路结构和高质量的养护维修技术来弥补这方面的不足。对于高速铁路,轮轨系统应该是车轮、钢轨、道床、路基各个部分相互作用的整体。因此,在高速铁路技术研究中,无论机车车辆、轨道结构或路基隧道等专业,都应该把自己的问题放在整个系统中去考察。

我国京沪高速铁路线间距根据所采用机车车辆类型、运行速度等因素确定为5m。高速铁路路基形状为三角形,曲线加宽时,仍应保持路顶面的三角形形状。

二、桥隧建筑物

桥隧建筑物是铁路跨越河流、山谷或穿过山岭及其他障碍的建筑物,是铁路线路的组成部分。桥隧建筑物包括桥梁、涵洞、明渠、隧道等。铁路桥梁荷载大,冲击力大,行车密度大,要求能抵抗自然灾害的标准高,特别是结构要求有一定的竖向横向刚度和动力性能。

(一) 桥梁

1. 桥梁的组成

桥梁主要由桥面、桥跨结构、墩台及基础3部分组成,如图2-22所示。

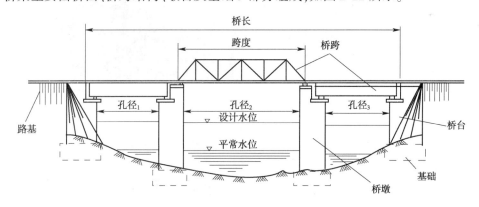

图 2-22 桥梁的组成

桥面是桥梁上铺设的轨道部分;桥跨结构是桥梁承受荷载、跨越障碍的部分;墩台是支承桥跨结构的部分,包括桥墩和桥台,设于桥梁中部的支座称为桥墩,设于桥梁两端的支座叫作桥台。桥墩与桥台的底部为墩台的基础。

两个相邻墩台之间的空间叫作桥孔。每个桥孔在设计水位处的距离叫作孔径。从桥跨结构底部到设计水位的高度以及相邻两墩台之间的限界空间,叫作桥下净空。桥梁的孔径和桥下净空应能满足泄洪、排水及船舶通航的要求。每一桥跨两端支座间的距离,叫作跨度。整个桥梁包括墩台在内的总长度,是桥梁的全长。

2. 桥梁的分类

桥梁的种类很多，形式多样，一般可按桥梁的建造材料、桥梁长度、桥跨结构受力状态、桥梁跨越障碍、桥面所在位置等加以区分。

(1) 按建造材料分，有钢桥、钢筋混凝土桥、石拱桥等。

钢桥的质量轻、强度大、安装较方便，多用于跨度较大的桥梁。常见的有钢桁梁桥、钢板梁桥，如图2-23所示。

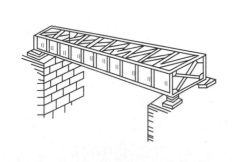

a) 钢板梁桥

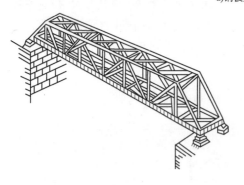

b) 钢桁梁桥

图 2-23 钢桥

钢筋混凝土梁具有造价低、经济实用、坚固耐用、易养护和噪声小等优点，因而得到了广泛的采用。在跨度为20m以下的桥梁中，各国大量采用钢筋混凝土结构。

石拱桥亦有造价低、经久耐用、养护费用省等优点，可就地取材，能节省大量的钢材和水泥。

(2) 按桥梁长度（L）分，有小桥（$L<20\text{m}$）、中桥（$20\text{m}\leqslant L<100\text{m}$）、大桥（$100\text{m}\leqslant L<500\text{m}$）和特大桥（$L\geqslant 500\text{m}$）等。

(3) 按桥跨结构的受力状态分，有梁桥、拱桥、斜拉桥、悬索桥、刚架桥等形式，如图2-24所示。

(4) 按桥梁跨越的障碍分，有跨河桥——跨越江河、湖泊；跨线桥——又称立交桥，铁路、公路相互交叉时所建的桥梁；高架桥——又称栈桥或旱桥，跨越宽谷、深沟。

(5) 按桥面所在位置分，也可根据桥面与主拱相对位置的不同分为上承式桥、中承式桥、下承式桥，如图2-25所示。

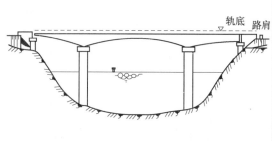

a) 梁式桥

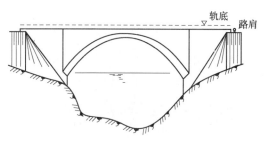

b) 拱桥

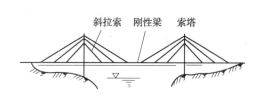

c) 斜拉桥

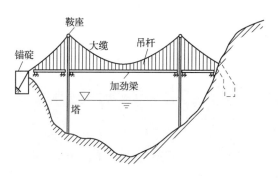

d) 悬索桥

图 2-24

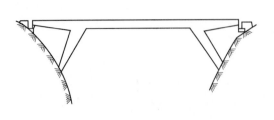

e)刚架桥

图 2-24　各种形式的桥梁

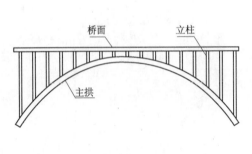

a)上承式桥

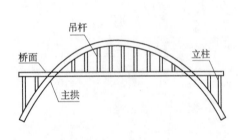

b)中承式桥

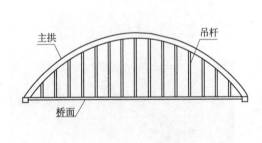

c)下承式桥

图 2-25　拱桥构造形式

第二章 铁路线路

知识链接

中国桥梁的"世界之最"

中国既保留着像赵州桥那样历史悠久的古代桥梁,也在不断地建造着刷新世界纪录的公路铁路新桥。目前,我国公路桥梁总数接近80万座,铁路桥梁总数已超过20万座,已成为世界第一桥梁大国。

跨度是衡量一个国家桥梁技术水平的重要指标近。十几年来,我国几乎每年都在刷新世界桥梁建设的纪录,世界十大拱桥、十大梁桥、十大斜拉桥、十大悬索桥,中国分别占据了半壁江山或一半以上。钢拱桥中的重庆朝天门大桥(跨径552m)、梁桥中的石板坡长江复线大桥(跨度330m)、斜拉桥中的苏通长江大桥(跨度1088m)、悬索桥中的西堠门大桥(跨径1650m)等,均是同类桥梁中跨度超群的大桥。

(1)世界最长跨海大桥——胶州湾跨海大桥(见图2-26)。

图2-26 胶州湾跨海大桥

青岛海湾大桥,又称胶州湾跨海大桥,2011年6月建成通车,是我国自行设计、施工、建造的特大跨海大桥。大桥全长36.48km,是已建成通车的世界最长跨海大桥。

(2)世界在建最长的跨海大桥——港珠澳大桥(见图2-27)。

图2-27 港珠澳大桥

港珠澳大桥东接香港、西接珠海和澳门,总长55km,是世界正在建设中的最长跨海大

41

桥。2009年12月15日，港珠澳大桥正式开工建设，2016年9月27日，桥梁工程全线贯通。整个大桥预计2017年底建成通车。

(3) 世界跨度最大的公铁两用大桥——沪通长江大桥(见图2-28)。

图2-28　沪通长江大桥

正在建设中的沪通长江大桥，主跨1092m，建成后将是世界上首座跨度超千米的公铁两用斜拉桥。大桥主塔高325m，约相当于100层楼高，为世界最高公铁两用斜拉桥主塔。2014年3月开工建设，预计2019年建成通车。

(4) 世界最长高铁桥——丹昆特大桥(见图2-29)。

图2-29　丹昆特大桥

京沪高速铁路丹阳至昆山段特大铁路桥，起自丹阳，途径常州、无锡、苏州，终于昆山。全长164.85km，是世界第一长桥。大桥纵贯苏南平原河网化地貌，跨公路、铁路、水路，以现代化高铁桥梁的傲然姿态，跨越苏南大地。2011年6月正式通车。

(5) 世界跨径最大钢拱桥——重庆朝天门长江大桥(见图2-30)。

重庆朝天门长江大桥主跨长552m，超过1996年建成的跨径550m的黄埔大桥，成为世界跨径最大的钢拱桥。2006年3月动工，2009年4月通车。

(6) 世界首座真正意义上的公铁两用跨海大桥——平潭海峡公铁两用桥(见图2-31)。

长达16km的平潭海峡公铁两用跨海大桥，是新建福州至平潭铁路长乐至平潭高速公路的关键性控制工程,是世界上第一座真正意义上的公铁两用跨海大桥。目前,大桥正在紧张地施工中,预计 2019 年建成通车。

图 2-30 重庆朝天门长江大桥

图 2-31 平潭海峡公铁两用桥

(7)世界第一高悬索桥——四渡河大桥(见图 2-32)。

图 2-32 四渡河大桥

位于湖北巴东县境内的四渡河大桥,是沪渝高速公路控制性桥梁工程。该桥主跨 900m,桥面距谷底 560m,相当于 200 层楼高,是已建成通车的世界第一高桥。

2016 年 12 月 29 日,横跨云、贵两省的"世界第一高桥"——尼珠河大桥(图 2-33)正式通车。大桥全长 1341.4m,从桥面到底谷 564m(相当于 200 层楼的高度),比目前世界桥面最高的四渡河大桥高 68m,成为当之无愧的世界第一高桥。

图 2-33　尼珠河大桥

(二) 涵洞

涵洞设在路堤下部的填土中,是用以通过水流或行人的一种建筑物。承受通过路基传来的动力载荷,以及路基土体的土压力。

涵洞主要由洞身(由若干管节所组成)、基础、端墙和翼墙所组成,如图 2-34 所示。管节埋在路基之中,它具有一定的纵向坡度(从进口向出口),以便排水。端墙和翼墙的作用是便于水流进出涵洞,同时还可以保护路堤边坡,使它不受水流的冲刷。

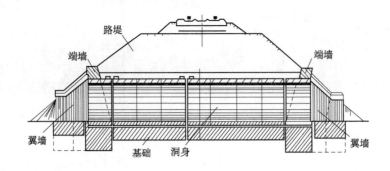

图 2-34　拱涵洞示意图

涵洞根据不同的标准,可以分为很多种。

(1) 按建筑材料分,涵洞可分为砖涵、石涵、混凝土涵、钢筋混凝土涵、铁涵。

(2) 按构造形式分,涵洞可分为圆管涵、拱涵、盖板涵、箱涵,如图 2-35 所示。

(3) 按填土情况不同分,涵洞可分为明涵和暗涵。明涵是指洞顶无填土,适用于低路堤及浅沟渠处;暗涵洞顶有填土,且最小的填土厚度应大于 50cm,适用于高路堤及深沟渠处。

(4) 按水利性能分,涵洞可分为无压力式涵洞、半压力式涵洞、压力式涵洞。无压力式涵洞指的是入口处水流的水位低于洞口上缘,洞身全长范围内水面不接触洞顶的涵洞。半压力式涵洞指的是入口处水流的水位高于洞口上缘,部分洞顶承受水头压力的涵洞。压力式涵洞指的是进出口被水淹没,涵洞全长范围内以全部断面泄水的涵洞。该涵洞的孔径一般是 0.75~6.0m。

a)圆管涵

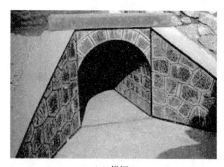
b)拱涵

c)盖板涵

d)箱涵

图 2-35　涵洞的构造形式

(三) 隧道

为达到各种不同的使用目的,在山体内或地面下修建的建筑物,统称为地下工程。在地下工程的广泛范围中,用以保持地下空间作为运输孔道的,称为隧道。铁路隧道是线路跨越山岭时,为避免开挖很深的路堑或修建很长的迂回线,而修建的穿越山岭的建筑物。此外,还有建筑在河床、海峡或湖底下的水底隧道和建筑在大城市地下的地下铁道。

隧道与桥梁一样,是铁路线路上的一个重要组成部分。修建一座隧道(特别是长大隧道)的造价很高,工期也长,但它能提高运营效率,节省运营费用,从长远的观点来看,在经济上是合理的。

1. 隧道的分类

(1) 按长度,可分为一般隧道(其长度 <2000m)、长隧道(其长度为 2000～5000m)和特长隧道(其长度 >5000m)。

(2) 按断面大小,可分为超小断面 <3.0m^2,小断面 3.0～10.0m^2,中等断面 10.0～50.0m^2,大断面 50.0～100.0m^2,超大断面 >100.0m^2。

(3) 按所在位置和埋藏条件,可分为傍山隧道、越岭隧道、地下铁道、深埋和浅埋隧道。

(4) 按洞内行车线路的多少,可分为单线隧道、双线隧道和多线隧道。

(5) 按隧道内坡道,可分为单坡隧道和双坡隧道。

(6) 按修筑的方法,可分为暗挖法、明挖法和沉管法。

2. 隧道的构造

隧道的结构包括主体建筑物和附属设备两部分。主体建筑物由洞身和洞门组成;附属设备包括避车洞和防排水设施,长大隧道还有专门的通风和照明设备。

（1）主体建筑物，作用是保持隧道的稳定，保证列车的安全运行。

洞身是隧道的主要组成部分，其长度由两端洞门的位置决定。洞身是列车通过的通道，为保证行车安全，洞身必须按建筑限界标准修建。

衬砌的作用是用来承受地层的压力，防止坑道周围地层的变形，防止岩石的风化和坍落，维护坑道轮廓不侵入建筑限界的范围，以确保行车安全。目前，主要是采用整体灌注式衬砌，由拱圈、边墙、托梁和仰拱所组成，如图2-36所示。

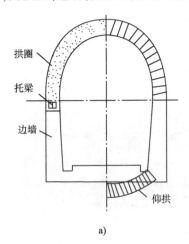

图2-36　隧道衬砌示意图

洞门是隧道进出口处，其主要作用是用来保证洞口土体仰坡和边坡的稳定，并通过洞门位置的排水系统将仰坡流下的雨水引离隧道，以防止水流冲刷洞门，如图2-37所示。

图2-37　隧道洞门

（2）附属建筑物，其作用是为隧道安全、养护与维修隧道的需要而设置。

①避人洞和避车洞。为使工作人员、行人及运料小车避让列车，在隧道的两侧互相交错修建了避人洞和避车洞。它们是隧道的附属建筑物。

②防排水设施。我国隧道防排水设计，采用"防、排、堵、截结合，因地制宜，综合治理"的原则。对于隧道穿过岩溶、断裂破碎带，预计地下水较大，当采用以排为主，可能影响生态环境时，根据实际情况采用"以堵为主、限量排放"的原则，达到堵水有效、防水可靠、经济合理的目的；在岩溶发育地段，则采用"以疏为主、以堵为辅"的原则，应强调尽量维系岩溶暗河的

既有通路,严禁随意封堵溶洞、暗河。

防水就是防止地下水渗入衬砌。包括喷射混凝土防渗、塑料防水板、施工缝防水、防水混凝土自身防水等。

洞内排水就是将衬砌背后的地下水排出。隧道排水采取在衬砌背后环向和纵向设置软式透水管盲沟,盲沟伸入泄水孔管,将水排到隧道两侧的水沟中;隧道内设双侧沟加中心沟的方式排水。

(四)高速铁路桥梁隧道

1. 高速铁路桥梁特点

(1)桥梁比例大、高架长桥多。高速铁路设计参数限制严格,曲线半径大、坡度小,并需要全封闭行车,导致桥梁建筑物数量要大大多于普通铁路。

我国京沪高速铁路的桥梁总延长也占80%以上,合计超过1000km。尤以高架线路为主,最长的高架桥达20km。

(2)以中小跨度为主。由于高速铁路对线路、桥梁、隧道等土建工程的刚度要求严格,因此,高速铁路桥梁跨度不宜过大,应以中小跨度为主;我国京沪高速铁路线上的桥梁也绝大多数为中小跨度,常用桥式为等跨度布置的双线整孔简支梁,桥面宽12.8m,跨度有24m、32m、40m几种,并以32m居多。其中20m以下跨度的桥梁由4~5片T形梁组成,架设就位后施加横向预应力联成双线整孔,以保证桥梁具有足够的刚度和良好的整体性。

(3)刚度大、整体性好。列车高速、舒适、安全行驶要求高速铁路桥梁必须具有足够大的刚度和良好的整体性,以防止桥梁出现较大挠度和振幅。同时,必须限制桥梁的预应力形变上拱和不均匀温差引起的结构变形,以保证轨道的高平顺性。一般来说,高速铁路桥梁设计主要由刚度控制,强度基本不控制其设计。尽管高速铁路荷载小于普通铁路,但实际应用的高速铁路桥梁在梁高、梁重上均超过普通铁路。

(4)限制纵向力作用下结构产生的位移,避免桥上无缝线路钢轨的受力出现过大的附加应力。高速铁路要求依次铺设跨区间无缝线路,而桥上无缝线路钢轨的受力状态不同于路基,结构的温度变化、列车制动、桥梁挠曲会使桥梁在纵向产生一定的位移,引起桥上钢轨的附加应力。过大的附加应力会造成桥上无缝线路失稳,影响行车安全。因此墩台基础要有足够的纵向刚度,以尽量减少钢轨附加应力和梁轨间的相对位移。

(5)重视改善结构耐久性,便于检查、维修。高速铁路是重要的交通运输设施,任何原因中断行车,都会造成很大的经济损失和社会影响。为此,桥梁结构物应尽量做到少维修或免维修,这就需要在设计时将改善结构物耐久性作为主要设计原则,统一考虑合理的结构布局和构造细节,并在施工中严格控制、保证质量。一些国家规定高速铁路桥梁在结构耐久性方面要求的设计基准期,一般以50年不需要维修为目标。此外,由于高速铁路运营繁忙、速度高,导致桥梁维修、养护难度大。因此,要求桥梁结构应易于检查与维修。

(6)强调结构与环境的协调。桥梁造型要与周围环境相一致,并注重结构外观和色彩,在居民点附近的桥梁应有降噪措施,避免桥面污水损害生态环境等。

2. 高速铁路对桥梁的要求

高速铁路由于具有高速度、高舒适性、高安全性、高密度连续运营等特点,一般采用全封闭的行车模式,导致桥梁的比例比普通铁路明显增大。因此,高速铁路桥梁除了满足一般铁

路桥梁的要求外,还要满足如下一些特殊要求:

(1)高速行车要求结构物有高度的抗挠和抗扭刚度。因此,不应采用柔性结构。

(2)采用钢结构和框架结构,不仅可以减少维修工作量,当有局部损伤时也不会影响整体。

(3)采用多跨连续的钢筋混凝土梁桥,在受力方面,比较安全可靠。我国高速铁路桥梁基本遵循下述原则。

(1)采用双线整孔桥梁,主梁整孔制造或分片制造整体连接。双线桥梁一方面提供很大的横向刚度;同时,在经常出现的单线荷载下,竖向刚度比单线桥增大了一倍。

(2)除了小跨度桥梁外,大都采用双线单室箱形截面;增大梁高。

(3)尽量选用刚度大的结构体系,如连续梁桥、刚架桥、斜拉桥;

(4)桥梁跨度不宜过大。

3. 高速铁路隧道的特点

高速铁路隧道与普速铁路隧道的区别是,当列车以高速通过隧道时,原来占据隧道空间的空气将被迅速排开,空气的黏性以及隧道、列车表面的摩擦阻力使排开的空气不能像隧道外那样及时、顺畅地沿列车两侧和上部形成绕流。造成列车运行前方空气受到压缩,而尾部形成负压,产生压力波动。这种压力波动又以声速传播到隧道口,形成反射波,回传叠加,诱发一系列对运营产生负面影响的空气动力效应。如引起旅客和铁路员工耳膜不适等不良生理反应、列车运行阻力增加、引起隧道口爆破噪声、危害隧道口建筑等。

改变列车形状、改善车辆密封性能等均可以缓解和减少空气动力效应对运营的影响。但最根本的解决办法是改变隧道结构。如确保高速铁路隧道净空有效面积、改善洞口形状、设置隧道口缓冲区、洞内设施尽量隐蔽设置等。

4. 高速铁路对隧道的要求

高速铁路隧道结构设计不仅要满足空气动力学特性的要求,还要从构造和防火上满足高速铁路隧道建筑衔接和配置的各功能空间的要求。

(1)净空有效面积。我国铁路隧道净空有效面积标准:200km/h 客运专线兼顾货物运输单线 $52m^2$($63.6m^2$),双线 $84m^2$($85m^2$);250km/h 高速铁路单线 $58m^2$($60m^2$),双线 $92m^2$;300~350km/h 高速铁路单线 $70m^2$,双线 $100m^2$。

(2)安全空间。它是为铁路工作人员和养护人员预留的空间,内设把手、保护栏等。我国规定隧道的安全空间是在距线路中心线 3.0m 以外,单线隧道设在电缆槽一侧,多线隧道设在两侧,其高度不小于 2.2m,宽度不小于 0.8m,且地面不低于轨面规定高度,设有 3‰ 的排水坡。

(3)救援通道。隧道内设置贯通的救援通道,用于自救或外部救援。救援通道应设在安全空间的一侧,距线路中心线不应小于 2.3m。救援通道走行面不低于轨面高度,宽度不应小于 1.5m,在装设专业设施处,宽度可减少 0.25m,净高不应小于 2.2m。

(4)工程技术作业空间。它是用来预留设备安装或加强衬砌以及安装降噪声护墙板的。在安全空间和救援通道以外,其宽度应为 0.3m。

(5)运营通风。在长度大于 8km 的电气化铁路隧道,应设置运营通风设备。该设备应考虑到防灾通风,有利于控制灾害范围和采取救援。

(6)照明设备。隧道内的照明设置应考虑维修养护、满足紧急情况下人员疏散及救援人员的通行要求,还要考虑列车进入隧道后的亮度和旅客舒适度的要求。

(7)救灾救援。隧道内列车发生灾害主要是脱轨翻车和隧道内列车火灾两大类。高速铁路隧道的安全防灾主要有列车火灾事故预防、发现和消防、救援。隧道内,应设置救援通道、隧道照明、逃生路线标志牌、气流显示和风向测量装置,以及紧急呼救电话和人行道等。还应在靠近城市和有条件的隧道洞口处和紧急通道出口处,设置供外部救援车辆停放的场地。

我国修建的铁路隧道数量和长度已位于世界首位,截至2015年底,全国在建铁路隧道3784座,总长8692km;规划隧道4384座,总长9345km;运营隧道13411座,总长13038km。我国已有10km以上的铁路隧道达202座,石太客运专线太行山隧道全长27.8km,是目前我国已运营的最长铁路隧道。

现使用中的中国铁路隧道长度排列前五名的有:
①太行山隧道:双洞单线,27839m(左),27848m(右),石太客专,山西盂县;
②青云山隧道:双洞单线,22175m(左),21843m(右),永莆铁路,福建永泰—莆田;
③吕梁山隧道:双洞单线,20785m(左),20738m(右),太中铁路,山西汾阳—吕梁离石;
④乌鞘岭隧道:双洞单线,20060m(左),20050m(右),兰新铁路,甘肃天祝—古浪;
⑤秦岭隧道:双洞单线,18460m(左),18456m(右),西康铁路,陕西西安长安—柞水。
包括正在使用和在建工程在内,中国铁路隧道长度排列前五名的有:
①阳糯雪山隧道,长约54000m,成昆铁路峨米复线;
②高黎贡山隧道,长约34531m,大瑞铁路;
③新关角隧道,双洞单线,长约32645m,青藏铁路西格段复线;
④平安隧道,长约28398m,成兰铁路;
⑤西秦岭隧道,双洞单线,长约28236m,兰渝铁路。
中国最长铁路隧道变更历史(时期/名称/长度/铁路线):
1890—1904年,狮球岭隧道,长约261m,台湾铁路;
1904—1942年,兴安岭隧道,长约3077m,滨州铁路;
1942—1965年,杜草隧道,长约3849m,滨绥铁路;
1965—1966年,凉凤垭隧道,长约4270m,川黔铁路;
1966—1972年,沙木拉达隧道,长约6383m,成昆铁路;
1972—1988年,驿马岭隧道,长约7032m,京原铁路;
1988—2000年,大瑶山隧道,长约14295m,京广铁路;
2000—2006年,秦岭隧道,长约18460m,西康铁路;
2006—2009年,乌鞘岭隧道,长约20060m,兰新铁路;
2009年至今,太行山隧道,长约27848m,石太客运专线。

知识拓展

全世界最长的铁路隧道

位于瑞士中部阿尔卑斯山区的戈特哈德铁路隧道,全长57km,是目前全世界最长的铁路隧道。戈特哈德铁路隧道造价近98亿瑞士法郎(1美元约合0.95瑞士法郎),是在建的

连接德国、瑞士与意大利的高速铁路的一个重要工程。2017年该铁路通车后,从瑞士苏黎世到意大利米兰仅需2小时40分钟,缩短1小时。届时,每天将有至少300次列车通过戈特哈德铁路隧道,客运列车平均时速将达250km,货运列车时速可达160km。戈特哈德铁路隧道工程自1999年起正式展开,工程分5段同步进行,节约了施工时间。戈特哈德铁路隧道总长超过此前世界最长铁路隧道、全长约54km的日本青函铁路隧道,瑞士媒体称其为"世纪隧道"。如图2-38所示。

图2-38　瑞士戈特哈德铁路隧道

第四节　轨　　道

铁路轨道通常由两条平行的钢轨组成,钢轨固定放在轨枕上,轨枕之下为路渣。轨道是由道床、轨枕、钢轨、联结零件、防爬设备及道岔组成。如图2-39所示。它起着机车车辆运行的导向作用,直接承受由车轮传来的巨大压力,并传递给路基或桥隧建筑物。轨道是一个整体性工程结构,经常处于列车运行的动力作用下,所以它的各组成部分均应具有足够的强度和稳定性,以便保证列车按照规定的最高速度,安全、平稳和不间断地运行。

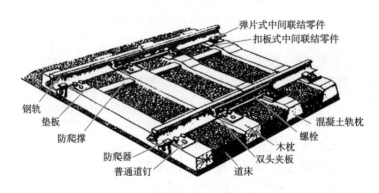

图2-39　轨道的基本组成

一、轨道的组成

根据轨道的组成,下面主要介绍钢轨、连接零件、轨枕、道床、防爬设备、道岔等。

(一)钢轨

钢轨的作用是直接承受车轮的巨大压力并引导车轮的运行方向,因而它应当具备足够的强度、稳定性和耐磨性。为了使钢轨具有最佳的抗弯性能,钢轨的断面形状采用"工"字形,如图2-40所示,由轨头、轨腰和轨底组成。

在我国,钢轨的类型或强度以每米长度的大致质量(kg/m)表示,现行的标准钢轨类型有:75kg/m、60kg/m、50kg/m 及43kg/m。新建、改建铁路正线应采用60kg/m 钢轨的跨区间无缝线路(重载运煤专线线路可采用75kg/m 钢轨轨道结构)。

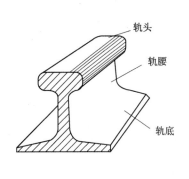
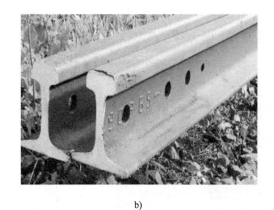

a)   b)

图2-40 钢轨

钢轨的长度长一些好,可以减少接头的数量,使列车运行平稳并可节省接头零件和线路的维修费用,但是由于加工条件和运输条件的限制,一根钢轨的轧制长度是有限的。目前我国钢轨的标准长度是：43kg/m 的钢轨,长度有 25m 或 2.5m；50kg/m 以上的钢轨,长度为 25m、50m、100m 三种。无缝线路是先用钢厂生产出的 100m 的钢轨,运到焊轨厂焊接成长 500m 的钢轨,再将 500m 的钢轨运到工地,在现场焊成 1000～2000m 的长轨条,或按设计长度铺设。此外,还有专供曲线地段铺设内轨用的标准缩短轨若干种。如图2-41 所示。

(二)连接零件

连接零件包括接头连接零件和中间连接零件两类。

1. 接头连接零件

接头连接零件是用来联结钢轨与钢轨之间的接头的,包括夹板、螺栓、螺母和弹性垫圈等。如图2-42 所示。钢轨接头处必须保持一定的缝隙,这一缝隙叫作轨缝。如图2-43 所示。当气温发生变化时,轨缝可满足钢轨的自由伸缩。钢轨接头是线路上最薄弱的环节,它使行车阻力和线路维修费用显著增加,因此它是线路维修工作的重点对象。

图2-41 无连接缝钢轨   图2-42 钢轨的接头连接零件图

2. 中间连接零件

中间连接零件(又称扣件)的作用是将钢轨紧扣在轨枕上,以固定钢轨的正确位置,阻止钢轨的纵向爬行和横向位移,防止钢轨倾翻,同时还能提供必要的弹性、绝缘性能等。中间连接零件因轨枕的不同,有钢筋混凝土枕用的扣件和木枕用的扣件两类。我国木枕轨道地段中间连接方式主要有混合式和分开式。目前大量采用的连接方式是混合式。

混合式是先用道钉把垫板与木枕扣紧,然后再用道钉将钢轨、垫板和木枕三者同时连接。混合式扣件零件少,安装成本低,但扣紧力不如分开式。如图2-44所示。

图2-43 轨缝及连接零件

图2-44 钢轨与木枕的混合式连接

分开式是将垫板分别与轨枕和钢轨单独扣紧。分开式扣压力大,能有效防止钢轨的横、纵向位移,同时便于安装与更换,但成本高。在特殊线路与桥上线路使用。如图2-45所示。

钢筋混凝土用的扣件有扣板式、拱形弹片式和∞形弹条式三种。∞形弹条式扣件不仅比前两种使用的零件少,结构简单,而且弹性好,扣压力大,因此在主要干线上大量采用。如图2-46所示。由于混凝土枕重量大、刚度大,因而混凝土枕扣件的性能也比木枕扣件好。

图2-45 钢轨与木枕的分开式连接图

图2-46 钢轨与混凝土枕的连接图

其主要表现为:
(1)扣压力足。当钢轨弯曲、转动时,不会导致钢轨沿垫板发生纵向移动。
(2)适当的弹性。混凝土枕的弹性比木枕差许多,其弹性主要由橡胶垫板提供。
(3)具有绝缘性能。

(三)轨枕

轨枕的作用是支承钢轨,并将钢轨传来的压力传递给道床,保持钢轨位置和轨距。轨枕应具有必要的坚固性、弹性和耐久性,并且造价低、制作简单、铺设及养护方便。

轨枕按照制作材料分,有钢筋混凝土枕、木枕、钢枕、塑料枕。木枕、钢筋混凝土轨枕如图2-47所示。木枕具有弹性好,形状简单,加工容易,重量轻,铺设和更换方便等优点。其主要缺点是消耗大量木材,使用寿命较短。经过防腐处理的木枕,一般可用15年左右。为了保护生态平衡和森林资源，木枕的使用将越来越受限制。钢枕应用的很少，而塑料枕只在国外少数国家有应用。目前，我国铁路主要使用混凝土轨枕。因钢筋混凝土轨枕使用寿命长、稳定性能高，养护工作量小，加上材料来源较广，所以在我国铁路上得到广泛采用。此外，使用钢筋混凝土轨枕，不仅可以节省大量木材，还有利于提高轨道的强度和稳定性。

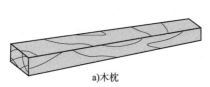 

a)木枕　　　　　　　　　　　　b)钢筋混凝土轨枕

图 2-47　轨枕图

我国普通轨枕的长度为 2.5m，道岔用的岔枕和钢桥上用的桥枕，其长度有 2.6～4.85m 多种。

每千米线路上铺设轨枕的数量，应根据运量及行车速度等运营条件确定，一般在 1520～1840 根之间。轨枕根数越多，轨道强度越大。

特种混凝土轨枕包括宽混凝土轨枕和钢纤维混凝土轨枕。

宽混凝土轨枕用钢筋混凝土制成，如图 2-48 所示。外形类似混凝土枕，但比混凝土枕宽，薄一些，也称轨枕板。宽混凝土轨枕外观整齐美观，一般长 2.5m，宽 55～60cm，密排铺设在压实的清洁的碎石道床上。宽混凝土轨枕的轨道沉陷较小，也不容易发生坑洼不平和道床的脏污现象；同时，由于它的底部和道床、上部和轨底的接触面积大了因而提高了线路的稳定性得到提高，改善了线路的受力条件，有利于高速行车。我国已在隧道内、大桥桥头、大客运站上采用，并且在主要干线也逐步扩大使用。

图 2-48　宽混凝土轨枕

宽混凝土轨枕每千米铺设 1760 块，每块宽枕上装一对扣件，由钢轨传来的荷载对宽枕的偏心小、稳定性好。由于支承面积大，与普通混凝土枕比较，轨道下沉量明显减小，能减缓道床永久变形的积累，线路平顺，减少了维修工作量。

由于宽混凝土轨枕轨道的弹性、断面尺寸、排水方式等方面与其他结构形式的轨道不同，因此，与其他轨道连接时必须设置过渡段，使其均匀变化。

钢纤维混凝土轨枕是指在混凝土中掺入一定量的钢纤维制成的混凝土枕。钢纤维混凝土是一种增加强度和韧性的新型复合材料。钢纤维混凝土轨枕可以提高轨枕的抗冲击韧性和抗裂、抗拉、抗剪、抗弯、抗疲劳强度，以延长轨枕的使用寿命，适用于小半径曲线和接头部位，可较好解决钉孔纵裂、挡肩损坏等问题。

 知识链接

塑　料　轨　枕

在美国使用一种塑料轨枕。这种采用回收的聚乙烯制造的塑料轨枕的耐腐蚀性高于木枕三倍以上,而且在加工时更容易使其表面变"毛",安装在路基上不会滑动,安装方便,可以直接使用与木枕相同的设备和紧固件。当然,塑料轨枕的成本要大于木枕,一旦成本降下来,将会迅速广泛应用。

(四)道床

道床是铺设在路基面上的石砟(道砟)垫层。主要作用是支承轨枕,把从轨枕上部的压力均匀地传递给路基,并固定轨枕的位置,阻止轨枕纵向或横向移动,缓和机车车辆轮对对钢轨的冲击,调整线路的平断面和纵断面。

道床分为有砟道床(图2-49)和无砟道床(图2-50)。

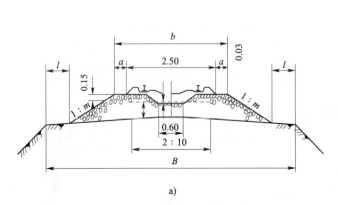

图 2-49　有砟道床

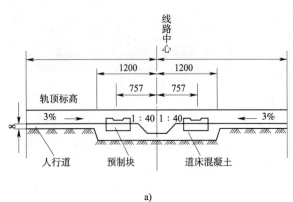

图 2-50　无砟道床

道床应具备的性能:道床的材料应当具有坚硬、不易风化、富有弹性,并有利于排水的特点。常用的材料有碎石、卵石、粗砂等。其中以碎石为最优,我国铁路一般都采用碎石道床。道床的断面呈梯形,其顶面宽度、边坡坡度及道床厚度等均按轨道的类型而定。

道床主要有如下3个要素:

(1)道床厚度:足够的厚度,确保轨道稳定。

(2)顶面宽度:一般为3m。

(3)边坡坡度。

有砟道床的优点是建设费用低、噪声传播范围小、建设周期短、修复容易等。但是随着货物列车牵引吨位越来越大,旅客列车的速度越来越快,有砟道床渐不能满足运输的需求。无砟道床是以混凝土或沥青砂浆取代散粒砟道床而组成的轨道结构形式,它具有轨道稳定性高、刚度均匀性好、结构耐久性强和维修工作量显著减少等特点,对于高速铁路较传统的有砟轨道有更好的适应性。

(五)防爬设备

因列车运行时纵向力的作用,使钢轨产生纵向移动,有时甚至带动轨枕一起移动,这种现象叫轨道爬行。轨道爬行经常出现在单线铁路的重车方向(运量大的方向)、双线铁路的行车方向、长大下坡道上及进站前的制动距离内。

轨道爬行往往引起轨缝不匀、轨枕歪斜等线路病害,对轨道的破坏性极大,严重时还会危及行车安全。因此,必须采取有效措施加以防止。

防止爬行的措施,即需加强接头扣件、中间扣件的扣紧力。扣紧力的加强,是通过安装防爬设备来实现的。我国铁路广泛采用穿销式防爬器,它由带挡板的轨卡和穿销组成。如图2-51所示。

 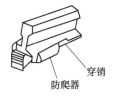 

图2-51　穿销式防爬器

在直线地段,由于列车纵向力的作用,轨枕可能被拉斜。预防方法是将防爬器与防爬支撑配合使用。安装时,将轨卡的一边紧紧地卡住轨底,另一边用楔形穿销楔紧,使整个防爬器牢固地卡在轨底上。如图2-52所示。

在曲线地段,由于列车横向力的作用,很容易引起轨距扩大。预防方法是采用轨距拉杆进行加固。如图2-53所示。

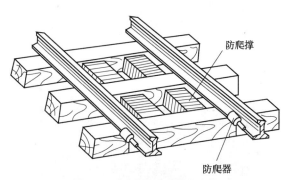 

图2-52　防爬器和防爬撑的安装　　　　　图2-53　轨距拉杆

(六)道岔

道岔是一种使机车车辆能从一股道转入或越过另一股道的线路连接设备。它大量铺设在车站内,以满足各种作业需要。

道岔有多种类型，我国常用的有单开道岔、双开道岔、三开道岔、交分道岔、渡线等。

1. 普通单开道岔

1) 普通单开道岔的组成

普通单开道岔是一种主线为直线，侧线向主线的左侧或右侧分支的道岔。它由转辙器、辙叉及护轨、连接部分所组成，如图2-54所示。

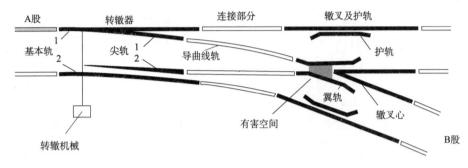

图2-54　普通单开道岔

（1）转辙器

转辙器由两根尖轨、两根基本轨和转辙机械组成。尖轨是转辙器的主要部件，通过连接杆与转辙机械相连，所以操纵转辙机械可以改变尖轨的位置，以确定道岔的开通方向。

（2）辙叉及护轨

辙叉及护轨包括辙叉心、翼轨及护轨。其作用是保证车轮安全通过两股轨线的相互交叉处。从两翼轨最窄处到辙叉心实际尖端之间，存在着一段轨线中断的空隙，叫作辙叉的有害空间。当机车车辆通过辙叉有害空间时，轮缘有走错辙叉槽而引起脱轨的可能，因此，必须设置护轨，对车轮的运行方向实行强制性的引导。

道岔上的有害空间是限制列车过岔速度的一个重要因素。为了消灭有害空间，减轻车轮对翼轨和心轨的冲击，适应列车高速运行的要求，国内外都发展了各种活动心轨道岔。一般来说，辙叉心轨和尖轨是同时被扳动的，当尖轨开通某一方向时，活动心轨的辙叉心轨就与开通方向一致的翼轨密贴，与另一翼轨分开，从而消灭了有害空间。图2-55所示为活动心轨辙叉。它是由长心轨、短心轨拼装成的可动心轨和翼轨、叉跟基本轨、帮轨等组合而成。此种辙叉利用心轨可摆动与翼轨密贴的特征，消除了有害空间，不仅避免了车轮对心轨和翼轨冲击，而且

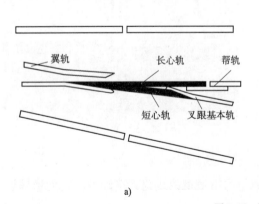
a)

b)

图2-55　活动心轨辙叉

提高了列车直向过岔速度。因此,活动心轨辙叉广泛应用于高速行车的线路上。

运营实践证明,由于消灭了有害空间,活动心轨辙叉具有行车平稳、直向过岔速度限制较少等优点,因此适合在运量大、高速行车的线路上使用。

(3)连接部分

连接部分是连接转辙器和辙叉及护轨的部分,使之成为一组完整的道岔。它包括两根直轨和两根导曲线轨。在导曲线上一般不设缓和曲线和超高,所以列车在侧向过岔时,速度要受到限制。

2)道岔号数

道岔因其辙叉角的大小不同,有不同的道岔号(N),道岔号数表明了道岔各部分的主要尺寸。道岔号数是用辙叉角(α)的余切值来表示的,如图2-56所示。其计算公式为:

$$N = \cot\alpha = \frac{EF}{AE}$$

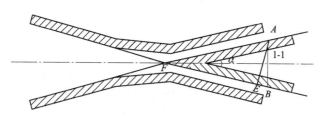

图2-56 道岔号数计算图

由此可见,辙叉角越少,N值就越大,导曲线半径也越大,机车车辆侧线通过道岔时就越平稳,允许的侧线过岔速度也就越高。所以,采用大号码道岔对于列车运行是有利的。然而,道岔号数越大,道岔全长就越长,铺设时占地就越多。因此,采用几号道岔来连接线路,要根据线路的用途来决定。

目前,我国铁路的主要线路上大多使用9、12、18、30号道岔,它们所允许的侧向通过速度分别为30km/h、45km/h、80km/h、140km/h。我国客运专线采用18号、42号、62号道岔为主。侧向通过速度分别为80km/h、160km/h、220km/h。

2. 其他类型道岔与交叉设备

除了普通单开道岔以外,按照构造上的特点及所连接的线路数目,还有对称双开道岔、对称三开道岔、复式交分道岔和菱形交叉等。为了简明起见,在作图时,通常用道岔所衔接的中心线来表示道岔,如图2-57所示。

对称双开道岔的特点是与道岔相衔接的两条线路各自向两侧对称分岔。对称三开道岔的特点是可以同时衔接三条线路,所以具有两套尖轨分别用两组转辙机械操纵。

菱形交叉由两组锐角辙叉和两组钝角辙叉组成。菱形交叉没有转辙器部分,机车车辆通过交叉设备时,只能沿着原来线路继续运行而不能转线,如图2-58所示。

复式交分道岔(见图2-59)相当于四组单开道岔和一副菱形交叉设备的结合体,但它需要占用的地面却小得多。

如果将四副单开道岔和一副菱形交叉设备组合在一起时,则称为交叉渡线。交叉渡线不仅可以开较多的方向,而且可以节省用地,是车站内使用较多的一种连接设备。交叉渡线,如图2-60所示。

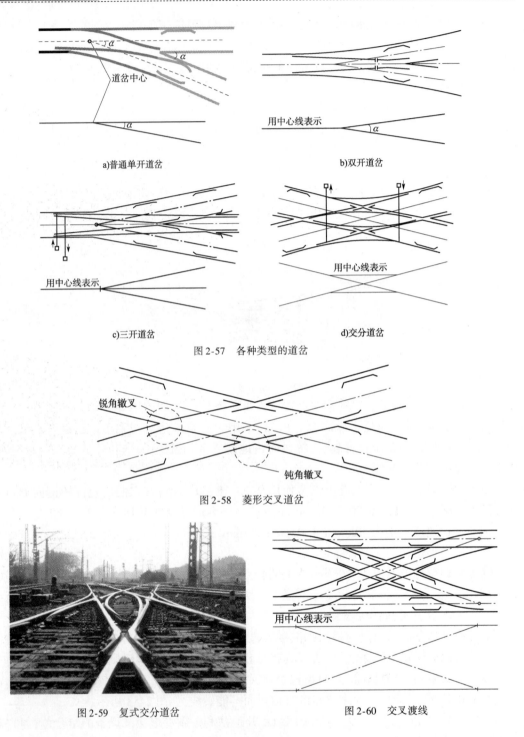

a) 普通单开道岔　　b) 双开道岔

c) 三开道岔　　d) 交分道岔

图 2-57　各种类型的道岔

图 2-58　菱形交叉道岔

图 2-59　复式交分道岔　　图 2-60　交叉渡线

二、无缝线路

无缝线路,是铺设焊接长钢轨的铁路轨道,即把若干根标准长度的钢轨经焊接成为 1000 ~ 2000m 而铺设的铁路线路。通常是在焊轨厂将标准轨焊接成 250 ~ 500m 的轨条,再运到现场就地焊接后铺设。其构造简单,铺设维修方便,但钢轨要承受很高的温度力,一般适用于常年轨温变化不大于90℃的地区,也可铺设在大于这一轨温变化的地区,但要在一定轨温条件下,定期放散钢轨内部过高的温度力。无缝线路由于消灭了大量钢轨接头,因而具有行车平稳,机车车辆及轨道维修费用低,使用寿命长等优点,是铁路轨道现代化的发展方向。

(一)温度应力及温度力

钢轨热胀冷缩,在无缝线路上,焊接长钢轨每单位长度的自由伸缩量等于线膨胀系数及轨温变化幅度的乘积。焊接长钢轨一经"锁定",自由伸缩就受到两端接头阻力及沿线道床阻力的抵抗而不能实现或不能全部实现。此时,未能实现的自由伸缩将转化为数值相等但方向相反的温度应变,从而在钢轨内部产生温度应力,温度力 $F = 250\Delta t \cdot s$ (Δt 为钢的弹性模量;s 为钢轨截面积)。夏季轨温升高,钢轨伸长,但因不能实现而转化为压应变,在钢轨内部产生压应力。冬季轨温降低,钢轨缩短,但因不能实现而转化为拉应变,在钢轨内部产生拉应力。这种因轨温变化而引起的应力称温度应力,而作用于钢轨截面上的力称温度力。

(二)铺轨轨温及锁定轨温

最适宜于铺设焊接长钢轨的轨温称铺轨轨温。因为在铺轨过程中,轨温可能有波动,所以确定铺轨轨温时,容许有一个上下波动范围。锁定轨温,也称无应力轨温,是在焊接长钢轨铺设完毕,上紧扣件,装好防爬设备及接头夹板时的轨温。它必须在铺轨轨温的容许波动范围内。锁定轨温一般应略高于当地最高轨温与最低轨温的平均值,防止酷暑季节钢轨温度压力过大,从而减少无缝线路胀轨跑道的潜在危险。当地最高轨温一般要高出最高气温20℃,而最低轨温则大致与最低气温相等。锁定轨温是计算轨温变化幅度的依据,必须翔实记录,妥善保存,如因线路作业引起变化,应及时更正。

 知识链接

最大轨温差

20世纪60~70年代,世界各国仅限于在最大轨温差90℃以内的地区铺设无缝线路。目前,已有一些国家突破了这一范围,美国、加拿大、挪威、瑞典在最大轨温差95℃地区,南联盟在最大轨温差100℃的地区铺有无缝线路。俄罗斯在严寒、轨温差很大的地区铺设无缝线路取得重大突破,使用P65型钢轨,焊接接头全部采用接触焊,已在西伯利亚最大轨温差115℃、119℃地区的干线上铺设无缝线路。莫斯科—列宁格勒铁路全线通过轨温差97℃的地区,铺设P65型钢轨、混凝土轨枕、无缝线路,目前该线旅客列车和货物列车最高运行速度分别达到200km/h和90km/h。我国使用50kg/m钢轨,在最大轨温差97℃地区铺设42.7km、100.5℃地区铺设3km无缝线路;使用60kg/m钢轨已在最大轨温差97℃的地区广泛铺设无缝线路。

三、轨道上两股钢轨的相互位置

为了确保行车安全,轨道除了应具有合理的组成外,还应保持两股钢轨的规定距离和钢轨顶面的相对水平位置。

(一)直线部分的轨距和水平

1. 轨距

轨距是钢轨头部踏面下 16mm 范围内两股钢轨工作边之间的最小距离。我国铁路主要采用 1435mm 的标准轨距。轨距小于 1435mm 的铁路统称为窄轨铁路,轨距大于 1435mm 的统称为宽轨铁路。我国台湾省就采用 1067mm 窄轨距,昆明铁路局部分线路采用 1000mm 的窄轨距。此外,世界其他国家还有采用 1520mm 等宽轨距。

为使机车车辆能顺利通过轨道,轨道的轨距必须略大于轮对宽度,有一定的游间。

从机车车辆轮对和直线地段钢轨的相互位置中(图 2-61)可以看出:

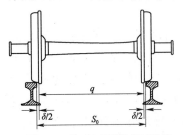

图 2-61 轮对与钢轨的相互位置

轨距(S_0) = 轮对宽度(q) + 活动量(δ)

由于轮缘和钢轨之间有一个活动量,使轮缘能在两股钢轨之间自由滚动,而不会卡住。在机车车辆运行的动力作用下,轨距可能产生一定的偏差。我国规定这种偏差是按线路速度等级划分的,《铁路技术管理规程》规定的轨距静态允许偏差,见表 2-7。

线路、道岔轨距静态允许偏差   表 2-7

线路允许速度(km/h)	$v \leq 120$	$120 < v \leq 160$	$160 < v \leq 200$
线路(mm)	+6 -2	+4 -2	±2
道岔(mm)	+3 -2	+3 -2	±2

2. 水平

直线地段两股钢轨的顶面应保持在同一水平。如有误差,在正线和到发线上,在规定的距离范围内两股钢轨的顶面高差不允许超过 4mm。

(二)曲线部分的轨距和水平

1. 轨距加宽

机车车辆走行部中只能保持平行而不能做相对运动的车轴中心线间的最大距离,叫作固定轴距,如图 2-62 所示。由于机车车辆具有固定轴距,在曲线上运行时转向架的纵向中心线与曲线轨道中心线并不一致,因而引起转向架前一轮对外侧车轮轮缘和后一轮对的内侧车轮轮缘压挤钢轨,增加走行阻力。为了使机车车辆顺利地通过曲线,因此对小半径曲线的轨距要适当加宽。

我国《铁路技术管理规程》规定曲线轨距加宽值,如表 2-8 所示。

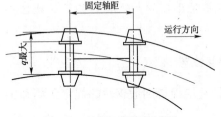

图 2-62 轨距加宽原因示意图

曲线轨距加宽值   表 2-8

曲线半径 R(m)	加宽值(mm)
$R \geq 350$	0
$350 > R \geq 300$	5
$R \leq 300$	15

2. 外轨超高

机车车辆在曲线上运行时,由于离心力的作用使曲线外轨承受了较大的压力,因而会造成两股钢轨磨耗不均匀现象,并使旅客感到不舒适,严重时还可能造成翻车事故。因此,经常要将曲线上的外轨抬高,使机车车辆内倾,以平衡离心力的作用。外轨比内轨高出的部分称为超高,如图 2-63 所示。曲线外轨超高量(h),通常可用下列公式计算:

$$h = 11.8 \frac{v^2}{R}$$

式中:h——超高(mm);

v——平均行驶速度(km/h);

R——曲线半径(m)。

我国规定,外轨超高的最大值单线地段不超过 125mm,复线地段不得超过 150mm。

外轨超高和轨距加宽的设置办法,都是从缓和曲线的起点开始,逐渐增加,到圆曲线起点时,超高和加宽都应达到规定的数值。

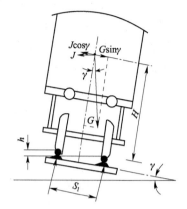

图 2-63 外轨超高示意图

在曲线地段由于设置超高而加厚了外轨下道床,因而道床的坡角向外延长,为了保持路肩的应有宽度,所以路基也必须在外侧相应地加宽。

四、高速铁路对轨道结构的要求

1. 应具有可靠的稳定性和高平顺性

轨道结构铺设高精度是实现轨道初始高平顺性的保证。轨道结构铺设阶段产生的初始不平顺,是运营阶段不平顺产生、发展、恶化的根源;一旦出现这种起源于铺设精度不是的不平顺,就会对轨道结构和路基基础产生不良的后果。

2. 应具有沿纵向轨道均匀分布的合理刚度

轨道必须有合理的弹性,以满足吸收振动与噪声和减少冲击作用的需要,并保持钢轨轨底应力在允许范围内。其次,保持沿线路纵向轨道弹性均匀分布,是无砟轨道耐久性的重要保证。

3. 质量良好的养护和维修

高速铁路对舒适性标准和安全性标准要求更高,因此,可维修性是轨道结构的重要特点,也是设计和运营阶段需要考虑的重要方面。

因此,高速铁路轨道结构特点是:铺设超长轨道无缝线路、重型轨道结构、强韧性与弹性的轨道部件、有足够弹性及稳定性的道床、采用可动心轨可动翼轨结构的大号道岔。

第五节 限 界

为了确保机车车辆在铁路线路上运行的安全,防止机车车辆撞击邻近线路的建筑物和设备,而对机车车辆和接近线路的建筑物、设备所规定的不允许超越的轮廓尺寸线,称为限界。

铁路基本限界,可分为机车车辆限界和基本建筑限界两种。

一、机车车辆限界

限制机车车辆横断面最大允许尺寸的轮廓图形,称为机车车辆限界。它规定了机车车辆不同部位的宽度、高度的最大尺寸和底部零件至轨面的最小距离。机车车辆限界是和桥梁、隧道等限界相互制约的。当机车车辆在满载状态下运行时,也不会因产生摇晃、偏移等现象而与桥梁、隧道及路上其他设备相接触,以保证行车安全。机车车辆限界,见图 2-64 和图 2-65。

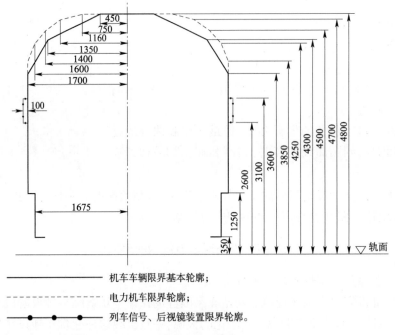

a) 机车车辆上部限界

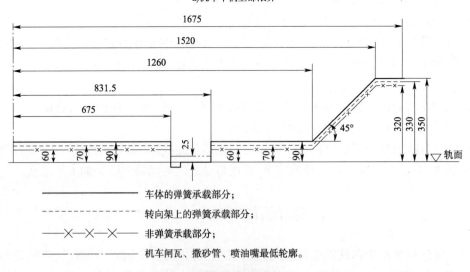

b) 机车车辆下部限界

图 2-64　客货共线铁路机车车辆限界图(尺寸单位:mm)

第二章 铁路线路

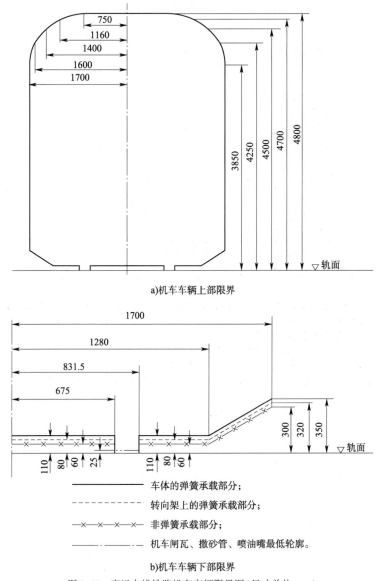

a) 机车车辆上部限界

b) 机车车辆下部限界

图 2-65 客运专线铁路机车车辆限界图(尺寸单位:mm)

客运专线铁路的机车车辆在客货共线铁路运用时,还应符合客货共线铁路机车车辆限界要求。

二、基本建筑限界

基本建筑限界是一个与线路中心线垂直的横断面,它规定了保证机车车辆安全通行所必需的横断面的最小尺寸。凡靠近铁路线路的建筑物及设备,其任何部分(与机车车辆有相互作用的设备除外)都不得侵入限界之内见图 2-66 和图 2-67。

建筑限界与机车车辆限界之间的空间为安全空间。留有安全空间的目的:一是为组织"超限货物列车"运行;二是为适应运行中的列车横向晃动偏移和竖向上下振动,防止与邻近的建筑物或设备发生碰撞,如图 2-68 所示。

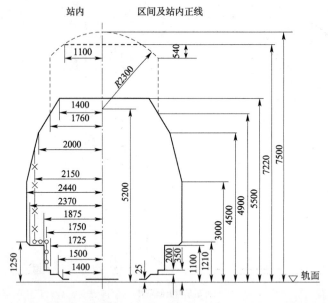

———×———×——— 信号机、高架候车室结构柱和接触网、跨线桥、天桥、电力照明、雨棚等杆柱的建筑限界(正线不适用);
———○———○——— 站台建筑限界(正线不适用);
──────── 各种建(构)筑物的基本限界;
- - - - - - - 适用于电力牵引区段的跨线桥、天桥及雨棚等建(构)筑物;
- - - - - - - 电力牵引区段的跨线桥在困难条件下的最小高度。

图 2-66　运行时速大于 160 km 且小于 200 km 客货共线铁路建筑限界(尺寸单位:mm)

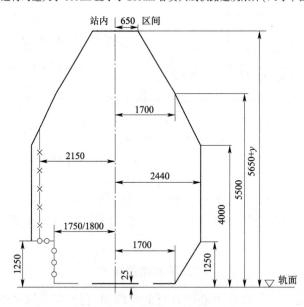

———×———×——— 信号机、高架候车室结构柱和接触网、跨线桥、天桥、电力照明、雨棚等
杆柱的建筑限界(正线不适用)。

———○———○——— ①站台建筑限界(侧线站台为1750mm;正线站台,无列车通过或列车通过
速度不大于80 km/h时为1750mm,列车通过速度大于80 km/h时为1800mm);
②站内反方向运行矮型出站信号机的限界为1800mm。

──────── 各种建(构)筑物的基本限界,也适用于桥梁和隧道。y 为接触网结构高度。

图 2-67　客运专线铁路建筑限界(尺寸单位:mm)

机车车辆限界在装载货物时作为货物的装载限界。当货物装车后,货物任何部分的高度和宽度超过机车车辆限界时,称为超限货物。按货物超限的程度,分为一级超限、二级超限和超级超限三个级别。如图 2-69 所示。

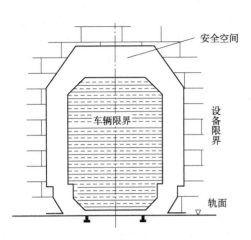

图 2-68　铁路限界和安全空间

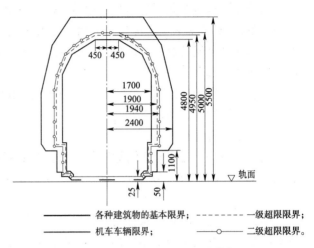

图 2-69　一级、二级超限限界(尺寸单位:mm)

铁路部门为超限货物运输而制定的限界图以及站场设计与限界有关的规定,都以铁路限界为依据。铁路限界是铁路基本技术法规,不但铁路系统各部门必须严格执行,而且凡是与铁路相关的企业也必须遵守。

第六节　工　务　工　作

由于列车不间断地运行以及自然界和人为的作用,轨道在机车车辆动力作用下,在风、沙、雨、雪和温度变化等自然条件的侵袭下,逐渐产生各种变形或损坏,以致发生病害。如钢轨磨损、轨枕腐朽、损坏,道床脏污、路基松软、下沉、翻浆,轨道爬行以及轨距等发生变化,从而削弱了轨道的强度和稳定性,影响列车高速、平稳运行,甚至威胁行车安全。因此,为了确保列车能按规定的最高速度安全、平稳、不间断地运行,延长线路的使用寿命,必须加强线路的养护与维修,保证线路设施经常处于完好状态,这就是铁路工务部门的基本任务。

工务段是工务部门的基层生产单位,负责领导线路维修工作。在铁路局下面,一般还设有线路、桥隧大修队,负责管内线路、桥隧的大中修以及无缝线路的铺设工作。

线路的维修养护工作,主要包括线路的经常维修和线路的大中修。

一、线路经常维修

线路经常维修的基本任务是经常保持线路状态的完好,使列车能以规定速度安全、平稳和不间断地运行,并尽量延长设备使用寿命。线路经常维修工作包括综合维修(计划维修)、紧急补修、重点病害整治和巡道工作等。

1. 综合维修

综合维修是按周期对线路进行综合性修理,以改善轨道弹性,调整轨道几何尺寸,整修和更换设备零部件,以恢复线路完好的技术状态。我国铁路规定,所有正线、到发线、道岔和主要站线、专用线每年都必须做一遍计划维修;次要的站线、专用线可每两年做一遍计划维修。计划维修是预防病害,保持线路经常良好的重要方法。

综合维修基本作业,包括起道、拨道、改道、调整轨缝、捣固、清筛道砟等。起道是矫正线路的纵断面,就是将钢轨和轨枕向上抬至必要高度;拨道是矫正线路的平面,就是将钢轨和轨枕一起横移至规定位置;改道是改正轨距;捣固是将钢轨底部轨枕下的道砟捣压密实。

2. 紧急补修

紧急补修是指在计划维修之外的个别地点,由于出现超过容许误差的线路质量问题而必须立即进行的紧急修理工作。

3. 重点病害整治

重点病害整治是指彻底消除线路上较长时期存在的、工作量大的某些病害,例如全面整治接头、整治线路爬行、彻底整治路基翻浆冒泥等。

4. 巡道工作

巡道工作是保证线路状态完好,维护行车安全所必需的重要措施。巡道工人的任务是在工区管内负责巡视钢轨、道岔以及连接零件等的状态;察看路基是否有沉陷、塌方、水害、雪害等情况,以及信号及线路标志是否完好等。此外,巡道工人还应对所发现的不良现象尽力做好处理工作。

经常维修工作应当贯彻"预防为主,预防和整治相结合"的原则,全面安排计划维修、紧急维修、重点病害整治,做到无病防病,有病根治。由于线路残余变形与其运输繁忙程度、轨道类型及等级有密切关系,线路经常维修周期是按通过线路的列车总重计算的,且因线路而异。

二、线路中修

中修的目的是消灭上次线路大修以后由于列车运行而积累下来的,但又不是经常维修所能消除的病害。中修的主要内容是加强道床,解决道床不洁及厚度不足问题;同时更换失效轨枕,整修钢轨,使线路质量基本上恢复到或接近原来的标准,但工作量较少,标准较低。中修是在两次大修之间的修理,是延长大修周期的重要手段。

三、线路大修

线路经常维修的特点是预防线路病害的发生,保持线路的完好状态。但是经过较长时间后,线路的各个部分还会发生磨损或变形。当这种磨损或变形达到相当程度时,单纯依靠经常维修就难以整治了;同时由于新技术的采用,有必要加强原有线路,提高线路质量。因此除经常维修以外,还必须进行线路大修。

线路大修工作与经常维修不同,要根据专门的勘测调查和设计文件对线路进行一次全面、彻底的翻修或加强。在安排大修工作时,要全面规划有步骤地解决线路设备的薄弱环节。

线路大修施工的内容有:矫正并改善线路的平面和纵断面;全面更换或抽换、修理钢轨;更换或补充轨枕;清筛和更换道床、补充道砟,全面起道并捣固、改善道床断面;整治路基和安装防爬设备等。线路经过大修后,其质量标准应符合设计要求或得到加强。

四、线路作业机械化

线路作业过去是一项既费时费工,又极为繁重的体力劳动,它需要占用大量的人力、物力和财力。为了改变人工作业的落后面貌,提高维修质量和作业效率,节约劳动力和维修费用,世界各国都在努力研制各种养路机具。

目前养路机械已由小型到大型、由低级到高级、由单机到联合机械,逐步发展到采用先进技术设备的大型、高效、多功能的机械,并且这些大型机械逐步国产化。例如,大型起道、拨道、捣固联合作业机,每小时可以捣固线路 600~1000m;清筛机每小时可清筛道砟 650m;线路大修列车能够完成拆卸旧轨排直到铺设新轨排的全部作业,每小时作业进度为 200m 以上等。此外,还有:D09-32 型连续式捣固车(图 2-70)、道砟清筛车(图 2-71)、用来在捣固车捣固作业完成以后进行线路平衡用的线路稳定车(图 2-72)、移动式焊轨车(图 2-73)、废弃渣土运输车(图 2-74)、钢轨打磨车(图 2-75)、长轨运输车(图 2-76)、轨道测量车(图 2-77)、道岔铺换机组(图 2-78)、铁道道床吸污车(图 2-79)。

实践证明,由于实现维修作业机械化,使线路质量和作业效率大为提高,维修费用和人力也得到大量节省。目前,我国线路作业机械化程度约为 30%。为了加快发展步伐,在工务段普遍设立了机械化工队和养路工区,配备了以单项、小型为主的养路机械,如电动捣固机、扒砟机、边坡回填机、液压起道机等,从而减轻了劳动强度,提高了作业效率。

图 2-70　捣固车

图 2-71　道砟清筛车

图 2-72　线路稳定车

图 2-73　移动式焊轨车

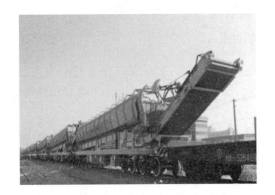
图2-74 废弃渣土运输车

图2-75 钢轨打磨车

图2-76 长轨运输车

图2-77 轨道测量车

图2-78 道岔铺换机组

图2-79 铁道道床吸污车

机械化维修机具比较笨重,综合作业时占用线路的时间较久,往往需要封闭线路,《铁路主要技术政策》明确规定繁忙干线应在列车运行图上安排工务、电务、供电等设备综合维修"天窗"。"天窗"时间规定,采用中、小型养路机械的区段90~120min;采用大型养路机械的区段150~180min。双线区段的设备维修"天窗"应按上、下行设置,施工时可组织反方向行车。

目前,各国都在着重研究进一步强化线路结构的形式,以减少线路的维修作业量。

复习思考题

1. 什么叫铁路线路？由哪几部分所组成？
2. 铁路线路如何分类？
3. 什么叫线路的平面和纵断面？它们的组成要素分别是什么？
4. 什么叫缓和曲线？其作用是什么？
5. 曲线附加阻力如何计算？
6. 曲线半径大小对列车运行速度有何影响？
7. 什么叫限制坡度？其大小对铁路运输有什么影响？
8. 在铁路沿线为什么要设置线路标志？常见的线路标志有哪些？
9. 路基的两种基本断面形式是什么？其基本组成包括哪些？
10. 在铁路修建中，为何有时要修建桥隧建筑物？它们的作用分别是什么？
11. 桥梁、隧道各由哪些部分组成？
12. 什么叫轨道？其基本组成有哪几部分？
13. 我国现行的标准钢轨类型有哪几种？钢轨的标准长度有哪两种？
14. 道岔是一种什么设备？普通单开道岔组由哪三大部分组成？
15. 什么叫辙叉的有害空间？为消灭有害空间，可采用什么道岔？
16. 道岔号数是用什么来表示的？我国铁路常用的道岔号数有哪些？
17. 什么叫无缝线路？它有何优点？
18. 什么叫轨距？我国采用的是什么轨距？其尺寸是多少？
19. 我国轨距静态允许偏差是如何规定的？
20. 在曲线地段为何要进行轨距加宽与外轨超高？
21. 什么叫限界？铁路基本限界有哪两种？
22. 工务部门的职责是什么？其基层生产单位叫什么？
23. 线路经常维修的基本任务是什么？其基本作业内容有哪些？

第三章 铁路车辆

第一节 概 述

铁路车辆是运送旅客和货物的工具,它按用途分为客车、货车两大类。除动车组外,一般铁路车辆没有动力装置,必须把车辆连挂成列由机车牵引才能沿线路运行,而动车组是指本身带有牵引动力的车辆。

一、铁路车辆的用途和分类

(一)货车

1. 货车的分类

货车是供运送货物的车辆,原则上编组在货物列车中使用。货车类型很多,按用途可分为通用货车、专用货车和特种货车。

1)通用货车

通用货车可装载多种货物,有下列3种:

(1)敞车:这种货车通用性最强,数量也最多,在底架的四周有较高的端墙及侧墙、无车顶。它主要用以装运散粒货物,如煤、焦炭等;可装运木材、集装箱等无须严格防止湿损的货物;也可加盖篷布,运输怕湿损的货物;还可装运重量不大的机械设备。

敞车按卸货方式的不同可分为两类:一类是用于人工或卸车作业机作业的通用敞车,如图 3-1 所示的 C_{70} 型通用敞车;另一类是在大型工矿企业、专用码头,用翻车机卸货的专用敞车。专用敞车一般安装不用摘解的 16 号(旋转)和 17 号车钩(固定),两两配套使用,如大秦线运煤专用敞车: C_{61}、C_{63}、C_{63A} 和 C_{76}(C_{76A}、C_{76B}、C_{76C})全钢浴盆敞车、C_{80} 型铝合金敞车、C_{80B} 型不锈钢敞车,装有旋转式 16 号车钩,一般为黄色车端。运煤专用敞车,如图 3-2 所示。此外,还有南车株洲厂生产的载重 100t 三支点运输矿石、钢材的 C_{100A}、$C_{100A(H)}$ 型专用敞车等。如图 3-3 所示。

图 3-1 C_{70} 型敞车

(2)棚车:它是一种具有顶棚和门窗的货车,能运输贵重的、怕日晒雨淋的货物及大牲畜等,在需要时也能运送兵员或其他旅客。为了固定装运某种货物,还制造了一些专用棚车。图 3-4 所示为 P_{70} 型棚车。2005 年投入使用的 70t 级棚车,装用转 K_6 型转向架的定型为 P_{70} 型棚车,装用转 K_5 型转向架定型为 P_{70H} 型棚车。

a) C_{61} 型敞车

b) C_{63} 型敞车

c) C_{63A} 型敞车

d) 全钢浴盆 C_{76} 型敞车

e) 铝合金 C_{80} 型敞车

f) 不锈钢 C_{80B} 型敞车

g) 运煤专用敞车用转筒式翻车机不摘钩卸车情况

图 3-2　运煤专用敞车

(3) 平车：这种货车无墙或有可以放倒的活动矮墙板，它主要用来运送钢材、机器设备、集装箱、拖拉机、汽车、军用装备等货物；也能利用矮墙板运输矿石、砂土等。还有一种有专门锁具的集装箱平车。由于专业化运输的发展通用型平车的需求量大幅减少。目前主要生产集装箱平车，如图 3-5 所示为载重 70t 集装箱专用平车。

2) 专用货车

专用货车是专供运送某些种类货物的车辆。此类货车一般有罐车、保温车、矿石车、集装箱车、毒品车、家畜车、长大货物车、水泥车、漏斗车、粮食车等。

图 3-3　$C_{100A(H)}$ 三支点矿石、钢材专用敞车

图 3-4　P_{70} 型棚车

图 3-5　NX70 型专用平车

(1) 罐车：它是一种设有圆筒形罐体，专用于装载液体、液化气体或粉状货物的车辆。按货物品名可分为：轻油罐车、黏油罐车、食用油罐车、水罐车、酸碱类罐车、粉状货物罐车、液化气体罐车等。按卸货方式可分为：上卸式罐车和下卸式罐车等。如图 3-6 所示为 70t 轻油罐车。

(2) 保温车：这种专用货车的车体设有隔热材料，车内设有降温设备。该车用以装运易腐货物，如鱼、肉、水果等，也可装运对温度有特殊要求的货物。根据保温设备的不同，保温车可分加冰冷藏车、机械冷藏车和冷藏加温车等。如图 3-7 所示。

图 3-6　G_{70T} 型轻油罐车

图 3-7　B_{22} 型机械保温车

(3) 矿石车：这种专用货车的车体有固定的侧、端墙和卸货用的特殊车门。它主要用于运送各种矿石、矿粉。有的整个车体能借液压或空气压力的作用向任一侧倾斜，并自动开启侧门，把货物倾泻出来（又称自翻车）如 KF_{60} 型自翻车，如图 3-8 所示。

(4) 集装箱车：这种专用货车无车底板和车墙板。其车底架上设有固定式、翻转式锁闭装置和门止挡，以便锁闭集装箱，供运送各种系列集装箱。如图 3-9 所示。

(5) 毒品车：它是专供运送有毒物品的车辆，如运输农药等。如图 3-10 所示。

(6) 水泥车：车体为圆柱形罐体，上部有装入水泥的舱孔，下部有漏斗式底开门，它是专供运送散装水泥的车辆。还有一种气卸式水泥车，下部设有引进压缩空气的进风口及卸货口,压缩空气与水泥混合后由卸货口通过卸货管输入存储水泥的库中。如图3-11所示。

图3-8 KF_{60}型自翻车

图3-9 X_{6B}型集装箱车

图3-10 W_6型毒品车

图3-11 U_{XY}型水泥车

(7)漏斗车:漏斗车按其结构可分为无盖和有顶两大类。属于无盖漏斗车的有K_{13}型石砟车,K_{16}型矿石漏斗车,K_{18}型煤炭漏斗车等,K_{19}型自卸式矿石漏斗车(如图3-12所示)。属于有顶漏斗车的有K_{15}型水泥漏斗车,L_{18}型粮食漏斗车(见图3-13)等。这些漏斗车卸货都是利用货物的重力作用从卸货门自流卸出。卸货门有集中或单独的开闭机构,有风控风动、电控风动和手动3种。车内设有与水平呈一定角度的漏斗板,其倾角随运送货物的品种不同而不同。卸货门设在底部或侧部。

图3-12 K_{19}型自卸式矿石漏斗车

图3-13 L_{18}型粮食车

(8)粮食车:主要用于运送小麦、玉米、大豆等散粒粮食,也可装运磷酸二氨。如图3-13所示为L_{18}粮食车。该车车顶采用连续式装货口,装货口能满足定点装货和边走边装的要求,既可满足粮食专用码头、现代化粮库的快速装货要求,同时也能适应原有粮库、港口的定点装货和用皮带机等其他工具装货的要求。车下有四个卸货的漏斗,卸货速度快,卸净度高。

(9) 家畜车:这种专用货车的车体与棚车相似,设有通风设备、给水设备、押运人员乘坐空间及饲料堆放间;有的还装有饲料槽,用以运送牛、马、猪家禽等活家畜。根据运送家畜大小的不同,车体内还可加装隔板分层。如图3-14所示。

a) 外观

b) 内部结构

图3-14　J_5型家畜车外观及内部结构

(10) 长大货物车:这种专用货车的车体长度在19m以上,无墙板,载重70t以上,用以装运重量特大或长度特长的货物。有的车体中部凹下或设有落下孔,便于装载高大货物;有的将车辆分为两节,运货时将货物夹持和悬挂在两节之间或通过专门支架跨装于两节车上,称为钳夹车或双联平车,用以装运体积特别庞大的货物。由于这些车辆的载重及自重都较大,为适应线路允许轴重要求,车轴数较多。如图3-15所示。

a) D_{70}型载重70t长大平车

b) DA_{37}型载重370t凹底平车

c) D_{45}型载重450t落下孔车

d) DQ_{35}型载重350t钳夹车

图3-15　长大货物车

3)特种货车

特种货车是具有特殊用途的车辆,其结构和用途都有所不同,如检衡车、救援车、发电车、除雪车等。

2. 我国铁路货车的发展历程

1949年新中国成立后,我国铁路货车的设计、制造经历了两个发展阶段,实现了三次大的升级换代。第一阶段是从1949年至1957年的仿制国外产品阶段;第二阶段是从1957年至今的自行设计、自主创新阶段。三次大的升级换代如下:

(1)1956—1957年,新中国第一个自主设计、载重50t的P_{13}型棚车诞生,载重30t货车在我国全面停产,标志着我国铁路货车实现了载重30t级向50t级的第一次升级换代。这一时期,我国铁路货车主要采用滑动轴承、K型三通阀和2号车钩,车体材料为普通碳素钢,钢木混合结构,车辆自重大,承载能力低。

(2)1976—1978年,载重60t的C_{62A}型敞车落成和载重50t货车在我国全面停产,标志着我国铁路货车实现了载重由50t级向60t级的第二次大的升级换代。这一时期,转8A型转向架研制成功,推广采用滚动轴承、103型空气分配阀和13号车钩,车体材料采用耐候钢,车辆承载能力和性能有了较大提升,车辆商业运营速度空车70km/h、重车80km/h,列车编组一般不超过5000t。

(3)2003—2006年,C_{80}、C_{70}等载重80t运煤专用敞车、70t级通用货车研制成功,120km/h货车技术全面应用,载重60t级货车全面停产,标志着我国铁路货车实现了载重由60t级向70t级和80t级,时速由空车70km、重车80km向120km的第三次升级换代。随着第三次升级换代,铁路货车在速度、载重和技术性能上有了质的飞跃。转K_2、转K_4、转K_5、转K_6等轴重21t、25t的120km/h转向架全面应用。通用货车采用120型空气控制阀、17号高强度车钩、Q450NQR1高强度耐候钢车体材料。大秦线专用货车采用120-1型空气控制阀、16号和17号高强度车钩和铝合金或不锈钢车体材料。车辆综合技术性能达到了世界先进水平,实现了专线列车牵引20000t、通用线列车牵引5000~10000t的重载运输。

(二)客车

1. 客车的分类

客车分为运送旅客、为旅客服务和特殊用途等3种车辆。

1)运送旅客的车辆

运送旅客的车辆:主要有硬座车、软座车、硬卧车、软卧车及双层客车等。如图3-16所示为25K型硬座客车;图3-17所示为25G型双层硬座客车。

图3-16 YZ_{25K}型硬座客车

图3-17 SYZ_{25G}型双层硬座客车

动车组分一等座车和二等座车及商务座车。例如 CRH$_2$ 型动车组,全列车设置 7 辆二等座车和 1 辆一等座车,2 辆头车为二等座车,分别定员为 64 人和 55 人,一等座车为 7 号车,定员 51 人,其余二等座车中 3 辆定员 100 人,1 辆定员 85 人,餐座合造车为 5 号车,定员 55 人,总计定员 610 人。

2)为旅客服务的车辆

为旅客服务的车辆:主要有餐车、行李车等。

(1)餐车:供旅客在旅行中就餐用的车辆。车内设有餐室、厨房等设备。

(2)行李车:供运送旅客行李及物品的车辆。车内设有行李间和行李员办公室等设备。如图 3-18 所示。

a)外观　　　　　　　　　　　　　　b)车内结构

图 3-18　XL$_{25T}$ 型行李车外观及车内结构

3)特种用途的车辆

特种用途的车辆:主要有邮政车、空调发电车、公务车、医疗车、卫生车、文教车、试验车、维修车、宿营车等。

(1)邮政车:供运送邮件使用的车辆,设有邮政间及邮政员办公室等设备。如图 3-19 所示。

图 3-19　UZ$_{25K}$ 型邮政车

(2)空调发电车:它是专给集中供电的空调车供电的车辆,车内设有柴油发电机组。

(3)公务车:它是供国家机关人员到沿线检查工作时办公用的专用车辆。

2. 我国铁路客车的技术发展

新中国成立前,我国几乎没有独立的客车制造工业;1953 年起,我国开始自行设计制造客车。至今我国先后生产和应用了21型、22型系列(18型、19型、23型、31型)、24型、25型系列等客车。

1)21型客车

21型客车是中国铁路第一代主型客车,1953年开始生产,1961年停止生产。该型客车车长21.9745m,车宽3.0045m,车体为全钢铆接焊接组合结构,采用均衡梁导框式转向架,构造速度80~100km/h,车辆自重48t/45t。21型客车现已不再使用。

2)22型系列客车

22型系列客车是中国铁路第二代主型客车,1956年开始生产,1994年停止生产。该系列客车车体长23.6m,车宽3.105m,车体为有中梁薄壁筒体全钢焊接结构。1956年到1994年,在这38年的时间里22型硬座客车一直没有停止生产,其数量也达到6000多辆。先后生产了22型、22A、22B、22C等型号,直到20世纪90年代才逐渐被25型客车取代。

18型、19型、23型、31型也为22型系列的车型。18型、19型是用于国际联运的客车,构造速度为140~160km/h。

19型是高级卧铺包厢客车。19型系列客车是我国一般客运车型中等级最高,最豪华的卧铺客车。而RW_{19A}是其中的一种,有的则用来做特种客运,产量很少。19型系列的客车基本都是双人为一包间的形式设计,有沙发和桌子,独立卫生间以及独立的衣柜等设施。又叫"高级包厢卧车"。RW_{19A}型客车已基本淘汰。RW_{19T}、RW_{19K}等是高级软卧包厢客车,通常加挂于直达特快或者特快列车为主。

23型客车(不包括CA)的车厢取暖方式为大气压式蒸汽取暖。23型餐车是由22型餐车不合理的平面结构改进而成的,取消了通过台。23型客车与22型客车的主要区别是车厢取暖方式由22型客车的独立锅炉温水循环取暖改为大气压蒸汽取暖。

31型是市郊用车,只有YZ_{31}型硬座车一种,其座位布局与地铁车辆相似。

3)24型客车

24型软座车是从民主德国进口的车型,该型车生产数量不多,但都作为特种运输任务的客车,平时不常见。该车型使用了20多年,现已报废,只有极少数还在使用。

4)25型系列客车

25型客车是中国铁路第三代主型客车。25型客车最初自1967年开始试制,车长25.5m。1978—1985年铁道部制订科技规划中要求研制车长25.5m客车。1986年由铁道部下达25.5m新型空调客车的研制要求。25型客车除基本车型外还有双层客车。这种客车结构上的特点有:低合金钢结构的车体为无中梁薄壁筒形整体承载结构,侧墙为平板无压筋结构。定员较多,构造速度较高,集中供电,各车均有车顶单元式空调装置和电热装置。采用低噪声、耐磨耗风挡,安装铝合金单元车窗,端门为自动门,行李架采用板式结构铝型材制造。此后,1987年开始利用国外技术制造25.5m集中供电空调客车。自1990年开始,根据客车升级换代的要求相继研制车长25.5m的25型系列客车。

25型双层客车于1989年起投入上海至南京间运营。硬座车定员186席,比25型硬座车多58席,软座车110席,比25型软座车多30席;车体长仍为25.5m,宽3.105m,高4.75m,车底面距轨面高度为0.25m;采用空气弹簧悬挂和盘形制动装置的转向架。双层客车客室分上、下两层,两端为单层(即中层),中层设置乘务员室和厕所及其他辅助室,上、下层与中层之间设有扶梯。此外,还研制了中长途双层卧车。

25型客车是中国第一代车长25.5m的试制性铁路客车。

25A型客车是通过国际招标中标后一次性生产的集中供电空调客车,与英国和日本的公司合作试制。一共168辆客车,也称"168"工程。这批客车限定区间为北京以南,构造速度为140km/h。采用进口高档材料和设备,制造成本比较高。

25B型客车是基于25A型客车基础上升级换代的普通客车,除软卧车、餐车安装本车柴油发电机供电空调外,其余车种无空调。

25G型客车是升级换代集中供电空调客车,系25A型空调客车国产化改进型,技术条件与25A型相同,降低了生产成本。

25Z型客车的"Z"代表准高速,构造速度为160km/h。最高试验速度达183km/h。是中国铁路第一代准高速客车。主要用于中短途城际特快列车。由四方机车车辆厂、长春客车厂和南京浦镇车辆厂研制,在1993年至1996年间前后共生产了两批。由于25Z型客车没有进行统型,所以前后两批和各铁路局的25Z型客车都不是完全相同。

25K型客车为中国铁路第一次大提速开始开行的特快列车车体。是基于25Z型准高速客车的研制经验设计的。

25T型客车,为中国铁路第五次大提速开始开行的直达特快列车车体。1999年BSP展开研发工作,至2002年研制完成后进行批量生产,到2004年才定型为25T型,此前仍然是用25K型的称号。车辆制造方面由青岛四方-庞巴迪-鲍尔铁路运输设备有限公司(BSP)、长春轨道客车、唐山轨道客车等负责。该型客车的构造速度为180km/h,最高运行时速为160km。

二、铁路车辆的标记

为了便于对客、货车辆的运用管理,在车辆指定部位涂打的用于标明车辆的配属、用途、编号、主要参数、方向位置等的文(数)字和代号称为车辆标记。

铁路车辆标记分为车型车号标记、产权制造标记、检修标记和运用标记以及各种检修标记。

(一)车型车号标记

车型车号标记简称车号。客、货车车号均由基本型号、辅助型号、车辆制造顺序号码3部分组成。

1. 基本型号

基本型号:将车辆的车种称号简化,用一个或两个大写汉语拼音字母来表示,将这些拼音字母称为车辆的基本型号。例如C表示敞车,P表示棚车,YW表示硬卧车等。各种车辆的基本代号,见表3-1。

2. 辅助型号

辅助型号:表示同一车种的客、货车的不同结构系列及内部有特殊设施或车体材质改变时,用一位或两位小阿拉伯数字及小号汉语拼音字母表示,附在基本型号的右下角。

3. 车辆制造顺序号码

车辆制造顺序号码:表示按预先规定的规则而编排的某一车种的顺序号码。

货车车号示例:$C_{64K}4871264$;客车车号示例:$YZ_{25K}486652$,$SYZ_{25K}344818$。

车辆车种代号表 表3-1

客车			货车		
序号	车种	代号	序号	车种	代号
1	软座车	RZ	1	敞车	C
2	硬座车	YZ	2	棚车	P
3	软卧车	RW	3	平车	N
4	硬卧	YW	4	罐车	G
5	行李车	XL	5	保温车	B
6	邮政车	UZ	6	集装箱车	X
7	餐车	CA	7	矿石车	K
8	公务车	GW	8	长大货物车	D
9	卫生车	WS	9	毒品车	W
10	空调发电车	KD	10	家畜车	J
11	医疗车	YI	11	水泥车	U
12	试验车	SY	12	粮食车	L
13	维修车	EX	13	特种车	T
14	特种车	TZ	14	矿翻车	KF
15	简易座车	DP	15	活鱼车	H
16	文教车	WJ	16	通风车	F
17	代用座车	ZP	17	守车	S
18	代用行李车	XP	18	运送汽车专用车	SQ

(二)产权制造标记

1. 路徽

凡属于我国铁路所属的车辆,均应在侧墙或端墙适当部位涂打路徽标记。见图3-20a)、b)所示。

2. 国徽

凡参加国际联运的客车,须在车体侧墙中部悬挂特制的国徽,表示中华人民共和国的车辆。如图3-20c)所示。

3. 制造标记

新造客车、货车应安装金属的制造厂铭牌,这是为了标明车辆制造单位和年月。此外,车辆的主要零部件,如车轮、车轴、转向架、车钩及制动控制阀等,在其上一般均有该零部件生产厂家的某种代号(锻件常打出数码代号,铸件常铸出铸造代号)。

4. 配属标记

所有客车均应涂打负责管理和保养的所属铁路局和车辆段的简称,如"济局济段"代表济南铁路局济南车辆段的配属车。如图3-20b)所示。

a) b) c)

图 3-20 产权制造标记

(三)车辆运用标记

1. 性能标记

(1)自重、载重、容积:

自重是指空车时车辆自身的质量,以吨为单位。

载重是指车辆允许的最大载重量,以吨为单位。

容积是指车辆内部可容纳货物的体积,以 m^3 为单位,用长×宽×高来表示。

(2)车辆全长和换长:

车辆长度(全长):车辆不受纵向外力影响时,该车两端车钩在闭锁位置时两钩舌内侧面之间的距离,以 m 为单位。

换长:车辆长度除以标准长度(11m)所得之值,换长无单位。换长是为了编组列车时统计工作的方便,将车辆全长换算成辆数来表示的长度。

2. 特殊标记

(1)集中载重标记:

标明货车中部一定尺寸范围内允许承受装载重量的标记,称为集中载重标记。

(2)货车的结构特点标记:

⊙:具有车窗和车顶、烟囱的棚车及 P_{64}、P_{65} 型系列棚车,须涂打"人"字标记。

⊙:凡有栏马杆座的棚车,必须涂打"环"形标记。

⊙:货车活动墙板及其他活动部分翻下超过车辆限界者,必须关闭完好后才准运行标记。

⊙:禁止通过机械化驼峰的车辆涂打禁止驼峰标记。

MC:符合参加国际联运技术条件的货车应涂打联运标记。

⊙:凡装有牵引钩的货车,必须在牵引钩上方涂打"卷"字标记。

⊙:为表示该车有部分配件超过车辆限界,但不致危及行车安全。

⊙:为特运标记,表示该车可装运某些特定货物。

⊙:为顶车标记,表明机车车辆底架下平面允许进行顶车作业。

⊙:为吊装标记。

(四)检修标记

定期检修标记包括分段修、厂修两栏。如：

    2016.10 2015.04 哈哈
    2018.04 2009.04 齐厂

横线上部为段修标记,下部为厂修标记。右侧是本次检修年、月和检修单位简称,左侧为下次检修年、月。

运行时速大于120km的客车按走行公里检修。其检修标记如下：

| A1 | 14.05 | 哈三 | A2 | 12.11 | 哈三 |
| A3 | 00.12 | 哈三 | A4 | 08.09 | 长客 |

 知识链接

以动车组型号、车号编排规则

一、动车组型号及车组号

动车组型号及车组号示意如下：

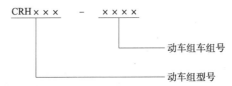

动车组型号分技术序列代码命名方式和速度目标值命名方式两种。

(一)技术序列代码命名方式

动车组型号及车组号示意如下：

1. 技术序列代码

以阿拉伯数字表示,由1开始顺序排列：

1——四方庞巴迪公司研制生产的动车组；

2——四方股份研制生产的动车组；

3——唐车公司研制生产的动车组；

5——长客股份研制生产的动车组；

6——四方股份/浦镇公司研制生产的城际动车组；

7——及后续数字——预留的动车组技术序列代码。

81

2.子型号

以一位大写英文字母表示,由 A 开始顺序排列:

A——时速 200~250km、8 辆编组、座车;

B——时速 200~250km、16 辆编组、座车;

C——时速 300~350km、8 辆编组、座车;

D——时速 300~350km、16 辆编组、座车;

E——时速 200~250km、16 辆编组、卧车;

F——时速 160km、8 辆编组、城际动车组;

G——时速 200~250km、8 辆编组、耐高寒座车动车组;

H——时速 200~250km、8 辆编组、耐风沙及高寒座车动车组;

I——预留;

J——综合检测动车组;

K——及后续字母——预留的动车组子型号。

(二)速度目标值命名方式

动车组型号及车组号示意如下:

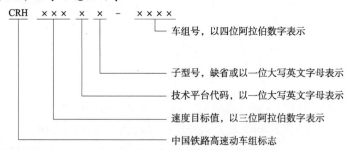

1.速度目标值

以动车组设计的最高运行速度目标值的三位阿拉伯数字表示,例如:380——表示设计最高运行速度目标值为 380km/h。

2.技术平台代码

以一位大写英文字母表示,由 A 开始顺序排列:

A——四方股份研制生产的动车组、8 辆编组、座车;

B——长客股份/唐车公司研制生产的动车组、8 辆编组、座车;

C——长客股份研制生产的动车组(与 B 采用不同的牵引及控制系统)、8 辆编组、座车;

D——四方庞巴迪研制生产的动车组、8 辆编组、座车;

E——预留;

F——预留。

3.子型号

以一位大写英文字母表示,由 G 开始顺序排列;缺省时为基本型号。

G——耐高寒动车组;

H——耐风沙及高寒动车组;

I——预留;

J——综合检测动车组；
K——预留；
L——基本型的16辆编组的动车组；
M——更高速度等级试验列车改为综合检测动车组；
N及后续字母——预留的动车组子型号。

二、动车组中车辆的车种及车辆号

动车组中车辆的车种及车辆号示意如下：

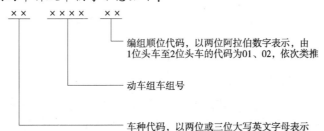

车组中的车辆车种代码是车种名称的汉语拼音缩写。车种代码、车种名称见表3-2。

动车组的车种代号、车种名称　　　　表3-2

序　号	车种代码	车种名称	序　号	车种代码	车种名称
1	ZY	一等座车	7	ZEC	二等座车/餐车
2	ZE	二等座车	8	ZYS	一等/商务座车
3	WR	软卧车	9	ZES	二等/商务座车
4	WY	硬卧车	10	ZYT	一等/特等座车
5	CA	餐车	11	ZET	二等/特等座车
6	SW	商务车	12	JC	检测车

示例：ZYS264201
ZYS——车辆车种代码，一等/商务座车；
2642——动车组车组号；
01——车辆编组顺序号。

第二节　车辆方位、主要技术参数

铁路车辆在前后、左右方向是一个接近对称的结构，在对称轴上或在对称的部位上有许多结构相同或相近的零部件。设置车辆方位就像数学上给定的坐标系一样，便于在设计、制造、检修、运用中确定同类型零部件在车辆中的位置。

一、车辆的方位

(一)方位的确定

车辆的方位一般以制动缸活塞杆推出的方向为第一位，相反的方向为第二位(见图3-21)，并在车辆上规定的部位涂刷方位标志。对有多个制动缸的情况则以人力制动安装的位置为第一位,如按上述方法确定方位仍有困难可以出厂时涂打的标记为准。如客车转向架使用盘形制动装置时制动缸数较多,可以人力制动端为第一位。一些长大货车使用转向架群,人力制动装置也可能有数个,则可以出厂时涂打的标记为准。

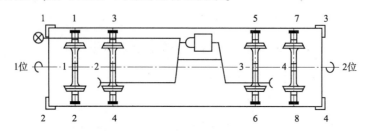

图 3-21　车辆的方位和零部件的确定

(二)零部件位置的确定

车辆的车轴、车轮、轴箱、车钩、转向架、车底架上的各梁和其他部件的位置确定,如果是纵向排列的,是由一位端起顺次数到二位端止。如果位置是左右对称的,则站立在一位车端,面向二位端,从一位端起,从左至右顺次数到二位端止,如图 3-21 所示。

(三)列车中车辆前、后、左、右的确定

编挂在列车中的车辆,其前、后、左、右的确定方法是按照列车运行方向来规定的。其前进的一端称为前部,相反的那一端称为后部,面向前部站立而定出其左右。

二、车辆的主要技术参数

车辆的技术参数是指车辆技术规格的某些指标,是从总体上表征车辆性能及结构的一些数字。车辆的主要技术参数,一般包括性能参数和主要尺寸。

(一)性能参数

除了自重、载重、容积等已在"车辆标记"部分做了说明外还有以下几项。

1. 自重系数

货车的自重系数为货车自重与额定载重之比值。客车的自重系数为客车自重与定员的比值。

2. 比容积

比容积是货车容积与额定载重的比值,即货车每吨载重量所占有的货车容积。

3. 轴重

轴重是车轴允许担负的最大重量与轮对自重之和,或车辆的总重与车辆轴数之比值。即车辆每一轮对加于轨道上的重力。车辆的轴重受轨道和桥梁结构强度的限制,所以不允许超过规定数值。

4. 每延米线路载荷

每延米线路载荷,是车辆的总重量与车辆全长之比。单位为 t/m。它是车辆设计中与桥梁、线路强度密切相关的一个指标。按目前桥梁设计规范,允许车辆每延米线路载荷可取 8t。目前车辆每延米线路载荷一般不超过 6.6t/m。

5. 最高试验速度

最高试验速度,是在车辆设计时,按安全及结构强度等条件所允许的车辆最高行驶速度。

6.最高运行速度

最高运行速度,是除满足上述(1~5)安全及结构条件外,还必须满足连续以该速度运行时车辆有足够良好的运行性能。

(二)车辆主要尺寸

1.车辆全长

车辆全长是指车辆两端两个车钩均处在闭锁位置时,钩舌内侧面之间的距离。见图3-22中 A。

2.车辆全轴距

车辆全轴距是指任何车辆最前位车轴和最后位车轴中心线间的距离。见图3-22中 B。

3.车辆定距

车辆定距是指车辆底架两心盘中心线之间的水平距离。见图3-22中 C。

4.固定轴距

固定轴距是指一台转向架最前位车轴和最后位车轴中心线间的距离。见图3-22中 D。

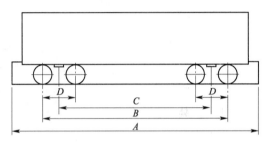

图3-22 车辆全长、全轴距、定距、固定轴距示意图

5.车辆宽度与最大宽度

车辆宽度是指车辆两侧的最外凸出部位之间的水平距离。车辆最大宽度是指车辆侧面的最外凸出部位与车体纵向中心线间的水平距离的两倍。

6.车辆高度与最大高度

空车时,车体或罐体上部外表面至轨面的垂直距离为车辆高度。车辆最大高度是指空车时车辆上部最高部位至轨面的垂直距离。

7.车体、底架长度

车体长度为车体两外端墙板外表面间的水平距离。底架长度为两端梁外表面间的水平距离。

8.地板面高度

地板面高度,是指空车时,底架地板上表面至轨面的垂直距离。

9.车钩中心线高度

车钩中心线高度,是指空车时,车钩中心线至轨面的垂直距离。

第三节　铁路车辆的基本构造

为了适应和满足旅客和货物的不同要求,车辆形成了多种类型与结构,但均是由车体、转向架(走行部)、车钩缓冲装置、车辆制动装置、车内设备5大部分组成的。如图3-23所示。对于高速动车组,还设有牵引动力设备。

一、车　　体

车体是容纳旅客、装载货物和整备品等的部分,又是安装与连接其他4个组成部分的基础。绝大部分车体均有底架，视需要添加端墙、侧墙及车顶等。其中，底架是车体的基础，一般由各种纵向梁、横向梁、辅助梁和地板等构成。

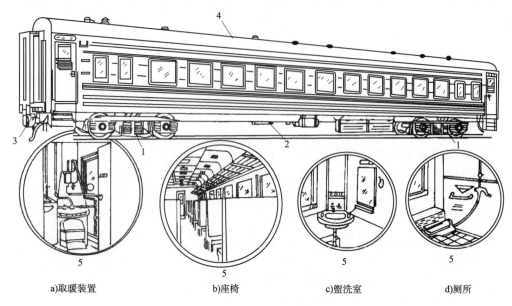

图 3-23　车辆组成
1-走行部；2-制动装置；3-车钩缓冲装置；4-车体；5-车辆内部设备

车体的结构形式，按照承载特点车体可分为：底架承载结构，侧墙和底架共同承载结构和整体承载结构。

1. 底架承载结构

全部载荷均由底架来承担的车体结构，称为底架承载结构。如平车、集装箱车、长大货物车，由于构造上只要求具有载货地板面，而不需要车体的其他部分，故作用在地板面上的载荷完全由底架的各梁来承担。为了使受力合理，中梁和侧梁均制成中央断面尺寸比两端断面尺寸大的鱼腹形，即为近似等强度的梁，如图 3-24 所示为典型的底架承载结构。

图 3-24　鱼腹形梁底架承载结构

2. 侧墙和底架共同承载结构

载荷由侧、端墙与底架共同承担的车体结构，称为侧墙和底架共同承载结构。由于侧、端墙分担了部分载荷，减轻了底架负担，所以底架就可以相对轻巧些，中、侧梁断面均可减小，中梁不需要制成鱼腹形。侧梁可用断面尺寸比中梁小型钢制成，减轻了底架的重量。这种承载方式一般都采用板梁式结构。如图 3-25 所示。如敞车、矿翻车等采用底架侧墙共同承载结构。

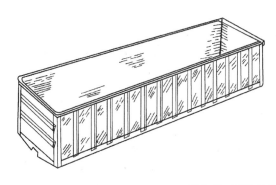

图 3-25　板梁式侧墙底架共同承载结构

3. 整体承载结构

在板梁式侧、端墙上固接由金属板、梁组焊而成的车顶,使底架、侧墙、端墙、车顶牢固地组成为一整体,且车体各部分均能承受垂向力和纵向力。这种结构称为整体承载结构。

整体承载结构可分为开口箱形结构和闭口箱形结构两种。如图 3-26a)所示为底架没有金属地板仅由梁件和镀锌铁皮组成的开口箱形结构;图 3-26b)所示为底架上设有金属地板的闭口箱形结构,也称筒形结构。采用整体承载结构的车体骨架是由很多小截面的纵向横向杆件组成一个个钢环,与金属薄板组焊在一起,具有很大的强度和刚度。因此底架的结构可以更为轻巧,甚至将中梁取消而制成无中梁结构。如图 3-26c)所示。一般铁路客车采用无中梁薄壁筒形整体承载结构,而货车中的棚车、罐车、保温车也为整体承载结构。

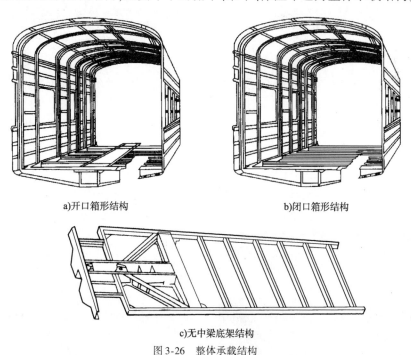

a)开口箱形结构　　　　b)闭口箱形结构

c)无中梁底架结构

图 3-26　整体承载结构

二、转　向　架

转向架又叫走行部。它具有支承车体、承受车辆除转向架外的全部重量及作用在车辆上的其他外力(如风力、离心力、纵向牵引力和列车的冲击力等)的作用,并引导车辆在线路上运行。它可以提高车辆运行的平稳性,保证车辆以最小的阻力在轨道上运行,并顺利通过曲线。

(一)转向架的基本结构

由于车辆的类型、用途、运行条件等不同,转向架的种类很多,结构各异,按轴数可分为二轴转向架和三轴及多轴转向架。目前,我国铁路客、货车大部分都是四轴车辆,走行部是由两台相同的并独立的二轴转向架组成。

货车转向架一般是由侧架、摇枕弹簧减振装置、轮对轴承装置、基础制动装置等部分组成。如交叉支撑技术转向架采用两侧架间加装弹性下交叉支撑拉杆装置、空重车两级刚度弹簧、双作用常接触旁承、心盘磨耗盘等技术。我国70t货车上普遍应用的25t轴重的转K_6型货车转向架,如图3-27所示。另一典型货车转向架为摆动式转向架,该类型转向架主要由侧架、摇枕、弹簧托板、摇动座、摇动座支承、承载弹簧、减振装置、轮对和轴承、基础制动装置及常接触弹性旁承等组成。如图3-28所示为70t货车上应用的摆动式转K_5型转向架。

图3-27 交叉杆式转K_6型货车转向架

图3-28 摆动式转K_5型货车转向架

客车转向架一般是由构架、中央悬挂装置(二系悬挂)、牵引装置、轮对轴箱油润装置(一系悬挂)、基础制动装置等组成,对于动力转向架还有动力驱动装置。如SW-220K型客车转向架是采用无摇动台、无摇枕、单转臂无磨耗弹性轴箱定位、空气弹簧、盘形制动等技术的主型客车转向架。如图3-29所示。

动车组转向架可分为动力转向架和非动力转向架。一般是由轮对轴箱装置、弹性悬挂装置、构架、轴箱定位装置、牵引装置、回转阻尼装置、抗侧滚装置、制动装置组成。动力转向架还有牵引电机和驱动装置。如图3-30所示为CRH_2型高速动车组转向架。

图3-29 SW-220K型客车转向架

图3-30 高速动车组转向架(CRH_2)

(二)转向架的主要部件

1. 轮对

轮对是由一根车轴和两个相同的车轮组成,组装时采用过盈配合,在轮轴顶压机上将两车轮压装于车轴两端,如图3-31所示。

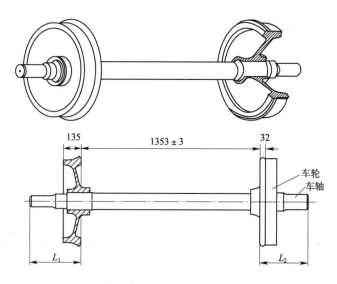

图3-31 轮对(尺寸单位mm)

(1)车轴

车轴是轮对的主要配件,它除与车轮组成轮对外,两端还要与轴箱油润装置配合,保证车辆安全运行。

动车组用的车轴可分为动力车轴和非动力车轴;动力转向架上两根车轴都是动力车轴,非动力转向架上两根车轴均为非动力车轴。

(2)车轮

车轮是车辆最终受力配件,它把车辆的载荷传给钢轨,并在钢轨上转动,完成车辆的运行。我国铁路车辆上主要采用辗钢整体车轮和铸钢车轮。车轮全部取消了辐板孔。我国车轮踏面主要采用LM形踏面,LM形踏面是采用$R100mm$和$R500mm$及$R220$反向为半径的三段弧线,圆滑连接成的一条曲线和锥度为1:8的一段直线所组成的几何图形。

2. 滚动轴承轴箱装置

车辆的轴箱、轴承及其附属配件,统称为滚动轴承轴箱装置。它是转向架的重要组成部分,它的作用是将轮对构架连接在一起,把车辆的垂直、水平载荷传递给轮对;保证良好的润滑性能,减少摩擦,降低运行阻力;防止热轴,限制轮对过大的横向移动;防止雨水、灰尘等异物侵入,保证车辆安全可靠运行。

滚动轴承的基本结构一般由外圈、内圈、滚动体、保持架4部分组成。内圈通常装配在轴颈上,并与车轴一起旋转。外圈通常装配在轴箱或轴承座内,起支承作用。滚子在内圈和外圈之间,当轴颈与内圈一同相对外圈旋转时,引导滚子一面绕其轴心自转,一面绕内、外圈滚道旋转。滚子的大小与数量决定轴承的承载能力。保持架的作用是使各滚动体均匀分

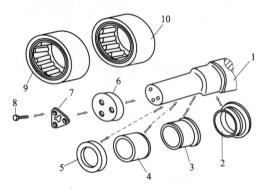

布,防止互相碰撞摩擦,并在一定程度上引导滚子滚动良好。

我国铁路车辆上使用的滚动轴承有圆柱形滚子轴承和圆锥形滚子轴承两种。

(1)圆柱形滚子轴承。一般属于双列分体式轴承,采用聚合物保持架(塑钢),用迷宫环对润滑脂非接触式密封。一般客车采用圆柱形滚子轴承。如图3-32所示。

(2)圆锥形滚子轴承。它是整体式轴承,塑钢保持架。一般货车采用无轴箱圆锥形滚子轴承;动车组客车采用有轴箱圆锥形滚子轴承。如图3-33a)、b)所示。

图3-32 滚动轴承轴箱装置内各零部件
1-车轴;2-防尘挡圈;3-带固定单挡边轴承内圈;4-不带挡边但有活动平挡圈轴承内圈;5-活动平挡圈;6-压板;7-防松片;8-轴端螺栓;9、10-滚子、保持架、外圈组件

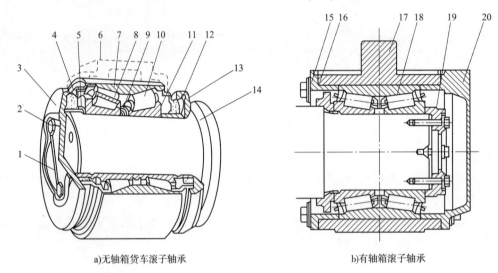

a)无轴箱货车滚子轴承　　　　b)有轴箱滚子轴承

图3-33　圆锥形滚子轴承轴箱装置
1-铁丝;2-螺栓;3-前盖;4-密封罩;5-密封座;6-承载鞍;7-外圈;8-保持架;9-中隔圈;10-圆锥滚子;11-内圈;12-外圈;13-后挡;14-防尘板座;15-轴箱后盖;16-O形密封圈;17-轴箱体;18-双列圆锥形滚子轴承;19-轴端压板;20-轴箱前盖

3. 货车转向架的侧架、摇枕、弹簧减振装置、基础制动装置

货车转向架构架是由左右两个独立的侧架与摇枕组成,下面以转K_6型转向架为例加以说明。

1)侧架

侧架,是安装弹簧减振装置、轴箱装置及制动装置的地方。转K_6型转向架侧架组成结构,如图3-34所示;侧架弹性下交叉支撑装置,如图3-35所示。

2)摇枕

转K_6型转向架摇枕,是由固定杠杆支点座、摇枕、下心盘、斜楔摩擦面磨耗板组成。材质为B级钢。转K_6转向架摇枕组成,如图3-36所示;摇枕上安装有双作用弹性旁承,如图3-37所示。

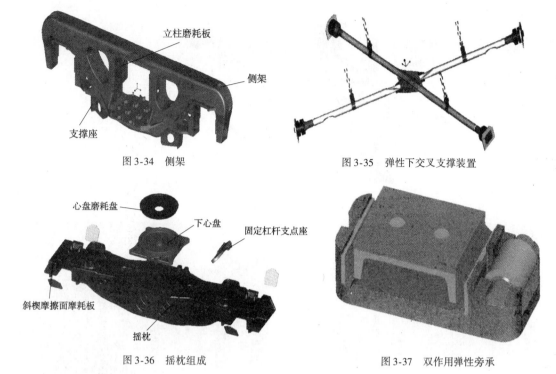

图 3-34　侧架

图 3-35　弹性下交叉支撑装置

图 3-36　摇枕组成

图 3-37　双作用弹性旁承

3）弹簧减振装置

转向架减振装置为斜楔式变摩擦减振装置,由侧架立柱磨耗板、组合式斜楔、斜面磨耗板、双卷减振弹簧组成。如图3-38所示。

4）基础制动装置

转 K_6 型转向架基础制动装置,见图3-39。它由左、右组合制动梁、中拉杆、固定杠杆支点、移动杠杆、闸瓦等组成。

4.客车转向架的构架、一系轴箱定位装置、二系空气弹簧悬挂装置

CRH_2 转向架为两轴无摇枕 H 形焊接构架,一系悬挂为钢弹簧转臂式定位,二系悬挂采用空气弹簧,单连杆牵引方式,磨耗形车轮踏面,采用空心车轴。

1）构架

构架为 H 形构架,主要由侧梁、横梁、纵向辅助梁、空气弹簧支撑梁、定位臂和齿轮传动装置座等组成。如图3-40所示。

2）一系轴箱定位装置

轴箱定位装置为转臂式定位。一系悬挂圆弹簧置于转臂安装座上,转臂通过弹性橡胶节点安装在侧架上,在构架与轴箱之间,与每组轴箱弹簧各并联一个垂向油压减振器。如图3-41所示。

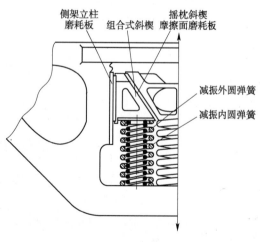

图 3-38　斜楔式摩擦减振装置

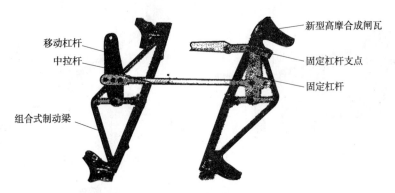

图 3-39 基础制动装置

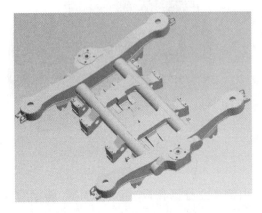

图 3-40 CRH$_2$ 转向架构架图

图 3-41 CRH$_2$ 转向架转臂式轴箱定位装置

3）二系悬挂装置

二系悬挂装置主要由空气弹簧系统、牵引装置、横向减振器、抗蛇行减振器及横向缓冲橡胶止挡等零部件组成。如图 3-42 所示。

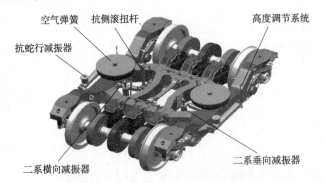

图 3-42 CRH$_1$ 拖车转向架二系悬挂装置组成

空气弹簧系统主要由空气弹簧本体、附加空气室、高度调整阀、差压阀和滤尘器等组成。如图 3-43 所示。

高度调整阀是空气弹簧悬挂系统装置中一个重要部件，空气弹簧的优点只有在采用良好的高度调整阀情况下，才能充分体现出来。为了保持车体距轨面的高度不变，在车体与转向架之间装有高度调整阀，以调节空气弹簧橡胶囊中的压缩空气，使车辆地板面不受车内乘客的多少和分布不均匀的影响,基本保持水平。

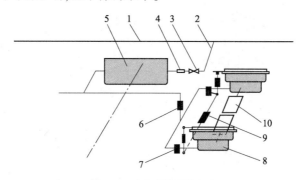

图 3-43　空气弹簧系统组成

1-列车主管;2-列车支管;3-截断塞门;4-止回阀;5-储风缸;6-连接软管;7-高度调整阀;8-空气弹簧;9-差压阀;10-附加空气室

差压阀是保证一个转向架两侧空气弹簧的内压之差不超过保证行车安全规定的某一定值的装置。防止两侧空气弹簧的压力差过大,造成车体过分倾斜而脱轨。

空气弹簧本体的结构:主要由橡胶气囊、上下盖板、橡胶堆等零部件组成。如图3-44所示。

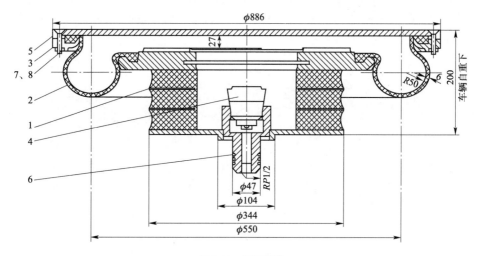

图 3-44　空气弹簧

1-座体;2-橡胶囊;3-压环;4-节流阀;5-上盖;6-O 形密封圈;7-螺钉;8-螺母

三、车钩缓冲装置

车钩缓冲装置是由车钩、缓冲器及其他附属配件组成。如图 3-45 所示为车钩缓冲装置的一般结构形式。车钩借助钩尾销与钩尾框连成一体,在钩尾框内依次装有前从板、缓冲器和后从板,装于车辆两端。车钩的作用是用来实现机车与车辆或车辆与车辆之间的连挂或摘解以及传递牵引力及冲击力,并使车辆之间保持一定的距离。缓冲器是用来缓和并衰减列车在牵引和冲击时的冲击力。从板和钩尾框则起着传递纵向力的作用。因此,车钩缓冲装置具有连挂、牵引和缓冲3个基本作用。

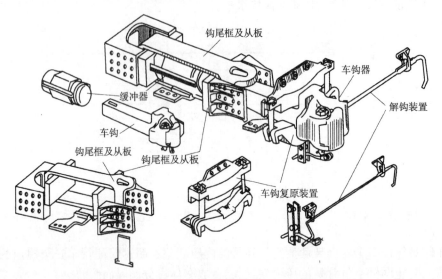

图 3-45 车钩缓冲装置

(一) 车钩

车钩由钩头、钩身和钩尾 3 部分组成。钩头里装有钩舌、钩舌销、钩锁销、钩舌推铁、钩锁铁等零部件,如图 3-46 所示。为了实现车钩连接和摘解,车钩具有如下 3 态(闭锁、开锁、全开)作用。

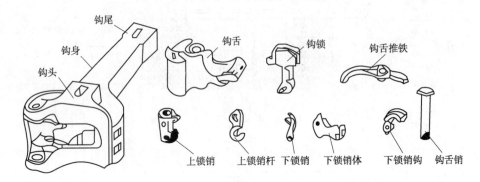

图 3-46 13 号车钩

1. 闭锁位置

车辆连挂后,两个车钩必须处于闭锁位置才能传递牵引力。车钩处于闭锁状态时,钩锁铁挡住钩舌不能张开,连挂中的车辆不会自动分离,此时为闭锁位置。如图 3-47a) 所示。

2. 开锁位置

钩锁铁被提(举)起,钩舌只要受到拉力就可以向外转开的位置为开锁位置。如图 3-47b) 所示。

3. 全开位置

全开位置,即钩舌已经完全向外转开的位置。如图 3-47c) 所示。

两连挂的车辆欲要分开时,必须有一个车钩处于开锁位置。转动提钩杆,稍稍提起钩锁铁,这时锁销下端的凹部摆脱了钩头内壁的阻挡,带动了钩锁铁一起上升。此时,车钩转入开锁状态,钩舌在外力推动下即可张开,车辆分离。

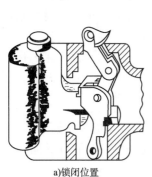 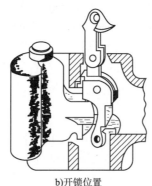 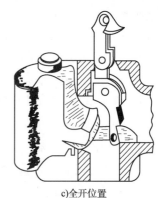

a) 锁闭位置　　　　　　　　b) 开锁位置　　　　　　　　c) 全开位置

图 3-47　车钩的 3 态作用位置

在两车辆彼此连挂前,必须有一个车钩处于全开位置。当车钩达到开锁位置后,将提钩杆提到最高位置,借助于钩锁铁的作用将钩舌推至完全张开位置。这时,车钩转入全开状态,相邻车辆即可连挂。

在使用中,车钩必须保持 3 态作用良好,这是列车安全运行的保证。

我国近些年,大力发展单元组合重载列车。在这种列车中装设了旋转式车钩,如图 3-48 所示。在车辆的一端装设旋转车钩(车端为黄色,并打有旋转车钩端的字样),车辆的另一端装设普通的固定车

图 3-48　旋转式车钩连挂状态

钩,整个列车上每组连接的两个车钩:一为旋转式车钩(16 号),见图 3-49 所示;一为固定式车钩(17 号),见图 3-50 所示,两两固定相互搭配。当车辆进入翻车机位时,翻车机带动待翻车辆旋转,以车钩纵向中心线旋转 180°,这时车底架连同一端装有旋转车钩的钩尾框相对于车钩钩身旋转。旋转车钩由于受相邻车辆上与其连挂的固定车钩约束,使未进入翻车机位的车辆静止不动,被翻转车辆另一端的固定式车钩随同车底架沿车钩中心线旋转,并带动相邻车辆与其连挂的旋转车钩一起旋转,实现不摘车作业,缩短了卸货作业的时间。另外,我国 60t 级货车使用小间隙 13 号车钩,70t 级货车全部使用 17 号固定式高强度车钩。

 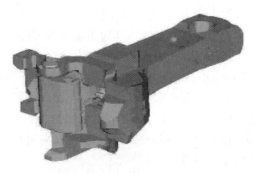

图 3-49　16 号旋转式车钩　　　　　　　　图 3-50　17 号固定式车钩

15号车钩是目前我国客车在用的主型车钩,为下作用式自动车钩,分为15C、15CX两种型号;15C主要用于速度不大于120km/h的普速客车上;15CX主要用于25K型快速客车上(在25T型客车首尾钩上也有少量应用)。目前,两者材质主要为C级铸钢。这种车钩允许两个相连挂的车钩在垂直方向上有相对位移,而且纵向位移较大,造成列车运行时存在很大纵向冲击,也无法实现车端电路和气路的自动连接。目前,高速列车普遍采用密接式车钩缓冲装置,两车钩连接面的纵向间隙小于2mm,上下、左右偏移也很小,这为提高列车的运行平稳性和电气线路、风管的自动对接提供了保证。

(二)密接式车钩

《铁路技术管理规程》中规定最高运行速度160km/h及以上的客车应采用密接式车钩。密接式车钩是刚性自动车钩,在两钩连接后,其间没有上下和左右的移动,而且纵向间隙也限制在很小的范围之内。

1. 国产密接式车钩

国产密接式车钩缓冲装置,如图3-51所示。它主要有车钩钩头、橡胶金属片式缓冲器、风管联结器、电器联结器和风动解钩系统等几部分组成,缓冲器位于钩头的后部。车辆连挂时依靠两车钩相邻钩头上的凸锥和凹锥孔的相互插入,实现两车钩的紧密连接;同时自动将两车之间的电路和空气通路接通。在两车分解时,亦可自动解钩,并自动切断两车之间的电路和空气通路。

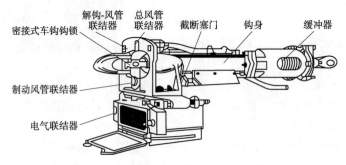

图3-51 国产密接式车钩缓冲装置

2. 沙库(Scharfenberg)密接式车钩

1) Scharfenberg密接式车钩的结构

Scharfenberg密接式车钩缓冲装置,如图3-52所示;其内部结构,如图3-53所示。它主要由车钩钩头、橡胶缓冲器、风管联结器、电器联结器和风动解钩系统等几部分组成,缓冲器位于钩头的后部。车辆连挂时依靠两车钩相邻钩头前端的锥形喇叭口引导彼此精确地对中,实现两车钩的紧密连接;同时自动将两车之间的电气线路和空气通路接通。在两车分解时,亦可由司机控制解钩电磁阀自动解钩,并自动切断两车之间的电气线路和空气通路。

在车钩下面有车钩支撑弹簧,在缓冲器尾部通过转动中心轴与车体上的冲击座相连,并可通过橡胶弹簧的弹性变形及缓冲器与转动中心轴的相对转动实现垂直和水平方向的摆动:垂向最大摆角为4°30′;最大水平摆角可达30°。

2) 工作原理

沙库(Scharfenberg)密接式车钩的工作原理,如图3-54所示。

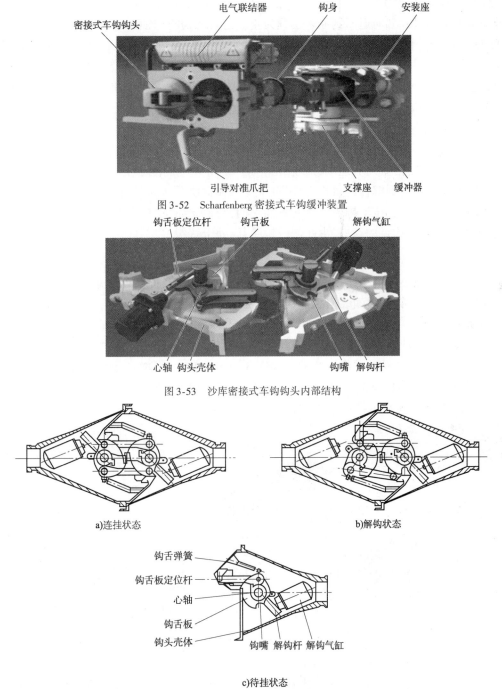

图 3-52 Scharfenberg 密接式车钩缓冲装置

图 3-53 沙库密接式车钩钩头内部结构

图 3-54 密接式车钩的工作原理

(1)待挂位:这时钩头中的钩锁杆轴线平行于车钩的轴线,钩锁杆的连接销中心与钩舌中心销连接线垂直于车钩的轴线。弹簧处于松弛状态,该位置为车钩连挂准备位。

(2)连挂闭锁位:欲使两钩连挂,原来处于连挂准备位的两钩相互接近并碰撞时,在钩头前端的锥形喇叭口引导下彼此精确地对中,两钩向前伸出的钩锁杆由于受到对方钩舌的阻碍,各自推动钩舌绕顺时针方向转动,直至在弹簧拉力作用下钩锁杆滑入对方钩舌的嘴中,并推动钩舌绕逆时针方向返回到原来位置为止。这时两钩的钩锁杆与两钩的钩舌构成一平行四边形,力处于平衡状态,两钩刚性地无间隙地彼此连接,处于闭锁状态。在连挂闭锁状态时,钩舌和钩锁杆的位置与连挂准备状态完全相同,钩舌在弹簧力作用下保持在闭锁位。当两钩受牵拉时,拉力均匀地分配在由钩锁杆和钩舌组成的平行四边形两对边即钩锁杆上。当两钩冲击时,冲击力由两钩壳体喇叭口凸缘传递。

(3)解钩状态:

气动解钩——由司机操作解钩控制阀达到解钩。这时压力空气经过解钩管充入钩头中的解钩风缸中,推动活塞向前运动,压迫在解钩杆上所设置的滚子上,两钩头中的钩舌被同时推至解钩位置。达到解钩后再排气,风缸中受压弹簧使活塞返回到原始位置。

手动解钩——通过拉动钩头一侧的解钩手柄,经钢丝绳、杠杆和解钩杆使两钩的钩舌转动,直至钩锁杆脱出钩舌的嘴口,由此使两钩脱开,处于解钩位。

(三)缓冲器

为了缓和并减小车辆在连挂、起动、制动时产生的冲击力,提高列车运行的平稳性,延长车辆使用寿命,在车钩的后面装有缓冲器。它可以起到缓和冲击的作用,并可吸收一部分冲击时的动能。

铁路客车用缓冲器有1号、G1号环弹簧缓冲器、动车组用橡胶缓冲器和弹性胶泥缓冲器;目前铁路货车用的缓冲器有ST、MT-2、MT-3、HM-1、HM-2、HN-1型缓冲器(弹性胶泥)。货车常用MT-2型(MT-3型)、HM-1型(摩擦胶泥组合式)、HN-1弹性胶泥缓冲器,分别见图3-55~图3-57。客车1号缓冲器,如图3-58所示。

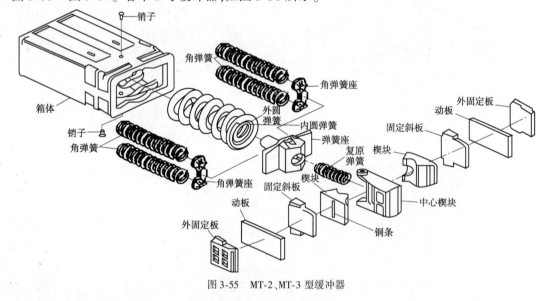

图3-55 MT-2、MT-3型缓冲器

四、车辆制动装置

为使列车能实施制动和缓解而安装于列车上的一整套装置,总称为列车制动装置。当以压力空气作为制动信号传递和制动力控制的介质时,该制动装置称为空气制动系统,又称空气制动机。以电气信号来传递制动信号的制动控制系统,称为电气指令式制动控制系统,其制动力的提供可以是压力空气、电磁力、液压等方式。

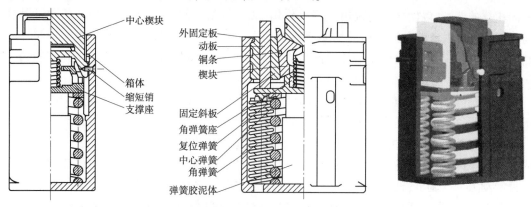

图 3-56　HM-1 型缓冲器

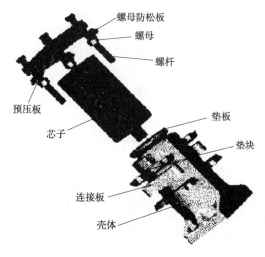

图 3-57　HN-1 型弹性胶泥缓冲器

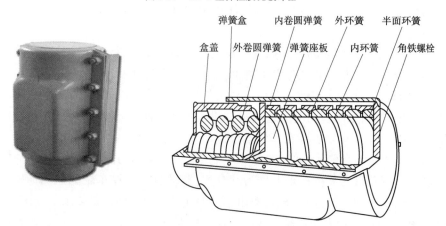

图 3-58　客车 1 号缓冲器

人为地制止物体的运动,包括使其减速、阻止其运动或加速运动,均可称之为"制动"

对已经施行制动的物体,解除或减弱其制动作用,均可称之为"缓解"。

对于运动着的列车,欲使其减速或停车,就要根据需要施加于列车一定大小的与其运动方向相反的外力,以使其实现减速或停车作用,即施行制动作用;列车制动停车后起动加速前或运行途中限速制动后加速前均要解除制动作用,即施行缓解作用。对轨道交通机车车辆而言,制动力是制动时由制动装置产生作用后而引起的钢轨施加于车轮的与列车运行方向相反的力。

制动距离:从司机施行制动的瞬间起(将制动手柄移至制动位),到列车速度降为零列车所行驶的距离,其综合反映列车制动装置的性能和实际制动效果的主要技术指标。

列车制动在操纵上按用途可分为常用制动和紧急制动两种。在正常情况下,为了调节或控制列车速度包括进站停车所施行的制动,称为"常用制动"。它的特点是作用比较缓和而且制动力可以调节,通常只用列车制动能力的20%~80%,多数情况下只用50%左右。在紧急情况下,为使列车尽快停住所施行的制动,称为"紧急制动"。它的特点是作用比较迅速而且要把列车的制动能力全部用上。

为了确保行车安全,世界各国都要根据列车运行速度、牵引质量、信号和制动技术等制定紧急制动距离的最大允许值,又叫计算制动距离。我国《铁路技术管理规程》规定:列车紧急制动距离按不同情况分别不超过以下标准(见表3-3)。

列车紧急制动距离的几种情况　　　　表3-3

列车类别	速度(km/h)	制动距离(m)	速度(km/h)	制动距离(m)	速度(km/h)	制动距离(m)	速度(km/h)	制动距离(m)
货物列车	90	800						
快运货物列车	120	1400						
旅客列车	120	800	140	1100	160	1400		
	250	2700	300	3700	350	4800		

(一)按动能转移方式分类

按照制动时列车动能的转移方式不同,车辆制动可以分为摩擦制动和动力制动。

1. 摩擦制动

摩擦制动,就是通过摩擦副的摩擦将列车的运动动能转变为热能,消散于大气,从而产生制动作用。摩擦制动方式主要有闸瓦制动、盘形制动和磁轨制动。

(1)闸瓦制动,又称踏面制动。它是一种最常用的制动方式,制动时闸瓦压紧车轮,轮、瓦之间发生摩擦,将列车的运动动能通过轮、瓦摩擦转变为热能,消散于大气中。

(2)盘形制动,是在车轴上或在车轮辐板侧面安装制动盘,用制动夹钳使用合成材料制成的两个闸片紧压制动盘侧面,通过摩擦产生制动力,把列车动能转化为热能,消散于大气从而实现制动。制动盘安装在车轴上称为轴盘式,制动盘安装在车轮侧面称为轮盘式。非动力转向架一般采用轴盘式,动力转向架由于轴身上装有齿轮箱,安装制动盘困难,所以采用轮盘式。图3-59a)所示为安装轮盘式制动盘的轮对;图3-59b)所示为制动盘在轮对上安装的实物图。

(3)轨道电磁制动,又叫磁轨制动,如图3-60所示。在转向架构架侧梁下通过升降风缸安装有电磁铁,电磁铁下设有磨耗板。以电操纵并作为动力来源。制动时,将导电后起磁感应的电磁铁放下压紧钢轨,使它与钢轨发生摩擦而产生制动。其优点是制动力不受轮轨间黏着的限制,不易使车轮滑行。但重量较大增加了车辆的自重。在高速旅客列车上与空气制动机并用(特别是在紧急制动时),可缩短制动距离。

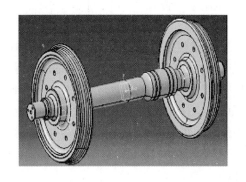
a)

车轮　车轴　制动盘(轴盘)　制动盘(轮盘)

b)

图 3-59　盘形制动装置示意图

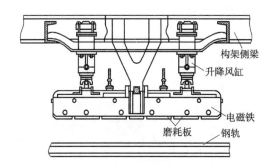

构架侧梁
升降风缸
电磁铁
磨耗板　钢轨

图 3-60　磁轨制动

2. 动力制动

动力制动,也称电制动。列车制动时,将牵引电机变为发电机,使动能转化为电能对这些电能不同处理方式形成了不同方式的动力制动。电动车组上采用的动力制动的形式,主要有再生制动和电阻制动,这些都是非接触式制动方式。

(1)再生制动。它是把列车的动能通过牵引电动机转变为发电机发电,再使电能反馈回电网。显然,再生制动比电阻制动更加经济,既节约能源,又减少制动时对环境的污染,并且基本上无磨耗。

(2)电阻制动。电力机车、电传动的内燃机车、带动力驱动的动车组等,在制动时,使自励牵引电动机变为他励发电机,将发出的电能消耗于电阻器上;采用强迫通风,使热量消散于大气而产生制动作用。高速时制动力大,低速时效率减低,所以与空气制动机同时采用。电阻制动一般能提供较稳定的制动力,但车辆底架下需要安装体积较大的电阻箱,增加了车辆的自重。

(二)按制动源动力分类

在目前列车所采用的制动方式中,制动的源动力主要有压缩空气的压力和电磁力。以压缩空气为源动力的制动方式称为空气制动,如闸瓦制动、盘形制动等都为空气制动方式;以电磁力为源动力的制动方式称为电制动,动力制动、轨道电磁制动、轨道涡流制动、旋转涡流制动等均为电制动;还有机械制动、翼板制动、液压制动等方式。

1. 轨道涡流制动

轨道涡流制动与磁轨制动很相似,也是把电磁铁悬挂在转向架构架侧梁下面同侧的两个车轮之间。不同的是,轨道涡流制动的电磁铁在制动时只放到离轨面 7～10mm 处而不会与钢轨发生接触。轨道涡流制动原理,如图 3-61 所示。轨道涡流制动是利用电磁铁和钢轨的相对运动使钢轨感应出涡流,产生电磁吸力作为制动力,并把列车的动能转换为热能消散于大气。作为非黏着制动方式的涡流轨道制动具有对钢轨无磨耗,高速时制动力大,制动力可控制,可在常用制动时作用,结冰时没有任何失效的危险等优点。因此,在高速列车上涡流轨道制动方式比磁轨制动方式得到更多的采用。

2. 旋转涡流制动

旋转涡流制动是利用电磁感应产生制动力的。它是将制动圆盘作为可旋转的导体安装在车轴上,电磁铁固定在转向架上,并应防止其转动。旋转涡流制动原理,如图 3-62 所示。制动时金属盘在电磁铁形成的磁场中旋转,盘的表面被感应出涡流,产生电磁吸力,并消散于大气中,从而产生制动作用。

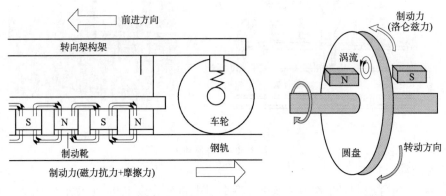

图 3-61　轨道涡流制动原理　　　　图 3-62　旋转涡流制动原理

3. 翼板制动

翼板制动(见图 3-63)是一种从车体上伸出翼板来增加空气阻力的制动方式。若翼板的位置适当,动车组运行时的空气阻力可增加 3～4 倍。2006 年日本研制出利用空气动力制动的 Fastech360S 和其改进 Fastech360Z 型,并已通过 400km/h 时速的安全测试。

4. 液压制动

为了确保行车安全,在高速动车组上都装有传统的空气制动系统。但是空气制动系统有质量重、体积大和响应速度慢等缺点。为了实现轻量化和高响应特性,而将空气制动部件改进为液压部件。液压制动系统的组成,如图 3-64 所示。制动电子控制单元将制动指令、电制动的反馈信号和液压传感器信号计算、处理控制。液压制动系统由装在车体上的制动电子控制单元和装在转向架上电液制动装置构成。

图 3-63 翼板制动

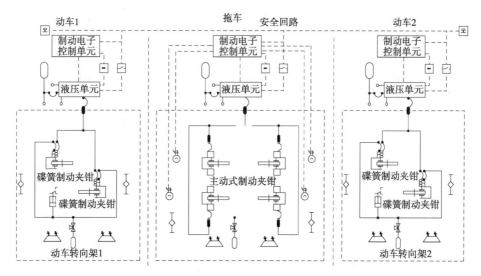

图 3-64 液压制动系统的组成

5. 自动空气制动机

自动空气制动机,是以压缩空气为动力来源,用空气压力的变化来操纵的制动机。它的应用最为广泛。我国的机车车辆均采用这种制动机。

自动空气制动机的特点是制动管减压制动,增压缓解。因此当列车分离时,制动机可发生制动作用,实现自动停车。由于这种制动机构造和作用都比较完善,目前我国车辆上使用的各型空气制动机,如货车 120 型制动机和客车用 104 型、F8 型制动机等,都采用这种形式。

6. 电空制动机

电空制动机是以压缩空气作为动力来源,用电操纵的制动机。一般是在空气制动机的基础上加装电磁阀等电气控制部件,用电来操纵制动机的作用。它可以提高列车前后部车辆制动和缓解作用的一致性,减少车辆间的冲击,使制动距离显著缩短。为防止电控系统发生故障使列车失去制动控制,现今的电空制动机仍保留着压缩空气操纵装置,以备在电控系统发生故障时,能自动地转为压缩空气操纵。目前我国铁路客车使用的电空制动机主要有 104 型电空制动机和 F8 型电空制动机两种形式。电动车组采用电气指令式空气制动装置。

(三)空气制动机

空气制动机,是利用压缩空气产生并控制制动力的设备。车辆空气制动机所需压缩空气是由机车总风缸供给的。列车中每个车辆的制动缓解作用,都是由机车司机操纵制动阀来实现的。

1.空气制动机的组成

空气制动机的部件,一部分装在机车上,另一部分装在车辆上。装在机车上的有空气压缩机、总风缸、制动阀等。由空气压缩机产生的压缩空气储存在总风缸内,是制动所用的动力来源。调整阀用于把总风缸压力空气的高压调整到制动管所需的压力,以便供制动机使用。制动阀在驾驶室里,上有控制手柄,可以控制制动机内空气的压力,操纵列车制动或缓解。装在车辆上的主要包括制动风管、折角塞门、制动软管、三通阀(分配阀、控制阀)、副风缸、制动缸、截断塞门等。如图3-65所示。

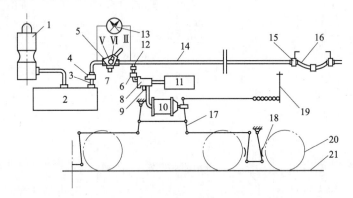

图3-65 空气制动机的组成

1-空气压缩机;2-总风缸;3-总风缸管;4-给风阀;5-自动制动阀;6-远心集尘器;7-制动阀排气口;8-三通阀(分配阀、控制阀)9-排气口;10-制动缸;11-副风缸;12-截断塞门;13-双针压力表;14-制动管;15-折角塞门;16-制动软管联结器;17-基础制动装置;18-闸瓦;19-手制机;20-车轮;21-钢轨

目前,我国货车使用的制动机主要是120型空气制动机,普速客车使用104、F8型制动机;或104、F8型电空制动机,而动车组采用电制动和直通式电气指令式制动控制系统。下面以120型空气制动机为例加以说明。

120型空气制动机是在103型空气制动机的基础上,吸收国外先进制动技术,并结合我国实际情况研制而成,因采用120型空气控制阀而得名。其总体结构,如图3-66所示。由120控制阀、副风缸、加速缓解风缸、制动缸、球芯截断塞门和集尘器联合体、空重车调整装置、制动主管、制动支管、球芯折角塞门及制动软管等组成。

120型空气制动机的主要部件如下:

(1)制动主管:安装在车底架下面,它贯通全车,是传送压缩空气的管路。为便于维修,两端装有制动主管接续管,接续管上安装有折角塞门,折角塞门上安装有制动软管联结器。并用制动软管联结器与邻车的制动软管联结器相连。

(2)截断塞门:一般都采用球形截断塞门和集尘器一体式结构。安装在制动支管上,用以开通或截断制动支管的空气通路。它平时总在开放位置,只有当车辆上所装的货物按规定应停止制动机的作用,或当制动机发生故障时,才将它关闭,以便停止该辆车的制动机的作用。通常把关闭截断塞门、停止制动机作用的车辆叫作"制动关门车"。

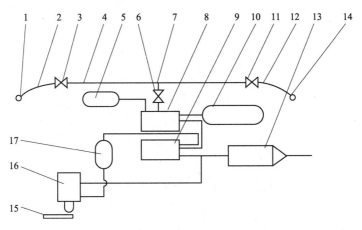

图 3-66 120 型空气制动机组成简图

1-联结器;2-制动软管;3-折角塞门;4-制动管;5-加速缓解风缸;6-制动支管;7-截断塞门和远心集尘器;8-120 型控制阀;9-比例阀;10-副风缸;11-折角塞门;12-制动软管;13-制动缸;14-联结器;15-摇枕接触板;16-空重车阀;17-降压气室

(3)远心集尘器:利用离心力的作用,将压缩空气中的灰尘、水分、铁锈等杂质,沉淀于集尘器的下部集尘盒里,在维修(一般在辅修或库检)时清除,以免进入三通阀(分配阀),造成阻塞通路发生故障。

(4)120 型控制阀:它是车辆空气制动机的主要部件。它连接制动支管、副风缸和制动缸,用来控制压缩空气的通路,使制动机起制动和缓解作用。

(5)副风缸:是储存压缩空气的地方。制动时,利用控制阀(或分配阀)的作用将压缩空气送入制动缸起制动作用。

(6)制动缸:当压缩空气进入制动缸后,推动制动缸活塞,将空气压力转变为机械推力,然后通过制动杠杆使闸瓦紧抱车轮而起制动作用。

(7)加速缓解风缸:它与主阀内的加速缓解阀配合使用。其作用当某一车辆制动机产生缓解作用时,把准备排入大气的制动缸气体引向加速缓解阀处,使加速缓解阀产生动作后再从主阀排气口排出。由于加速缓解阀产生了动作,从而使加速缓解风缸的风通过加速缓解阀进入制动管,这样,制动管内除了来自机车供风系统的压缩空气外,还有来自加速缓解风缸的风,这就是制动管的"局部增压"作用。由于制动管的"局部增压"作用,使长大货物列车后部车辆制动管充风速度加快,也就是缓解速度加快,从而减小了前后车辆缓解不一致所造成的纵向冲击和振动。

(8)空重车调整装置:根据车辆载重的不同,通过调整制动缸的压力,使空重车的制动力不同,减小冲击力。目前客货车大都采用空重车自动调整装置,可根据车辆载重在一定范围内自动、无级地调整制动缸的压力,缩小了车辆从空车至重车的不同载重状态下的制动率变化,从而有效地改善车辆的制动性能。

2.120 型控制阀的作用原理

120 型控制阀的作用原理,如图 3-67 所示。

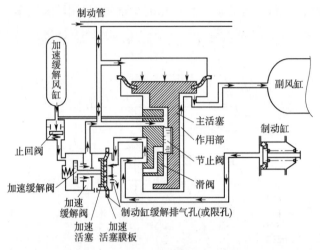

a) 充气缓解位

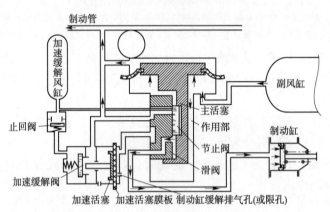

b) 制动位

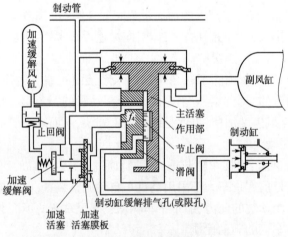

c) 制动保压位

图 3-67　120 型空气制动机的作用原理

120型控制阀采用两种压力控制机构直接作用式,满足自动制动机的要求,并能与分配阀混编使用,且在混编时对旧型制动机能有如下促进作用。

1)充气缓解作用

当司机将制动阀手把放在缓解位置时,总风缸内的压缩空气进入制动主管,经制动支管进入控制阀作用部主活塞上部,推动节止阀、滑阀下移,到达充气缓解位,制动管的压缩空气经节止阀和滑阀上的充气通路进入副风缸。同时,滑阀室经滑阀座和滑阀上的节流孔与加速缓解风缸连通,滑阀上缓解孔槽连通了制动缸与加速活塞外侧室经缩孔Ⅱ(或限孔)排向大气的气路。由于缩孔Ⅱ(或限孔)较小,制动缸压缩空气来不及排出而使加速活塞外侧压力上升,推动加速活塞内移,即使缓解阀被推离阀座,加速缓解风缸的压缩空气经加速缓解阀口充入制动管,加快了制动管的充气增压,从而使后部车辆制动机充气缓解作用加快实现,即提高了充气波速。

制动缸的压缩空气最终全部经加速活塞外侧室再经缩孔Ⅱ(或限孔)排向大气,实现缓解作用。

当加速缓解风缸与制动管压力平衡后,制动管经作用部充气通路向副风缸、加速缓解风缸充气,直至达到定压。副风缸充气至定压,为下次制动储备气源;加速缓解风缸充至定压,为下次制动后加速缓解做准备。如图3-67a)所示。

2)减压制动作用

当司机将制动阀移到制动位置时,制动主管的压缩空气向大气排出一部分,副风缸内空气压力相对地大于制动主管内的压力,因而推动主活塞向左带动节止阀、滑阀上移,到达制动位,使副风缸内的压缩空气经滑阀、滑阀座上的制动通路进入制动缸,产生制动作用。如图3-67b)所示。

制动位加速缓解风缸压缩空气未参与制动作用,其压力仍保持在充气缓解作用结束时的制动管定压。

3)制动保压作用

常用制动减压,当制动管减压量未达到最大有效减压量之前,转保压位,停止制动管减压,由于作用部仍处于制动位,副风缸继续向制动缸充气,副风缸压力继续下降;当副风缸压力接近制动管压力时,在主活塞自重及稳定弹簧弹力作用下,主活塞带动节止阀下移(滑阀不动)活塞杆上肩接触滑阀为止。这样,节止阀遮盖住了滑阀背面的向制动缸充气的孔路,停止了副风缸向制动缸的充气,副风缸压力停止下降,制动缸压力停止上升,即实现了制动保压作用。如图3-67c)所示。

同时,节止阀露出了滑阀背面的经眼泪孔与滑阀座上的制动管孔相通的孔路。制动管与副风缸经该孔路及眼泪孔与副风缸相连通,无论是制动管漏泄或是副风缸漏泄均可避免主活塞两侧产生压力差引起再制动或自然缓解。

(四)电空制动机

104型电空制动机的组成,包括104型电空分配阀、制动管、制动缸、工作风缸、缓解风缸、远心集尘器及截断塞门、缓解阀、车长阀、止回阀、缓解指示器和制动软管联结器等。104型电空制动机作用原理,如图3-68所示。

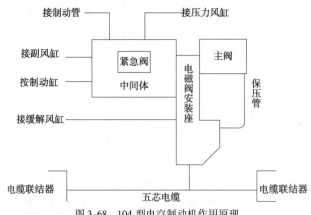

图 3-68　104 型电空制动机作用原理

104 型电空分配阀是在 104 型分配阀的基础上增加了电磁阀安装座、保压电磁阀、制动电磁阀、缓解电磁阀、缓解风缸充气止回阀、保压管、缓解风缸、五芯电缆及电缆联结器等零部件。

1. 电磁阀安装座

电磁阀安装座,是用于安装其他零件及作为空气的通道。

2. 制动电磁阀

制动电磁阀安装在制动管与大气的通路上,平时制动电磁阀失电关闭,遮断制动管与大气的通路。在制动时,制动电磁阀得电打开,开通制动管与大气的通路,使制动管排气而产生制动作用。

3. 缓解电磁阀

缓解电磁阀安装于缓解风缸与制动管的通路上,平时缓解电磁阀失电关闭,遮断缓解风缸与制动管的通路。在制动后的充气缓解位时,缓解电磁阀打开,开通缓解风缸与制动管的通路,使缓解风缸内的压缩空气流向制动管,可提高制动机的缓解灵敏度与波速。

4. 保压电磁阀

保压电磁阀,它安装到 104 型主阀作用部排气孔与大气之间的通路上,平时保压电磁阀失电打开。开通主阀作用部排气孔与大气的通路。在制动后的保压位时,保压电磁阀得电关闭遮断主阀作用部排气孔到大气的通路,可防止因制动管压力波及分配阀的故障而引起自然缓解;在缓解位时保压电磁阀间断得失电,可使空积室内的压缩空气分几次排向大气而使制动机实现阶段缓解作用。

5. 缓解风缸充气止回阀

缓解风缸充气止回阀的作用是在充气时,副风缸的压缩空气把止回阀顶开向缓解风缸内充气;在制动时,由于副风缸压力下降,止回阀被弹簧及缓解风缸的压力压下而关闭,可防止缓解风缸内的压缩空气向副风缸回流。

6. 五芯电缆

五芯电缆,由 5 根电线组成。其中 1 根 $2.5mm^2$ 的电缆为 4 号线,用于检查。另 4 根线 $4mm^2$ 为:1 号接制动电磁阀,2 号接缓解电磁阀,3 号接保压电磁阀,5 号为回线。接线简图,如图 3-69 所示。

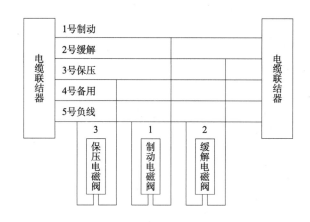

图 3-69　104 型电空制动机接线简图

(五)电气指令式制动控制系统

电气指令式制动控制系统按照电气指令传递方式,可分为数字指令式制动控制系统和模拟指令式制动控制系统。目前,我国动车组列车的制动系统一般都采用模拟指令式制动控制系统。

模拟指令式制动控制系统,具有如下几个特点:

(1)指令传输系统简单。

(2)由于采用微机控制,能容易地增加诸如根据载荷变化进行控制;减速度控制和减速度微分控制等功能。能够控制列车或列车基本单元内的制动力分配,如动力制动剩余制动力可用于拖车制动;也可对动力制动和空气制动进行防滑控制,不必另设防滑控制单元。

(3)能够适应空气制动和动力制动的混合作用。

(4)由于制动指令是无级传输的,能对制动系统精确控制,所以能更好地适应列车自动驾驶的要求。

(六)人力制动机

人力制动机是用人力转动手轮或手把或脚踏踏板,带动基础制动装置,使闸瓦压紧车轮,产生制动作用的装置。我国客货车一般安装在第一位车端。客车人力制动机一般采用蜗轮、蜗杆式;货车人力制动机有链条式、棘轮式、螺旋式、FSW 型、NSW 型。链条式人力制动机,见图 3-70;其特点是结构简单,操纵方便,制动力强。

当进行人力制动时,可将制动手轮按顺时针方向转动,使制动链绕在人力制动轴上,拉动制动杠杆,使闸瓦紧压车轮而产生制动作用。我国目前货车普遍采用 NSW 型人力制动机。

(七)基础制动装置

基础制动装置设在转向架上,是利用杠杆原理,将空气制动机制动缸活塞的推力或人力制动机产生的拉力扩大适当倍数后,再均衡地传向各个闸瓦或闸片上,使闸瓦压紧车轮踏面或闸片压紧制动盘,而产生制动作用。客车采用盘形制动装置或双闸瓦式;货车采用单闸瓦式,如图 3-71 所示。

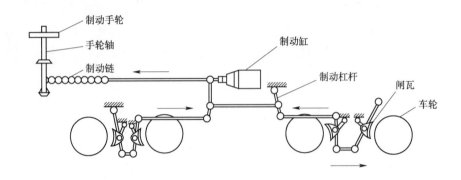

图 3-70 链条式人力制动机

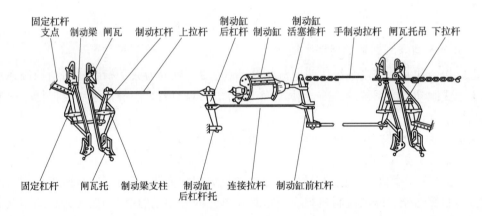

图 3-71 货车单闸瓦式基础制动装置

车辆在运行中,闸瓦会因制动时与车辆踏面摩擦而变薄,致使制动力减弱而降低制动效率,为此须经常调整制动缸活塞的行程。目前,客、货车上安装了闸瓦间隙自动调整器,使车辆在运行过程中可以自动调整制动缸活塞行程的大小,进而保证应有的制动力。

第四节 车辆的检修与检测

铁路车辆是铁路运输的重要装备,是完成铁路运输任务的物质基础。为了满足铁路运输提速、重载的要求,铁路必须拥有相应数量的、性能良好的车辆。因此,铁路车辆工厂不仅要不断地新造足够数量的车辆,车辆部门还要做好车辆的定期检修和日常维修工作,使已有车辆经常处于质量良好的状态,才能确保安全、高速、平稳地运送旅客和货物,并延长车辆的使用寿命。

世界各国对车辆所采用的检修制度,可分为两种类型:
(1)把车辆维修划分为若干修程,进行有计划预防性维修。
(2)根据车辆在运用中的技术状态,进行必要的维护和修理。

我国现在的检修制度是以计划预防为主,状态修为辅。计划预防性检修制度分为定期检修和日常维修两大类。

一、计划预防性检修制度

1. 定期检修

定期检修是车辆每运用一定时间(或里程)对车辆的全部和部分零件进行一定程度的检修。在车辆尚未发生故障之前就对车辆进行修理,消除车辆零部件的缺陷和隐患,预防故障的发生。我国客、货车定期检修的种类和周期,如表3-4、表3-5所示。最高运行速度大于120km/h的客车按走行公里检修。

客车定期检修周期表　　　　　　　　　　　　　　　　　　　　　　表3-4

序号	车型	车　种	厂修或A4修周期	段修或A3修周期	A2修周期	辅修或A1修周期
1	22型(23型)	22型(23型):硬卧车、硬座车、软卧车、软座车、餐车、行李车、邮政车,上述车种的合造车	6年	1.5年		(20±2)万km或距上次辅修超过8个月
2		22B:硬卧车、硬座车、软卧车、软座车、餐车、行李车、邮政车,上述车种的合造车	7.5年	1.5年		(20±2)万km或距上次辅修超过8个月
3		公务车、试验车、维修车、卫生车、文教车、特种车等不常用车	10年	2.5年		(20±2)万km或距上次辅修超过8个月
4	双层客车	硬卧车、硬座车、软卧车、软座车、餐车、行李车,上述车种的合造车	7.5年或240万km			(20±2)万km或距上次辅修超过8个月
5	25B、25G	硬卧车、硬座车、软卧车、软座车、餐车、行李车、邮政车,上述车种的合造车、发电车	7.5年或240万km	1.5年或60万km		(20±2)万km或距上次辅修超过8个月
6		公务车、试验车、维修车、卫生车、文教车、特种车等不常用车	10年	2.5年		(20±2)万km或距上次辅修超过8个月
7	25K、25Z、19K	硬卧车、硬座车、软卧车、软座车、餐车、行李车、邮政车,上述车种的合造车、发电车	(240±40)万km或距新造或距上次A4修程超过10年	(80±10)万km或距上次A3修程超过2年	(40±10)万km或距上次A2修程超过2年	(20±2)万km或距上次辅修超过1年

注:为了做到平衡计划和调整技术质量状态,各级修程可根据客车质量情况,允许提前或延期施修。

货车定期检修周期表　　　　　　　表3-5

车种	车型	厂修	段修	辅修
棚车	P_{60}、P_{13}、P_{61}	5 年	1 年	6 个月（耐候钢车型辅修取消）
	P_{65}、P_{65S}	6 年	1 年	
	P_{62}	6 年	1.5 年	
	其他型耐候钢棚车	9	1.5 年	
敞车	C_{16}、C_{16A}、C_{62A}（车号为44字头）	5 年	1 年	
	C_{61Y}、C_{63}、C_{63A}、CF、C_{5D}	6 年	1 年	
	C_{62A}（车号为45字头开始）	6 年	1.5	
	C_{61}、C_{76A}、C_{76B}、C_{76C}	8 年	1 年	
	其他型耐候钢敞车	9 年	1.5	
罐车	酸碱类罐车、液化石油气罐车、液氯罐车等	4 年	1 年	
	其他罐车	5 年	1 年	
矿石车	K_{13}、K_{18}、K_{18F}、KF_{60}等型普碳钢车	5 年	1 年	
	其他耐候钢矿石车	8 年	1 年	
水泥车	U_{15}、U_{60}、U_{60W}	5 年	1 年	6 个月
	U_{61W}、U_{61WZ}	9 年	1.5 年	
冰冷车	普碳钢车	6 年	1 年	
	耐候钢车	6 年	1 年	
	集装箱平车	6 年	1.5 年	
	平车(含NX系列)、家畜车、粮食车、守车、长钢轨车、61T的凹形车	5 年	1 年	
	毒品车	10 年	1 年	

1）厂修

厂修一般在车辆工厂施行。按规定应对车辆的各部装置进行全面的分解检查、彻底修理，并进行必要的技术改造工作。对底架、车体钢结构各梁、柱、板的腐蚀及变形按厂修限度进行修理，将各主要配件恢复原有性能，保持其应有的强度，以保证车辆在长期运用中技术状态良好。经过厂修，车辆各部装置得到全面恢复，使之与新造车基本上接近。修竣后涂打厂修标记。

2）段修

段修在车辆段施行。段修的主要任务是分解检查车辆的转向架、车钩缓冲装置及制动装置等部件，检查并修理车辆(包括车体及其附属装置)的故障，保证各装置作用良好，防止行车事故发生，以提高车辆的使用效率，修竣后涂打段修标记。

3）辅修

辅修主要是对制动装置和轴箱油润部分施行检修，并对其他部分做辅助性修理。修理后做到螺栓紧固、配件齐全、作用良好。货车辅修是在修车库或专用修车线(站修线)施行；客车辅修是在库检进行的，修竣后涂打辅修标记。目前，大部分货车辅修已取消。

2. 日常维修

日常维修又称运用维修(日常保养)。其基本任务是保证在运用中的车辆具有良好的技术状态,及时发现和处理车辆中发生的一切故障,保证行车安全。

货车的日常维修在铁路沿线的列车检修所(简称列检所)进行;列检所一般设在货车编组站、区段站、尽头站、国境站和厂矿交接站等处。对到达、始发和中转的货物列车进行技术检查,发现故障时能在列车队中修复的,及时修复。为加强车辆周转,应在列车队积极开展快速修复工作。

在列车队修理故障影响解体作业或正点发车时,可摘车送入专用修车线或修车库内施修。施修时必须做到全面检查,施修部分应保证到段修期或辅修期,其他部分须符合编组站列检所的检修质量标准。修竣后应按规定涂打摘车修标记。

客车与货车不同,它有固定的配属段,并按规定的区段运行,所以客车的日常维修工作主要是利用旅客列车终到后、始发前在客车整备所进行,又称库列检。在运行途中,还要进行列车的技术检查。此外,在旅客列车上还派有固定的检车乘务员,负责检查车辆和车电设备的技术状态,防止因车辆技术状态不良而发生摘车或晚点;对于某些检车乘务员无力处理的故障,要及早联系前方旅客列检协助处理。

二、地对车安全监控体系 5T 系统

地对车车辆运行安全监控体系简称"5T"系统。它主要由红外线轴温探测系统(THDS)、货车运行状态地面安全监测系统(TPDS)、货车滚动轴承早期故障轨边声学诊断系统(TADS)、货车运行故障动态图像检测系统(TFDS)、客车运行安全监控系统(TCDS)组成。这些安全监控体系,能很好地为列车检修与检测提供科学依据。

1. 红外线轴温探测系统(THDS)

红外线轴温探测系统(THDS),如图 3-72 所示。

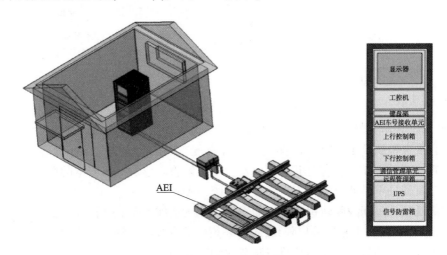

图 3-72 红外线轴温探测站设备示意图

THDS 系统利用轨边红外线探头,对通过车辆每个轴承温度实时检测,并将检测信息实时上传到路局车辆运行安全监测中心,进行实时报警。通过配套故障智能跟踪,热轴货

车车号的精确预报,重点探测车辆轴承温度,对热轴车辆进行跟踪报警,重点防范热切轴事故。

红外线轴温探测器由 5 大部分组成,即红外探头、控制部分、记录部分、信号传输部分及电源。当列车通过时,用安装在线路两侧的红外探头,来拾取每个轴承所产生的红外线并将红外线能转变成电能,即电信号;然后传输到记录器,红外值班员可根据记录的脉冲波形进行分析、比较来监测运行在铁路线上的机车车辆的轴承状况。通过为红外线轴温探测设备配套车号智能跟踪装置,增加车号、车次识别功能,可以实时取得车辆电子标签内的车号数据信息。这样就大大提高了热轴预报的准确率。

图 3-73 红外线探测站轨旁设备

红外线探测站轨旁设备(见图 3-73),包括红外轴箱扫描器(内装探头)、卡轨器、过轨管组件、车轮传感器(又称磁头)、环境温度传感器、分线箱、车号天线。

2. 货车运行状态地面安全监测系统(TPDS)

货车运行状态地面安全监测系统(TPDS),如图 3-74 所示。

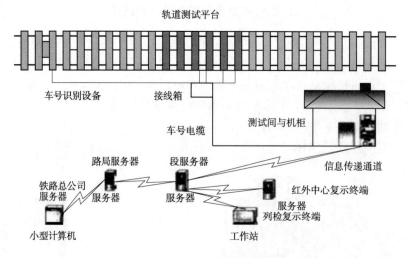

图 3-74 TPDS 设备构成示意图

TPDS 系统利用安装在铁路正线直线段上的轨边检测平台,对货车运行安全指标进行动态检测。它重点检测货车脱轨系数、轮重减载率等轮轨间的动力学参数,实现对货车运行状态分级评判,并监测车轮踏面擦伤、剥离以及货物超偏载等危及行车安全的情况。

3. 货车滚动轴承早期故障轨边声学诊断系统(TADS)

货车滚动轴承早期故障轨边声学诊断系统(TADS),如图 3-75 所示。

TADS 系统利用轨边噪声采集阵列,实时采集运动货车滚动轴承噪声,通过资料分析,及时发现货车轴承早期故障。该系统重点防范切轴事故,安全防范关口前移,对轴承故障进行早期预报。

4. 货车运行故障动态图像检测系统(TFDS)

货车运行故障动态图像检测系统(TFDS),如图 3-76 所示。

图 3-75　TADS 系统探测站的室外设备实际安装图

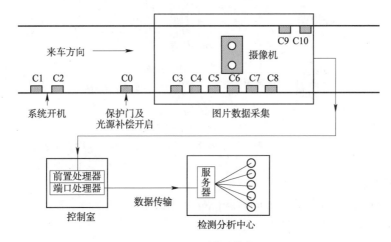

图 3-76　TFDS 系统工作流程

TFDS 系统利用轨边高速摄像头,对运行货车进行动态检测,及时发现货车运行故障,重点检测货车走行部、制动梁、悬吊件、枕簧、大部件、钩缓等安全关键部位,重点防范制动梁脱落事故,防范摇枕、侧架、钩缓大部件裂损、折断,防范枕簧丢失和窜出等危及行车安全的隐患。

5. 客车运行安全监控系统(TCDS)

TCDS 系统主要包括 4 个子系统:车载信息无线传输装置(主要包括 GPRS 通信设备、GPS 装置、CPU 板块)、客列检 WLAN 联网设备、数据转发工控机和地面服务器。

对列车运行中危及行车安全的主要设备(供电系统、空调系统、车下电源、车门、烟火报警、轴温报警器、防滑器、制动系统、车体、转向架动力学性能、轮对状态等)的工作状态,通过车载无线传输装置中的 GPRS 通信设备实现远程监控;通过车上 GPS 装置实时向地面报告列车运行信息。车站在列车到站后通过 WLAN 与地面联网,自动下载数据,并通过地面专家系统进行故障诊断和分析,定位故障,指导检修,消除安全隐患;通过 WEB 终端查询系统行车车辆段、路局、铁路总公司三级监控中心,实现车辆的安全运用、维修、管理和监督。TCDS 系统的网络结构,如图 3-77 所示。

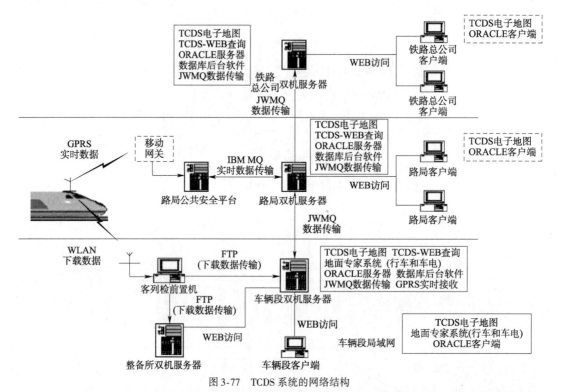

图 3-77　TCDS 系统的网络结构

复习思考题

1. 铁路车辆是如何分类的？
2. 铁路车辆是由哪几部分组成的？各部分有什么作用？
3. 车辆的技术经济参数有哪些？
4. 车号标记是由哪几部分组成的？举例说明各部分的含义。
5. 车辆的方向、零部件的位置是怎样规定的？
6. 一般货车转向架是由哪几部分组成？简述各部分的作用。
7. 带有动力的客车转向架是由哪几部分组成的？
8. 车钩缓冲装置是由哪几部分组成的？其作用是什么？
9. 车钩有哪几个作用位置？分别在什么情况下使用？
10. 沙库式密接式车钩是由哪些部件组成的？
11. 按制动源动力分，车辆制动机分为哪几类？
12. 简述空气制动机的制动作用和缓解作用。
13. 什么是 5T 系统？并说明各系统的作用。

第四章 铁路机车

第一节 概述

由于铁道车辆除动车组外一般都不具备动力装置,因此需要把客车或货车连挂成车列,由机车牵引沿着钢轨运行。在车站上,车辆的转线以及货场取送等各项调车作业,也都要由机车来完成。

一、机车分类

1. 按牵引动力分类

按牵引动力分类,可分为蒸汽机车、内燃机车、电力机车3种。

2. 按运用分类

按运用分类,可分为客运机车、货运机车、调车机车3种。客运机车要求速度高,货运机车需要牵引力大,而调车机车需要具有机动灵活的特点。

3. 按列车动力轮对分布和驱动设备的设置分类

按列车动力轮对分布和驱动设备的设置来分,可分为动力集中型和动力分散型。

4. 按列车转向架布置和车辆连接方式分类

按列车转向架布置和车辆连接方式来分,可分为独立式转向架和铰接式转向架。

5. 按机车轴数不同进行分类

按机车轴数不同,可分为4轴、6轴、8轴等机车。

二、我国铁路机车的发展情况

(一)蒸汽机车

中国第一辆蒸汽机车是1881年在唐山制造的龙号蒸汽机车。1949年新中国成立后,机车的制造从蒸汽机车起步,开始仿制旧型、改造旧型,然后进行自行设计新型机车。1952年由四方机车车辆厂制造出新中国第一台蒸汽机车(命名为解放型,代号JF)。其构造速度80km/h,全长(机车加煤水车)22634mm。这种机车随后成批生产,到1960年停止生产,共制造455台。如图4-1所示。

1956年四方机车车辆厂试制出第一台胜利型客运蒸汽机车(代号SL)。其构造速度

图4-1 解放型蒸汽机车

110km/h，全长（机车加煤水车）22618mm。这种机车随后成批生产，到1959年停止生产，共制造151台。如图4-2所示。

1957年大连机车车辆厂对解放型机车进行改造，生产了建设型货运蒸汽机车（代号JS）。其构造速度85km/h，全长（机车加煤水车）23337mm。这种机车随后成批生产，到1988年停止生产，共制造1916台。如图4-3所示。

图4-2　胜利型客运蒸汽机车

图4-3　建设型蒸汽机车

1956年9月，中国自己设计的第一台蒸汽机车终于试制成功，当时定名为和平型，"文化大革命"期间又改为反帝型，后再改为前进型，代号QJ。该车轴列式1-5-1，构造速度80km/h，全长（机车加煤水车）29180mm。到1988年停止生产，共制造4708台。前进型蒸汽机车，是我国货运主型蒸汽机车，如图4-4所示。

1957年，大连机车车辆厂对胜利型蒸汽机车进行了现代化改造，命名为人民型，代号RM。该机车全长23252mm，构造速度110km/h。如图4-5所示。

图4-4　前进型蒸汽机车

图4-5　人民型蒸汽机车

1957年，大连机车车辆厂设计了工建型工矿及调车用蒸汽机车，代号GJ。

图4-6　上游型工矿用蒸汽机车

1958年，济南机车厂设计并制造了跃进型调车用蒸汽机车，代号YJ。

1960年，唐山机车车辆厂设计并试制出第一台上游型工矿用蒸汽机车，代号SY。由于性能良好，经济适用，结构可靠，受到普遍欢迎，到目前为止共生产1600多台，机车全长21643mm，构造速度80km/h，轴列式1-4-1。上游型机车还出口到美国作为旅游用车，如图4-6所示。

1960年，由大同机车厂设计，长春机车厂试制成功了星火型地方铁路用蒸汽机车,代号 XH。

蒸汽机车的热效率太低,其总效率一般只有 5%～10%;煤水车消耗量很大,需要大量的上煤、给水设备,且对环境有较大污染。在 1988 年蒸汽机车停止生产,进入以内燃机车和电力机车牵引列车的时代。

(二) 内燃机车

我国内燃机车经历了近 60 年的发展,经过了早期试制、定型生产、自主开发、采用先进技术开发新型内燃机车 4 个阶段,累计生产了 4 代、200 多种型号的 18000 多台内燃机车。内燃机车产品,也经过了试制产品、第一代产品、第二代产品、第三代产品、第四代产品 5 个阶段。

1. 内燃机车早期试制的 5 年(1958—1963 年)

技术特征:机车或柴油机基本上是仿制国外的产品;直流电力传动匹配二冲程中速柴油机和四冲程高速柴油机;液力传动匹配四冲程高速柴油机;设计技术水平低,可靠性差。

代表产品:建设、巨龙、先行、卫星等。如图 4-7 所示。

a)巨龙号电力传动内燃机车　　　　　　　b)卫星型内燃机车

图 4-7　早期试制的内燃机车

2. 国产第一代内燃机车设计生产的 5 年(1964—1968 年)

技术特征与早期试制阶段的内燃机车相同,但性能有所提高。

代表产品有东风、东风$_2$、东风$_3$、东风$_{2增}$、东风$_{增}$、东方红$_1$等。如图 4-8 所示。

a)东风$_2$型内燃机车　　　　　　　b)东方红$_1$型内燃机车

图 4-8　国产第一代内燃机车

3. 国产第二代内燃机车开发生产的20年(1966—1988年)

技术特征:机车、柴油机及主要部件都是我国自主开发的;机车技术性能和可靠性、经济性有了大幅度提高;液力传动既配高速柴油机也配中速柴油机。

代表产品有东风$_{4A}$、东风$_B$、东风$_C$、东风$_5$、东风$_7$、东风$_8$、东方红$_3$、北京等(北京型和东方红型都是液力传动内燃机车,1991年停止生产,并逐步淘汰)。如图4-9所示。

a)DF$_5$型内燃机车

b)DF$_8$型内燃机车

c)北京型内燃机车

d)东方红$_3$型内燃机车

图4-9 国产第二代内燃机车

4. 国产第三代内燃机车开发生产的10年(1989—1998年)

技术特征:干线机车采用与国外合作开发或进一步自主开发的新型16V240ZJD(及其系列)和16V280ZJA型柴油机;干线机车为中速柴油机匹配交直流电传动;采用微机控制;准高速机车采用牵引电动机架悬式转向架;机车整体水平有了很大提高。

代表产品:东风$_6$、东风$_{11}$、东风$_{8B}$、东风$_{4D}$、东风$_{10F}$等,如图4-10所示。

a)东风$_{4D}$型内燃机车

b)东风$_{11}$型内燃机车

图4-10 国产第三代内燃机车

5. 国产第四代内燃机车开发生产(1999年至今)

技术特征:采用交直交电传动(直接采用第三代逆变器 IBGT);辅机交流电传动;机车微机控制;柴油机电子喷射;客运机车牵引电动机架悬、货运机车径向转向架。

代表产品:捷力号(日本三菱公司 IPM)、$DF8_{CJ}$、$DF8_{DJ}$(西门子 IGBT 功率模块)、$HX_{N5(GE)}$、出口澳大利亚内燃机车(SDA1)和 4400HP 机车等,如图 4-11 所示。

a)DF_{8CJ}型内燃机车

b)DF_{8DJ}型内燃机车

c)$HX_{N5(GE)}$型内燃机车

d)(SDA1)型内燃机车

图 4-11　国产第四代内燃机车

我国几种内燃机车的概况,见表 4-1。

我国内燃机车的主要性能参数　　　　　　　　　　　　表 4-1

机车型号 项目	DF_{4D}货运	DF_{4D}客运	DF_{8B}	DF_{11G}	HX_{N3}
用途	干线货运	干线客运	干线客货运	干线货运	干线客运
传动方式	交-直	交-直	交-直	交-直	交-直-交
柴油机	16V240ZJD	16V240ZJD	12V280	12V280ZJA	16V265H
轴列式	C_0-C_0	C_0-C_0	C_0-C_0	$2(C_0-C_0)$	C_0-C_0
轴重(t)	23	23	23	23	23
机车装车功率(kW)	2940	2940	3680	2×3610	4660
最大速度(km/h)	100	170	100	170	120
通过最小曲线半径(m)	145	145	145	145	250

(三)电力机车

我国最早使用电力机车在1914年,是抚顺煤矿使用的1500V直流电力机车。从1958年研制成第一台国产单相工频电力机车至今,已走过近60年的历程。电力机车在近60年的风雨中不断发展进步,前后共经历了3个阶段,开发出4代产品,实现了从仿制到自主研制再到整车出口,从普通载重到重载,从常速到高速,从交直流传动到交流传动的历史性飞跃。

1. 早期引进仿制阶段

第一阶段为早期引进仿制阶段(1956—1968年)。1957年,开始研究设计电力机车。1958年,试制出了中国第一台电力机车,即6Y1型干线电力机车。1968年,经过对6Y1型10年的研究改进,将引燃管整流改为大功率半导体整流,试制出韶山1型,代号SS_1。1969年开始批量生产,到1988年止,共生产826台。如图4-12所示。

a)中国第一台电力机车6Y1型

b)SS_1型电力机车

图4-12 中国第一代电力机车

2. 艰难成长阶段

第二阶段为我国电力机车艰难成长阶段(1968—1988年)。1969年,株洲电力机车研究所和株洲电力机车厂联合研制了SS_2型电力机车试验车。1978年设计试制了大功率电力机车SS_3型客货两用干线电力机车。SS_3型为国产第二代电力机车。如图4-13所示。1985年设计试制了8轴货运SS_4型电力机车,最大速度100km/h。SS_4型为第三代国产电力机车。SS_4型电力机车是由各自独立且又互相联系的两节车组成,每节车均为一个完整的系统。进入20世纪80年代后期,以SS_1型、SS_3型机车为基础,我国先后研制成功了SS_{3B}型、SS_4型、SS_6型、SS_7型和SS_8型、SS_9型等系列机车,其中以SS_4改型重载和SS_9、SS_{7E}型客运为代表的我国电力机车技术,已完成了从级间调速到相控无级调速的技术升级换代,全面采用微机控制和故障检测、诊断技术,使我国交直传动电力机车达到了国际同类产品的先进水平。如图4-14所示。

a)SS_3型电力机车

b)SS_{3B}型电力机车

图4-13 国产第二代机车

a) SS$_4$型电力机车

b) SS$_{4G}$型电力机车

图 4-14　国产第三代机车

3. 迅速发展阶段

第三阶段为我国电力机车迅速发展阶段(1990 年至今)。进入 20 世纪 90 年代后期,电力机车最高运行速度实现由 100km/h 到 160km/h 准高速的飞跃。1999 年,我国首次设计速度为 200km/h 的高速动力车诞生,并投入广深高速铁路运营,目前我国已研制成功具有自主知识产权的 160km/h 和 210km/h 三相交流传动电力机车,标志着我国机车交流传动技术已大大缩小了与国外先进水平的差距,进入实用化、产业化发展阶段。SS$_{7E}$型客运电力机车采用独立通风系统,微机 + LCU,辅助系统采用了辅助变流器。机车功率持续 4800kW,最大速度 160km/h。SS$_9$型干线客运电力机车,采用了许多国际客运机车先进技术,是我国干线铁路牵引旅客列车功率最大的机车,最高速度为 170km/h。2002 年自主研制开发了 200km/h 交流传动客运电力机车 DJ$_3$(天梭号)。2006 年开始生产的和谐系列电力机车,是中国中车与国外企业合作,引进先进技术,并国产化的新一代交流传动货(客)运机车。分为每轴 1200kW 的 HX$_{D1}$、HX$_{D2}$、HX$_{D3}$;HX$_{D1B}$、HX$_{D2B}$、HX$_{D3B}$ 两代 9600kW 大功率机车。其最高速度均为 120km/h。2012 年,新推出了专用于准高速客运的两款六轴机车,总功率 7200kW 的 HX$_{D1D}$、HX$_{D3D}$ 型电力机车,最大运营速度 160km/h。现在又生产了八轴交流传动快速客运电力机车 HX$_{D1G}$ 和 HX$_{D3G}$。其运营速度 210km/h。国产第四代机车,如图 4-15 所示。

a) SS$_{7E}$型电力机车

b) SS$_9$型电力机车

图　4-15

c) DJ$_3$型(天梭号)电力机车

d) HX$_{D3}$型电力机车

图 4-15　国产第四代机车

我国几种电力机车的概况，见表 4-2。

几种国产电力机车的主要性能参数　　　　　表 4-2

机车型号	SS$_1$	SS$_3$	SS$_4$	SS$_6$	SS$_{7E}$	SS$_9$	HX$_{D3}$
用途	货运	客货两用	货运	客货两用	客运	客运	货运
轴式	C_0-C_0	C_0-C_0	$2(B_0-B_0)$	C_0-C_0	C_0-C_0	C_0-C_0	C_0-C_0
网压	25kV 50Hz	25kV 50Hz	25kV 50Hz	25kV 50Hz	25kV 50Hz	25kV 50Hz	25kV 50Hz
额定功率(kW)	4200	4320	6400	4800	4800	4800	7200
最大牵引力(kN)	487	470	627.8	485	485	286	570
最大速度 km/h	95	100	100	100	170	170	120
机车总重(t)	138	138	184	138	138	126	150
轴重(t)	23	23	23	23	23	21	25

三、机车的牵引特性

机车的牵引特性除取决于牵引电动机的工作特性外，还取决于柴油机的工作特性。机车牵引力和速度取决于牵引电动机的转矩和转速，从而也就决定了机车的牵引特性。机车牵引列车运行是由于它具有相当大的牵引力，用来克服列车起动时和运行中所受的阻力。机车牵引力(F)和运行速度(v)的乘积，就是机车的功率(N)。

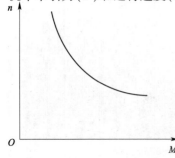

图 4-16　直流串励电动机转速与转矩
　　　　关系示意图

对于直流电传动机车，由于直流电动机励磁形式的不同，其特性各异。按励磁线圈接入电枢的方式不同，可分为串励、并励和复励。但只有串励电动机适合于机车牵引。串励牵引电动机的转矩和转速能按照列车运行阻力和线路条件的变化进行自动调节(见图 4-16)，具有恒功率特性，即具有人们常说的牛马特性；上坡时，电流很大，速度很慢，但理论上不会停车(即特性曲线永远不会与横坐标相交)，即爬坡像牛一样的有劲；而在平直区段行驶时大多电流很小，速度很快，理论上可以达到无限快(即特性曲线永远不会与纵坐标相交),即平道行驶像马一样跑得快。

内燃机车的动力装置是柴油机,而柴油机的特性是功率与速度近似成正比变化,只有在标定转速下才可能达到标定功率。为了使柴油机的功率得到充分发挥和合理利用,实现机车牵引特性的要求,内燃机车需要设传动装置,将柴油机的转矩、功率、转速特性转换为内燃机车的牵引特性:即机车起动和低速牵引时有较大的牵引力;列车起动后,当机车主控制手柄处于给定级位,柴油机转速、功率一定,列车运行阻力小于机车牵引力时(加速度为正值),机车速度沿牵引特性曲线提高(牵引力随之减小);当列车阻力大于机车牵引力时(加速度为负值),机车速度沿牵引特性曲线下降(牵引力随之增大)。通过设置传动装置而得到内燃机车的牛马特性。

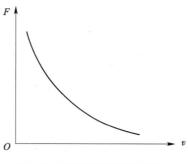

图 4-17　机车理想牵引特性曲线

把对机车的牵引力 F 和速度 v 的这种要求表示在坐标上,该是一条双曲线,如图 4-17 所示。这条曲线叫作机车理想牵引曲线,任何一种机车的牵引性能,都应与它相符合。

第二节　内　燃　机　车

内燃机车是以内燃机为原动力,通过传动装置驱动车轮的一种机车。内燃机车的热效率可达 30% 左右,机车的整备时间短,持续工作的时间长,适用于长交路;用水量少,适用于缺水地区;初期投资比电力机车少,而且机车乘务员劳动条件好,便于多机车牵引。但内燃机车最大的缺点是对大气和环境的污染。内燃机车按传动方式的不同可分为电力传动和液力传动两种类型,而大部分内燃机车都是电力传动的。

一、电力传动内燃机车

电力传动内燃机车的能量传输过程是由柴油机驱动主发电机发电,然后向牵引电动机供电,并通过牵引齿轮驱动机车轮对旋转。

内燃机车主要由柴油机、传动装置、走行部、车体、车底架、车钩缓冲装置、制动装置和辅助装置等部分组成。如图 4-18 所示。

(一) 柴油机

柴油机是利用柴油燃烧后所产生的热能作动力的一种机械,多为四冲程、多缸、废气涡轮增压柴油机。柴油机用一定的符号表示,如 DF_{4B} 型内燃机车上采用的"16V240ZJB"型柴油机,如图 4-19 所示。该型柴油机的符号:表示它有 16 个气缸;分成两排形成 V 形排列,气缸内径为 240mm;Z 表示装有废气涡轮增压器和增压空气中间冷却器;J 表示铁路牵引用;B 表示产品改进符号。它是一种四冲程机车用柴油机。

1. 柴油机的工作原理

四冲程柴油机的工作原理,如图 4-20 所示。活塞通过连杆与曲轴相连;在气缸盖上设有进、排气门和喷油嘴喷入气缸并与高温高压空气相遇,燃烧膨胀做功。活塞需要经过往复四个行程,柴油机才能完成进气、压缩、燃烧膨胀、排气一个工作循环。

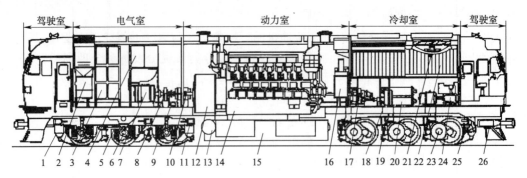

图 4-18 DF₄ᵦ 内燃机车总体布置

1-撒砂装置;2-电阻制动装置;3-电器柜;4-硅整流柜;5-牵引装置;6-走行部;7-启动辅助电机;8-启动变速箱;9-测速发电机;10-励磁机;11-制动缸;12-主发电机;13-总风缸;14-柴油机;15-燃油箱;16-预热锅炉;17-静液压变速箱;18-通风机;19-电机悬挂装置;20-机油热交换器;21-冷却风扇;22-冷却器;23-牵引电动机;24-空气压缩机;25-基础制动装置;26-车钩缓冲装置

图 4-19 16V240ZJB 型柴油机

(1)进气冲程。活塞由曲轴带动从上止点向下止点移动,活塞上方的容积不断增大,气缸内的气压不断降低,产生真空吸力。此时,进气门开启、排气门关闭,经空气滤清器过滤后的纯净空气进入气缸,当活塞移动到下止点位置时,进气行程结束。

(2)压缩行程。随着曲轴转动,活塞由下止点向上止点移动。与此同时,进、排气门均关闭,活塞压缩纯空气,使其温度和压力同时升高。当活塞移动到上止点时,压缩行程结束。

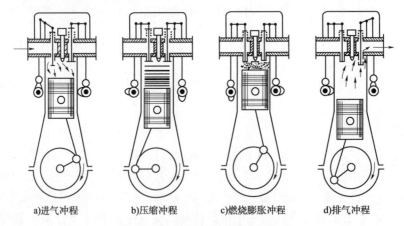

图 4-20 四冲程柴油机工作原理示意图

(3)做功行程。压缩行程末,喷油泵将油箱输送来的低压柴油经柴油滤清器变为高压柴油,经喷油器呈雾状喷入气缸内,与气缸内的高温空气迅速混合形成可燃混合气。由于此时气缸内的温度远高于柴油的自燃温度,柴油便自行着火燃烧,且在以后的一段时间内边喷油边燃烧,气缸内的温度和压力急剧升高,推动活塞下行做功。

(4)排气行程。当做功行程结束后,在曲轴飞轮组惯性力的作用下,活塞又从下止点向上止点移动。此时进气门关闭,排气门开启,燃烧产生的废气在活塞的推动下从排气门排出。当活塞再次到达上止点时,排气行程结束。

四冲程柴油机就是这样不断地工作,把柴油燃烧产生的热能转变成机械能。

2. 柴油机的构造组成

柴油机由机体、曲柄连杆机构、配气机构、进排气系统、燃油供给系统、机油系统、冷却系统组成。

(1)机体:用于安装柴油机的固定机件,如图 4-21 所示。

(2)曲柄连杆机构,如图 4-22 所示。它主要包括活塞组、连杆组、曲轴组等部件。它的作用是将燃料在缸内产生的热能转变成机械能,并把活塞的直线运动转变为曲轴的旋转运动。

(3)配气机构:它是柴油机进气、排气过程的控制机构。它根据柴油机气缸的点火顺序,准时地开启和关闭进、排气门,并与进、排气系统相配合,保证柴油机尽量多地排出废气和提高充气量。

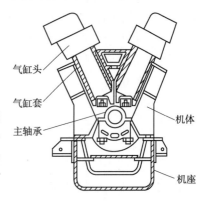

图 4-21 固定机件

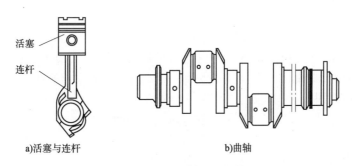

a)活塞与连杆　　　b)曲轴

图 4-22 柴油机曲柄连杆机构

(4)进、排气系统:它的作用是向气缸供给充足、清洁的空气,同时尽可能干净地排出气缸中燃烧膨胀的废气,并将废气的能量充分地加以利用,以提高柴油机的进气压力。它主要由空气滤清器、废气涡轮增压器、中间冷却器和进排气管道组成。

(5)燃油供给系统:它的任务是按照柴油机的运转工况,适时、定量地向气缸内喷射雾化的燃油,使之与空气很好地混合以利于燃烧,保证柴油机的正常工作。它主要由燃油箱、燃油粗滤器、燃油输送泵、燃油精滤器等燃油输送装置及喷油泵、高压油管和喷油器等燃油喷射装置组成。

(6)机油系统:其任务是向柴油机各运动零部件的摩擦表面供给带有一定压力的、温度适宜的、洁净的机油,在对各零部件进行润滑、减小摩擦和磨损的同时,冲洗摩擦表面的磨屑带走摩擦产生的热量。机油系统是由机油泵、机油滤清器、机油热交换器及管路组成。

(7)冷却系统:它对柴油机实行适当的冷却,以保证柴油机的主要零部件在适宜的温度状态下工作,并保持较高的新鲜空气密度和机油的黏度与品质,以保证柴油机高效能的持久工作。冷却系统分为高温水系统和低温水系统。它由水泵、散热器、冷却风扇和膨胀水箱组成。

(二)传动装置

传动装置是柴油机曲轴与机车动轴之间的传速比可变的中间环节。其作用是使柴油机的功率传到动轴上并符合机车牵引要求。

DF_{4B}型内燃机车传动装置为交-直流电力传动装置。它主要由主发电机、整流装置和牵引发电机等组成。

1. 主发电机

主发电机主要由转子和定子两部分构成。

转子上绕有励磁绕组,做成磁极,只要通入直流电就能产生磁场,直流电是由励磁机供给,直流电输入磁极线圈后,使磁极铁芯励磁。

在定子槽中绕有定子线圈,又叫电枢绕组。当转子(磁极)被柴油机带动而旋转时,形成旋转磁场。根据电磁感应定律,电枢绕组便切割磁力线产生感应电动势,从而发出三相交流电,供给直流牵引电动机使用。

2. 整流装置

由于在交-直流电力传动装置中采用的是直流电动机,因此发电机产生的交流电还必须经过整流后才能向直流电动机供电,利用硅二极管的单向导电特性,即可完成整流任务。

3. 牵引电动机

在电力传动内燃机车上,一般都采用直流串励电动机。这是因为这种电动机的转矩和转速能按照列车运行阻力和线路条件的变化自动进行调节。当机车上坡运行或负载加大时,电机的转速能随着转矩的增大而自动降低,两者的关系非常接近理想牵引性能曲线,可以满足列车牵引的要求。

电动机的构造,主要由定子和转子两部分组成。如图 4-23 所示。

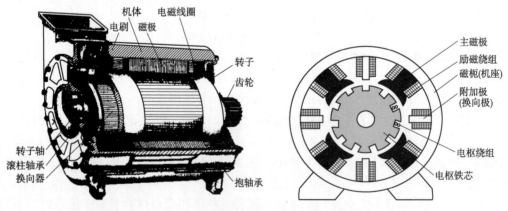

图 4-23 直流串励电动机

(1)定子:它是固定部分,由机座、励磁绕组和电刷等组成,用来形成磁场。

(2)转子:它是定子的磁极当中旋转的部分。由电枢轴、电枢绕组和整流子等组成。定子上的电刷紧贴整流子,直流电由电刷经整流子而进入电枢绕组后,在定子形成的磁场作用下,使转子转动,将电能转变成机械能,并通过电枢轴上的主动齿轮传给动轮上的从动齿轮,使机车运行。

（三）交-直流电力传动工作原理、机车的换向及交流传动装置

1. 交-直流电力传动工作原理

交-直流电力传动的工作原理，如图 4-24 所示。

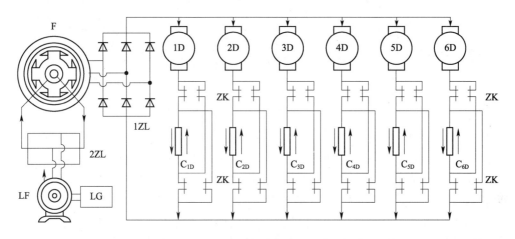

图 4-24　交-直流电力传动的工作原理示意图

柴油机的曲轴输出端与发电机的转子连接在一起，组成柴油发电机组。当柴油机工作时，便带动转子旋转，如果给励磁绕组输入电流，发电机便可发出三相交流电，把机械能变成交流电能；经三相桥式硅整流柜 1ZL 整流后变为直流电，再供 6 台并联的牵引电动机 1D～6D 使用。此时，又把电能变成了机械能，通过传动齿轮驱动车轮旋转，使机车运行。

牵引发电机 F 的励磁机 LF 也是一台三相交流发电机，它是由柴油机曲轴通过变速箱带动的。励磁机 LF 发出的交流电，经过一个小型的三相桥式硅整流柜 2ZL 整流后，将直流电送给主发电机 F 的励磁绕组。而励磁机 LF 本身的励磁电流，则是由辅助发电机经过励磁柜 LG 供给。此外，为了控制和保护柴油机及电机等部件的正常工作，调节电路中的各种转换等，在机车上还设有各种电器，如控制电器、保护电器、测量电器以及辅助传动装置等。

2. 机车的换向

机车的运行方向是由牵引电动机的旋转方向决定的。只要改变牵引电动机中励磁绕组的电流方向就能改变牵引电动机的旋转方向，从而改变机车的运行方向。改变励磁绕组电流方向是通过转换开关 ZK 控制换向器来实现的：当 ZK 接通左边一组触点时，各台牵引电动机上的励磁绕组 C_{1D}～C_{6D} 的电流如图 4-24 中实线箭头所表示的方向，机车运行方向为前进；若改变转换开关触点，使它右边一组接通时，励磁绕组上的电流方向正好相反，如图 4-24 中虚线所表示的那样，从而改变了牵引电动机的旋转方向，机车运行方向也就由前进变为后退了。

3. 交流传动装置

目前，机车普遍采用交流传动装置。如 NJ_1 和东风$_{4D}$ 型机车都为交流电传动内燃机车。交流传动系统是将发电机发出的交流电先经过整流器变换成直流电，再通过逆变器将直流电变换成电压、频率可调的三相交流电，供给三相交流异步牵引电动机驱动机车动轮旋转。

（四）转向架（走行部）

内燃机车采用构架式转向架的形式，如图4-25所示。

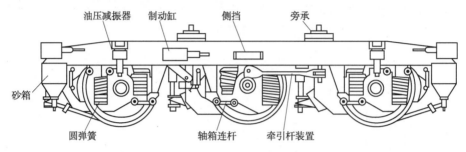

图4-25　DF_{4B}内燃机车转向架

机车转向架的作用是承受车架以上各部分的重量，包括车体、车架、动力装置以及辅助装置等，保证必要的黏着；并把轮轨接触处产生的轮周牵引力传递给车架、车钩，牵引列车前进。缓和线路不平顺对机车的冲击和保证机车具有较好的运行平稳性、稳定性。保证机车顺利通过曲线，产生必要的制动力，以便于使机车在规定的制动距离内停车。

DF_{4B}型内燃机车采用两台三轴转向架。每个转向架主要由构架、轮对、轴箱、摩擦旁承、牵引杆装置、电动机悬挂装置、基础制动装置及撒砂装置等部分组成。

（1）构架：它是转向架的骨架，用以联系转向架的各个组成部分。在每个转向架上安有三台牵引电动机，接收柴油发电机组的能量而产生牵引力，使机车运行。

（2）弹簧装置：它用来保证一定的轴重分配，缓和线路不平顺对机车的冲击并保证机车的运行平稳性。

（3）连接装置：它是将机车车体与转向架连接在一起，并且传递牵引力和制动力的机构；可以比较容易地实现低位牵引，减少轴重转移，提高机车的黏着力。

（4）轮对与轴箱：轮对直接向钢轨传递机车重量，通过轮轨的黏着产生牵引力或制动力，并通过轮对的回转实现机车在钢轨上的运行。轴箱是联系构架和轮对的活动关节，它除了保证轮对进行回转运动外，还能使轮对适应线路等条件，相对于构架上下、左右和前后活动。

（5）驱动机构：它将机车动力装置的功率最后传递给轮对。电传动内燃机车的驱动机构由减速齿轮箱等组成；液力传动内燃机车的驱动机构，由万向轴、车轴齿轮箱等组成。

（6）基础制动装置：由制动缸传来的力，经杠杆系统增大若干倍后传给闸瓦，使其压紧车轮，对机车进行制动。它采用独立作用式单侧闸瓦制动。

（五）车钩缓冲装置

车钩缓冲装置设在车体底架的牵引箱内，是机车的重要部件之一，用于机车和车辆的自动连接与分解，并且传递机车牵引力和机车与车辆之间的压缩力；缓和及衰减机车运行中由于牵引力变化和制动力前后不一致而引起的冲击和振动；保证列车的运行安全。

内燃机车和电力机车车钩与缓冲器及其构造、作用与车辆上使用的车钩与缓冲器类似。

（六）制动装置

内燃机车一般采用JZ-7型空气制动机，可客、货兼用。它主要由风源部、控制部、中继阀及执行部组成。风源部为制动机提供风源，由空气压缩机、总风缸、油水分离器、调压器等组成;控制部为制动机的操纵部件,包括自动制动阀、单独制动阀及紧急制动阀;中继阀为控制指令的传递部件,包括中继阀、分配阀、变向阀、作用阀;执行部为制动机制动力的执行部件,包括制动缸、闸瓦及闸瓦间隙自动调整器。另外,还设有均衡风缸、过充风缸、降压风缸、工作风缸、紧急风缸、作用风缸及无动力回送装置、管道滤波器、双针压力表、各种塞门和人力制动机、撒砂装置等部件。

还有部分内燃机车采用 CCB-Ⅱ制动控制系统。CCB-Ⅱ制动控制系统为一基于网络的电动-气动空气制动系统,用于干线货运机车和客运机车。CCB-Ⅱ制动控制系统,由 EPCU——电空控制单元、EIPM——集成处理器模块、EBV(2)——电子制动阀 3 个主要部分组成。

二、液力传动内燃机车

液力传动内燃机车,原动力仍然是柴油机,在柴油机与动轮之间,装有一套液力传动装置,利用工作油改变柴油机的外特性,以适合列车运行的要求。

液力传动装置主要由液力传动箱、车轴齿轮箱、换向机构和相互连接的万向轴等组成,如图 4-26 所示。在液力传动系统中,为了提高变矩器在机车不同运行速度时的传动效率,安装了两个变矩器(起动变矩器、运转变矩器)。两个变矩器的涡轮安装在实心轴的涡轮轴上。功率从涡轮轴(或换向轴)通过中间的齿轮传输,经万向轴分别传给两台转向架上的车轴齿轮箱,再通过锥形齿轮驱动机车的动轮旋转。

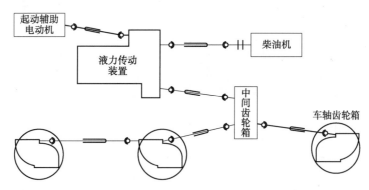

图 4-26 液力传动示意图

在液力传动箱中还设有换向机构,用来安全可靠地操纵换向离合器的开与关,以控制机车的运行方向。

液力变矩器的工作原理,如图 4-27 所示。泵轮轴即液力变矩器的输入轴,由柴油机通过万向轴及齿轮驱动;涡轮轴即液力变矩器的输出轴,再通过万向轴及齿轮驱动机车动轮。柴油机曲轴驱动泵轮,泵轮不断地从油箱中吸出工作油,并使工作油以很高的速度流出泵轮,通过管路工作油进入涡轮,并冲击涡轮叶片,推动涡轮旋转;转动的涡轮轴再通过齿轮驱动机车动轮,由涡轮流出后的工作油又进入油箱循环使用。在这个过程中,泵轮将柴油机的机械能转化成工作油的动能,又通过涡轮将工作油的动能转化成涡轮轴输出的机械能,工作油只是传递能量的媒介。

液力变矩器是由泵轮、涡轮、导轮这 3 个均带有叶片的工作轮组成,如图 4-28 所示。导轮固定在壳体上,与示意图不同的是泵轮轴为空心轴,由柴油机曲轴通过齿轮驱动,输入功率,涡轮轴穿过泵轮空心轴,通过齿轮输出功率并驱动机车动轮。液力变矩器工作时,工作油流经各工作轮的顺序为:泵轮→涡轮→导轮→泵轮。涡轮的转动方向与泵轮的转动方向是相同的。如果不向变矩器内充入工作油,涡轮将无扭矩输出并停止转动,机车停车,泵轮空转。

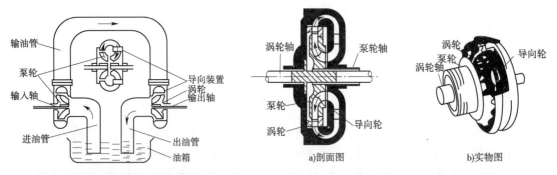

图 4-27　液力变矩器的工作原理示意图　　　　　图 4-28　液力变矩器

列车在运行过程中,运行阻力增加时,涡轮轴由于负载阻力扭矩增加而转速降低,这使得泵轮与涡轮间的相对转速增加,工作油对涡轮叶片的冲击力增加,使涡轮轴的输出扭矩增大,机车的牵引力增大,速度减小,直至涡轮轴的输出扭矩与负载阻力扭矩平衡。反之,当列车运行阻力减小,机车牵引力减小,速度增大。因此液力变矩器能够根据列车运行阻力的变化,自动地完成调节机车牵引力的大小,并基本上维持输出功率的恒定,使机车具有良好的牵引特性。

第三节　电力机车

电力机车是利用电能由电动机驱动运行的机车或动车。电力机车平均热效率比内燃机车高。它在提高铁路运输能力、合理利用能源、保护生态环境方面,是最理想的牵引动力。

电力机车按照传动方式不同,分为直流传动电车机车和交流传动电力机车。直流传动电力机车根据供电电流不同,又分为直流供电和交流供电两种。我国目前韶山系统电力机车是交流供电直流传动。1996年株洲电力机车厂和株洲电力机车研究所成功研制中国第一台交-直-交流电传动 AC4000 型电力机车。之后开始生产 DJ 系列机车,并于 2006 年大规模采用交流传动技术,生产了和谐(HXD)系列电力机车。

(一)电力机车的基本构造

电力机车主要由车体、车底架、转向架(走行部)、车钩缓冲装置、制动装置和一整套电气设备等组成。其中除电气设备外,其余部分都同交-直流电力传动内燃机车相似。

1. 车体

车体,它由底架、侧墙、端墙和车顶组成。车体是通过中心销支撑在转向架上,或者通过牵引杆装置、支撑装置与转向架相连,用来传递牵引力或制动力的。车体下部装有制动装置、车体顶部装有受电弓和其他电器。底架位于车体下部,是主要的承载构架。在底架的两端分别装有车钩缓冲装置。驾驶室一般设在车体的两端，与走廊相连。驾驶室安装有控制设备，如司机控制器、制动阀、按钮开关、监测仪器和各种信号指示灯。

2. 转向架

我国电力机车的转向架有二轴转向架和三轴转向架两种；每台机车可以有两台转向架，也可采用三台转向架。例如 SS_{7E} 型电力机车采用两台三轴转向架，在每根轴上都装有一台牵引电动机，轴列式为 C_0-C_0。如图 4-29 所示。

图 4-29　SS_{7E} 型电力机车转向架

3. 电器部分

电器部分包括硅整流机组、制动电阻、司机控制器、接触器、继电器、转换开关、按钮开关、电空阀等。通过这些电器的开闭和转换，完成机车的起动、调速、反向等的转换工作。这些控制电器，均由稳压电源和蓄电池组成的 110V 直流电源供电，完成电控动作。

为了保护机车的电气设备在使用中免受损害，车体上还装有监视各机组工作、显示和电气设备工作状态的保护设备和仪表等。司机可以通过它们的显示，了解机车工作状态。

4. 空气管路系统

空气管路系统，包括风源管路系统、控制管路系统、辅助管路系统和制动机系统。

(1) 风源管路系统为机车和车辆提供洁净、干燥和稳定的压缩空气，以保证列车制动系统、空气弹簧、风动门装置及气动电器等正常工作。

(2) 控制管路系统向机车受电弓、主断路器及高压电器柜内的电空接触器、转换开关等机车气动电器提供压缩空气，以保证机车的安全、正常使用。

(3) 辅助管路系统用以改善机车运行条件、确保机车运行安全。它主要由撒砂器、喇叭、刮雨器、轮缘润滑装置及其连接管路组成。

SS_8 型电力机车制动机系统以 DK-1 型机车电空制动机为基础，设有对旅客列车施行电空制动功能，机车空电联合制动功能与机车速度分级控制系统或速度监控装置配合实行速度分级控制及超速防护功能。对旅客列车具有独立于列车管的供风功能，以满足车辆风动门装置及空气弹簧用压缩空气的需要。和谐号电力机车使用 CCB-Ⅱ 制动机系统。

(二) 电力机车的电气设备及其电路

电力机车上设有各种复杂电气设备，而所有电气设备，则分别装设在主电路、辅助电路和控制电路这 3 条回路中。

1. 主电路

主电路将产生机车牵引力和制动力的各种电气设备连成一个系统，实现机车的功率传输。主电路中包括的电气设备主要有受电弓、主断路器、主变压器（即牵引变压器）、整流调压装置、平波电抗器、牵引电动机和制动电阻等。

(1)受电弓:机车顶部一般装有两套受电弓,受电弓的弓头紧压接触网导线滑行,从电网上取得电流。机车运行时只需升起一套受电弓,另一套受电弓作为备用。受电弓弓头滑板一般采用耐磨的碳晶材料。

(2)主断路器:它是电力机车的一个重要部件。它担负着断开和接通接触网接入机车 25kV 的电路任务,并且对主电路的短路、过流、接地等故障状态起最后一级保护作用。如 SS_8 型电力机车采用外隔离开关断路器。分断时,主触头先行分开将电流切断,经过一段延时后,隔离开关再分开形成电路隔离,之后主触头自行恢复闭合状态;闭合时,只需将隔离开关的闸刀合上即可。另外,这种空气断路器是利用压缩空气来灭弧,并且利用压缩空气作为操作能源的电器。

(3)主变压器:它又称牵引变压器。它把从接触网上取得的 25kV 高压电降低为牵引电动机所适用的电压。变压器一般有 4 个绕组:1 个原边绕组接 25kV 高压电;3 个副边绕组。其中,牵引绕组用来向牵引电机供电;励磁绕组用在电阻制动时给电动机提供励磁电流;辅助绕组用来给机车的辅助电动机供电。

(4)硅整流装置:它用来把牵引变压器副边牵引绕组的交流电整流成可调节的直流输出电压,从而可以改变牵引电动机的端电压,达到调节机车速度的目的。

(5)平波电抗器:经整流后的输出电压是脉动电压,由于脉动电压在牵引电动机电路中产生脉动电流,脉动电流影响牵引电动机的换向,而牵引电动机自身的电感很小,不足以将电流滤平到允许的脉动范围内,所以要求在牵引电动机电路中串接平波电抗器。

(6)牵引电动机:采用抱轴式半悬挂或空心轴传动全悬挂结构,安装在转向架上,当牵引电动机受电旋转时,通过电枢轴轴端的齿轮带动轮轴上的大齿轮使轮轴转动。牵引电动机转速不同,机车运行速度就不同;电枢的转向改变,机车运行的方向也改变。

2. 辅助电路

辅助电路电源来自主变压器的辅助绕组,通过劈相机将单相交流电转变成三相交流电后,供给牵引通风机、油泵机组和空气压缩机等辅助电机使用。

3. 控制电路

控制电路将主电路和辅助电路中各电气设备的控制电器(包括各种控制开关、接触器、电空阀)同电源、照明、信号等控制装置连成一个电系统。

以上 3 个电路系统在电气方面是相互隔离的,但三者通过电-磁、电-空或电-机械传动等方式相互联系、配合动作,用低压电控制高压电,以保证操作的安全和实现机车的运行。

第四节 电气化铁道牵引供电系统

电气化铁路是指由电力机车或动车组这两种铁路列车为主所行走的铁路。由于电力机车或动车组本身不带电源,所需能源由电力牵引供电系统提供。

一、牵引供电系统的组成、功能、电流制

1. 牵引供电系统的组成

牵引供电系统,包括牵引变电所、接触网、馈电线、钢轨和回流线。其组成,如图 4-30 所示。

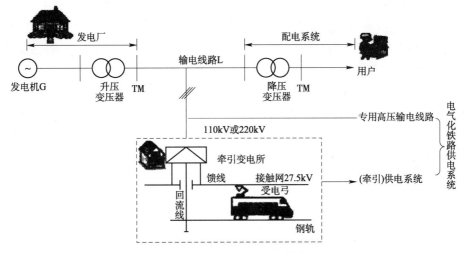

图4-30 牵引供电系统示意图

(1)牵引变电所:它是沿铁路线建设,向电力机车供电的电力变电所。所内有变、配电设备,电力控制及自动设备等。

(2)接触网:它是向电力机车输送电能的供电网。电力机车通过受电弓和接触网滑动接触取得电能。

(3)馈电线:它是用于连接牵引变电所和接触网的导线,把牵引变电所电能馈送到接触网。

(4)钢轨:它在非电牵引的情况下,作为列车走行轨;在电气化铁道中,钢轨还完成导电回流的任务,并由连接钢轨和牵引变电所的回流导线,把钢轨中的电流导回牵引变电所。

2.牵引供电系统的功能

如图4-31所示,牵引供电系统的主要功能是将地方电力系统(电厂)的电源(交流电气化铁路:AC 110kV 或 AC 220kV)引入牵引供电系统的牵引变电所,通过牵引变压器变压为适合电力机车运行的电压制式(交流电气化铁路:AC25kV 或 AC2×25kV),向电力机车提供持续电能。

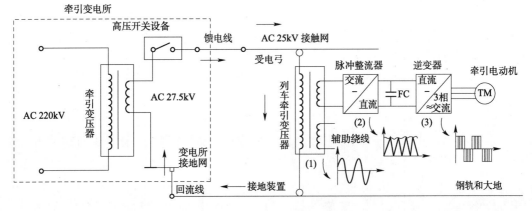

图4-31 牵引供电系统的工作过程

电力牵引负荷为一级负荷,引入牵引变电所的外电源应为两路独立可靠的电源,并互为热备用,能够实现自动切换。

3. 电流制

电流制是指电气化铁道接触网上所用电能的电流种类。电流制经历了从直流到交流、从低频到工频的发展过程。常见的电流制有如下4种:

(1)直流制是以直流电源经接触网供电给电力机车能源。

(2)三相交流制是应用两根接触导线和一根钢轨形成三相供电系统,机车采用三相异步电动机,设备简单,维修方便,但调速困难、接触网结构复杂且不安全。

(3)低频单相交流制采用低于工业频率的单相交流电源进行供电。

(4)工频单相交流制是采用工业频率的单相交流电源供电的制式,供电电压25kV。我国第一条电气化铁路线路宝鸡至凤州就是这种电流制,至今我国还在使用这种电流制。

工频单相交流制的优越性是:牵引供电系统的结构简单,牵引变电所间距大、数目少,机车黏着性能和牵引性能良好。

二、电气化铁道牵引供电系统主要设施

(一)牵引变电所

牵引变电所(图4-32)是牵引供电系统的核心部分,它承担着从电力系统接受电能,并按照电力牵引供电的标准要求进行电能变换,再将电能馈送到接触网上供电力机车取用的功能。牵引变电所在接受与馈送电能的过程中有不同的供电方式,在电能的变换过程中有不同变电形式。

1. 牵引变电所的组成与作用

牵引变电所由牵引变压器、高压断路器等一次设备和用于监控的二次设备组成。其主要作用是将电力系统送来的三相高压电变换为适合电力机车使用的电能,并降低电力牵引负荷对电力系统的不良影响。

(1)变电所的一次设备:它是指高压侧的设备,主要用于电能的接收、转换、电路的分合以及过电压保护装置。它主要有主变压器、备用变压器、断路器、隔离开关、熔断器、接触器、电抗器、避雷器、母线、电缆等。

(2)变电所的二次设备:它是用于监控、调度、测量、保护一次设备;主要有继电保护装置、电压互感器、电流互感器、安全接地装置、电力电容器等。

2. 牵引变电所的类型

牵引变电所在电能变换过程中,按照采用的变压器种类及接线形式的不同,可以将其分为下述若干种类型:

(1)三相牵引变电所。牵引变电所内采用三相变压器,是我国电气化铁道目前采用最多的形式。其优点是变压器次边能提供三相电源,供电可靠,操作简单,单相牵引负荷引起的负序电流对电力系统的影响比单相牵引变电所小;缺点是变压器容量不能充分利用,设备多,维修量大。

图4-32 牵引变电所

(2) 单相牵引变电所。牵引变电所内采用单相变压器。变压器的结线可分为纯单相结线和 V 形结线两种。纯单相结线采用一台单相牵引变压器供电,变压器容量利用 100%,可以减小变压器的设计容量。纯单相结线牵引变电所的优点是设备简单,维修方便,造价及运营费用低;缺点是没有三相电源,且对电力系统产生严重的不对称影响。

V 形结线是将两台单相变压器接成 V 形,它除具有纯单相结线的优点外,还可以提供三相电源。

(3) 其他结线形式的牵引变电所。由于电气化铁道的牵引负荷是移动的,所以要求变压器的结线方式应尽量满足电力系统中的负荷平衡。为此,国外相继出现了几种新型结线方式,比较典型的有斯科特结线和伍德桥结线。它们都能把对称三相电压变成对称两相电压,把单牵引负荷较对称地分配给三相电力系统。特别是当变电所两个供电分区上的负荷电流相等时,三相电力系统则完全对称,这就降低了三相电力系统的不对称度。

(二) 接触网

电气化铁道接触网是沿铁路线上空架设的特殊输电线路。它由接触悬挂、支持装置、支柱和基础等几部分组成,如图 4-33 所示。

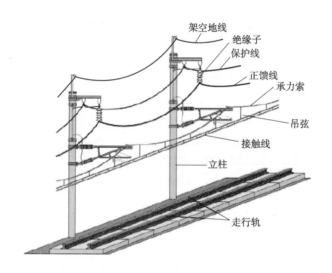

图 4-33 接触网示意图

1. 接触悬挂

接触悬挂包括接触线、吊弦、承力索以及连接它们的零件。接触悬挂通过支持装置架设在支柱上,其作用是将电能输送给电力机车。

接触悬挂的结构,根据其性能方面的不同,经历了由简单悬挂到链形悬挂的过程。根据它们各自所具备的性能和特点,目前在不同的场合都有应用。如图 4-34 所示,接触悬挂分以下两类:

(1) 简单接触悬挂。简单接触悬挂由一根接触导线直接固定在支持装置上。

(2) 链形接触悬挂。接触线通过吊弦悬挂在承力索上的悬挂。主要分单链形、双链形和多链形(又称三链形)。

2. 支持装置

支持装置由腕臂、拉杆、定位器等连接件组成,用来悬吊和支持接触悬挂,并将负荷传递给支柱。

3. 支柱与基础

支柱与基础用以承受接触悬挂和支持装置的全部负荷,并把接触悬挂固定在规定的位置和高度上。基础承受支柱传递给它的全部负荷,保证支柱受力后的稳定性。

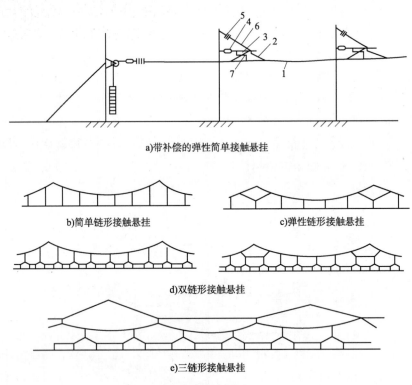

图 4-34 接触悬挂类型

1-接触线;2-弹性索;3-腕臂;4-棒式绝缘子;5-悬式绝缘子;6-拉线;7-定位器

第五节 机车的检修和运用

机车的检修和运用是铁路运输工作的重要组成部分,也是机务部门的基本任务。按照质量要求严格检修机车,确保机车的完好状态;经济、合理地运用机车,对完成铁路运输任务具有十分重要的意义。

(一)机车检修

机务段是设在铁路沿线负责机车检修和运用工作的基层生产单位,一般设在编组站或区段站上。在机车交路的折返点,还应设有机务折返段。机务段和机务折返段设置的基本原则是满足牵引列车的最大需要,并能充分发挥各项设备的能力和机车运用效率;段间距离的长短,应考虑乘务员的连续工作时间,并结合编组站、区段站的位置,尽可能长距离地设置。

1. 机务段的任务和设备

根据各机务段所承担任务量的大小,为其配属一定数量的机车。

机务段的任务:机车运用方面,负责计划和组织本段机车和乘务组完成邻接区段的列车牵引或固定在某个车站上担任调车工作,并对日常运用机车进行整备和日常保养;机车检修方面,进行段修范围内的机车定期检修和日常维修工作,保证运用机车的良好状态。

机务段设有管理部门和生产车间。生产车间包括运用车间、检修车间、整备车间和设备车间。

运用车间主要负责机车运用与保养;检修车间主要负责机车段修范围内的定期修理及机车的日常维修;整备车间主要负责机务段内的各种机械设备、水电动力设施的管理与维修。

机车在出段牵引列车或担任调车工作以前,需要供应机车必需的物资和做好各项准备工作,这种物资供应和准备工作总称为机车整备作业。机车类型不同,整备作业的内容也不一样。内燃机车、电力机车整备作业的项目,如表4-3所示。

内燃机车、电力机车的整备作业　　　　　　　　　　　　表4-3

需要供应的物资			需要做的准备工作		
项目	内燃机车	电力机车	项目	内燃机车	电力机车
燃料	√	—	机车转向	(一般单向)√	—
水	√	—	机车擦拭	√	√
砂	√	√	检查	√	√
润滑油	√	√	给油	√	√
擦拭材料	√	√	机车乘务组交接班	√	√

为了完成以上整备作业,机务段内必须修建相应的整备设备,如机车整备线、加油站、上水管、上砂管以及储存和发放油脂、化验、排水、照明设备作业能平行或流水式地进行,并应具备足够的能力,以压缩整备作业时间,提高机车的运用效率。

2. 机车检修的地点、内容及周期

机车经过一定时期的运用后,各部件都会发生磨耗、变形或损坏。为保证机车的正常运用,延长使用期限,除了机车乘务员的日常检查和保养外,还必须进行各种定期检修。

机车的定期检修除大修在机车工厂进行以外,其余的检修一般都在机务段内进行。因此,机务段除了机车整备设备以外,还必须具有机车检修设备,如各种检修库及辅助车间等。

机车类型不同,它们的检修内容也不一样。

内燃机车的检修周期,如表4-4所示。

内燃机车检修周期表　　　　　　　　　　　　表4-4

修程检修公里或期限机车	客货运机车	调机、小运转机车	附　　注
大修	(80±10)万 km	8~10 年	
中修	23万~30万 km	2.5~3 年	小修公里或期限允许伸缩20%
小修	4万~6万 km	4~6 个月	
辅修	不少于2万 km	不少于2个月	

电力机车检修周期表,如表4-5所示。

电力机车检修周期表　　　　　　　　　表4-5

修程检修公里或期限机车	客货运机车	调机、小运转机车	附　注
大修	160万~200万 km	不少于15年	小修公里或期限允许伸缩20%
中修	40万~50万 km	不少于3年	
小修	8万~10万 km	不少于6个月	
辅修	1万~3万 km	不少于1个月	

各种修程所包括的内容,在有关的规程中都有具体规定。一般来说,机车的大修是一种全面恢复性修理,大修后的机车,基本上达到新车的水平;中修的主要目的是修理走行部;内燃、电力机车的小修主要是为了对有关设备进行测试和维修等;辅修是属于临时性的维修和养护。认真做好检修工作,对保证机车的正常运行和延长使用寿命,具有十分重要的意义。

设在机车交路折返点的机务折返段,一般没有配属机车,也不做检修工作,只供机车进行整备作业和折返前乘务人员临时休息之用。因此,在机务折返段上,只设机车整备,而不设检修设备。

(二)机车运用

1. 机车交路

机车运用上的一个特点是机车离开机务段,就要受车站有关人员的调度指挥。所以机务部门和行车部门的关系特别密切,必须协调配合才能安全、优质地完成运输任务。

机车固定担当运输任务的周转区段,叫作机车交路(也叫牵引区段)。

目前,我国铁路机车的运用主要有肩回运转制和循环运转制两种。机车运用方式,如图4-35所示。

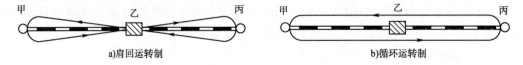

a)肩回运转制　　　　　　　　b)循环运转制

图4-35　机车运用方式示意图

▨-机务段；○-机务折返段

(1)肩回运转制,见图4-35a)。机车由机务段出发,从机务段所在站牵引列车到折返段所在站,进入折返段整备及检查,然后牵引列车返回机务段所在站,再进入机务段进行整备及检查。这种每往返一次,就要进入机务段一次的运用方式称为肩回运转制。采用这种运转制,机车一般在1~2个牵引区段往返运行。

(2)循环运转制,见图4-35b)。机车从机务段出发,在一个牵引区段(如乙到甲间)往返牵引列车后回到机务段所在站(乙站)、机车不入段,只在到发线上进行整备作业;然后仍继续牵引同一车列或换挂另一个已经准备好了的车列,运行到另一个牵引区段(如乙到丙间)的折返段所在站(丙站),再从丙站牵引列车返回甲站。这样,机车在两个区段上牵引列车循环运转,平时不进入机务段,直到定期检修到期时才入段检修,这种运用方式叫作循环运转制。

采用肩回运转制时,机车要在段内进行整备,在甲站不需另设整备设备。采用循环运转制时,由于机车很少进入机务段,节省了整备时间,因此机车交路可以延长,使内燃、电力机车的牵引性能充分发挥,从而提高机车运用效率,加速机车周转。但是,循环运转制一般只有在上下行都有大量不需要改编的中转列车经过机务段所在站时才能采用。

2. 乘务制度和乘务方式

1) 机车的乘务制度

机务段在为邻接区段提供机车的同时,还要负责计划和组织机车乘务员的工作。加强对乘务员的政治思想和业务水平,是保证完成和超额完成国家运输任务的关键。现行的机车乘务制度基本上可归纳为包乘制和轮乘制两类。

(1) 包乘制:每台机车配备 2~3 个固定的乘务组值乘。

包乘制由三班乘务员固定使用一台机车,轮流值乘。包乘制的主要优点是机车乘务员对自己驾驶的机车非常熟悉,有利于机车的操纵和维修保养。但是机车运用和乘务员的组织工作比较复杂,常会因为安排不当或运行秩序被打乱而影响机车的运用效率。

(2) 轮乘制:机车由各个乘务组轮流值乘。

采用轮乘制时,机车乘务组值乘的机车是不固定的,这样可以有效地使用机车和合理安排乘务员的作息时间,以较少的机车或乘务组,完成较多的运输任务。当然,对乘务员的驾驶技术要求更高,对机车的质量和保养也要求更严。

2) 机车的乘务方式

机车乘务员的换班方式,即乘务方式,主要有外段驻班制、立即折返制和随乘制 3 种。

复习思考题

1. 铁路机车是如何分类的?按原动力不同可分为哪几种类型?
2. 内燃机车按传动方式分为哪两种?
3. 内燃机车为什么要设传动装置?
4. 简述四冲程柴油机的基本工作原理。
5. 简述内燃机车交-直流电力传动的工作原理。
6. 说明电力机车的基本构造并简述各部分的作用。
7. 简述牵引供电系统的组成。
8. 牵引变电所的一次设备有哪些?
9. 肩回运转制和循环运转制各有什么特点?

第五章 铁路车站

第一节 概 述

一、车站的作用与分类

(一) 车站的作用

车站是铁路运输的基层生产单位,它参与铁路运输生产过程的主要作业环节,如旅客乘降、售票,行包的托运交付、保管;货物的承运、装卸、交付和保管;列车的通过、接发、会让和越行;车列的解体和编组;机车换挂、检修和整备,机车和列车乘务组更换;车辆检修等。这些都必须在车站上办理。

车站集中了与运输有关的各项技术设备,如客货运业务设备、运转设备、机车、车辆检修设备和信号、联锁、闭塞设备及通信设备等。

(二) 车站的分类

铁路车站按其技术作业性质不同,可分为中间站、区段站和编组站,区段站和编组站统称为技术站。按其业务性质不同,可分为客运站、货运站和客货运站。

1. 中间站

中间站,是为提高铁路区段通过能力,保证行车安全,并为沿线城乡及工农业生产服务而在铁路牵引区段内设置的车站。中间站除办理列车的通过、会让和越行外,还办理客货运和调车作业等。仅办理列车的会让和越行,必要时可兼办理少量旅客乘降作业的车站,在单线铁路上称为会让站,在双线铁路上称为越行站。

2. 区段站

区段站,一般设在牵引区段的起讫点,其主要任务是为邻接的铁路区段供应及整备机车或更换机车乘务组,并为无改编中转货物列车办理规定的技术作业。此外,还办理一定数量的货物列车解编作业及客、货运业务。在设备条件具备时,还进行机车、车辆的检修业务。

3. 编组站

编组站,一般设在路网交叉或汇合地点,是路网中车流的主要集散点,办理大量货物列车解体和编组作业,素有"列车工厂"之称。编组站以办理改编中转货物列车为主,编解各种货物列车,负责路网上和枢纽地区车流的组织;同时还对机车进行整备和检修,对车辆进行日常维修和定期检修。

4. 客运站

客运站,是专门办理旅客运输业务的车站,通常设置在客流较大的大中城市。它的主要任务是组织旅客安全、迅速、准确、方便地上、下车;办理行包、邮件的装卸搬运;组织旅客列车安全、正点到发和客车车底取送;为旅客提供舒适的服务条件。

5. 货运站

货运站,是专门办理货物装卸作业以及货物联运或换装的车站,也办理少量的客运或货车中转作业。通常设置在大城市、工矿、林区、口岸等有大量货物到发、装卸的地点。

此外,按照车站所担负的任务量及在国家政治、经济中的地位,车站共分为特等站、一、二、三、四、五等站6个等级。车站等级应依据原铁道部《铁路车站等级核定办法》相关规定进行核定。

 **想一想**

你熟悉的车站有哪些?你老家所在车站应该属于哪种类型?

二、区间、分界点及区段

1. 区间与分界点

为了保证行车安全和必要的线路通过能力,铁路上每隔一定距离需要设置一个车站或线路所(通常为车站),车站和线路所把铁路线分割成若干个长度不等的段落,每一段则称为区间;而车站和线路所就成为相邻区间之间的分界点。因此,区间和分界点是组成铁路线路的两个基本环节。

车站上除了正线以外,还配有其他线路(到发线、牵出线、调车线、货物线及站内指定用途的其他线路等),所以我们把各种车站称为有配线的分界点;线路所因其未设配线,故称之为无配线分界点。此外,自动闭塞区段两车站间划分为若干个闭塞分区,其分界处设通过色灯信号机,自动闭塞区间所设置的通过色灯信号机是另一种无配线的分界点。

依据分界点的不同,区间有不同的分类。车站与车站之间的区间称为站间区间;车站与线路所之间的区间称为所间区间;自动闭塞区段上通过色灯信号机之间的段落称为闭塞分区。

2. 区段

区段通常是指两相邻技术站间的铁路线路,它包含了若干个区间和分界点。区段的长度一般取决于牵引动力的种类或路网状况。

三、车站线路种类与线间距

(一)线路种类

铁路线路按照用途和归属分为正线、站线、段管线、岔线及特别用途线,如图5-1所示。

1. 正线

正线是指连接车站并贯穿或直股伸入车站的线路。正线可分为区间正线及站内正线,连接车站的部分为区间正线,贯穿或直股伸入车站的部分为站内正线。

2. 站线

站线包括以下几类:

(1)用以接发旅客列车或货物列车使用的到发线。
(2)用以解体或编组货物列车使用的调车线和牵出线。
(3)用以办理装卸作业的货物线。
(4)用以办理其他各种作业的线路,如机车走行线、存车线、站修线等。

站内正线及站线由车站负责管理;机车车辆由区间、段管线、岔线等地点进入站内正线或站线时,都应经车站允许。

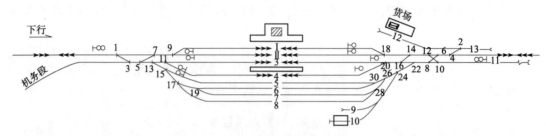

图 5-1　车站线路图

Ⅱ-正线；Ⅰ、3、4-到发线；5~8-调车线；9、10-站修线；11、13-牵出线；12-货物线

3. 段管线

段管线是指机务、车辆、工务、电务、供电等段专用并由其管理的线路,如机务段内机车整备线、三角线;车辆段内车辆检修作业用的线路以及工务、电务段内停留轨道车及其他车辆的线路。

4. 岔线

岔线是指在区间或站内接轨,通向路内外单位的专用线路。

5. 特别用途线

特别用途线是指为保证行车安全而设置的安全线和避难线。

(二)线间距

线间距是指两相邻线路中心线之间的距离。线间距应能保证行车和车站工作人员工作时的安全和便利,满足设置各项设备的需要。它通常由机车车辆限界、建筑限界、超限货物装载限界、设置在相邻线路间有关设备的计算宽度和线间办理作业性质等因素确定。此外,对于客运专线上的车站,与正线之间的距离还应考虑列车交会运行时会车压力波的影响。

线间距的大小应根据《铁路技术管理规程》有关规定确定,直线部分常用线间距见表 5-1 和表 5-2;曲线部分的线间距应根据计算适当加宽。

客货共线线间距　　　　　　　　　　　　　　　　　　　　表 5-1

序号	名　称		线间最小距离（mm）
1	区间双线	$v \leq 120$km/h	4000
		120km/h $< v \leq$ 160km/h	4200
		160km/h $< v \leq$ 200km/h	4400
2	三线及四线区间的第二线与第三线		5300
3	站内正线		5000

续上表

序号	名 称			线间最小距离(mm)
4	站内正线与相邻到发线	无列检作业		5000
		有列检作业或上水作业	$v \leq 120$km/h 一般	5500
			$v \leq 120$km/h 改建特别困难	5000
			120km/h $< v \leq$ 160km/h 一般	6000
			120km/h $< v \leq$ 160km/h 改建特别困难	5500
			160km/h $< v \leq$ 200km/h 一般	6500
			160km/h $< v \leq$ 200km/h 改建特别困难	5500
5	到发线与相邻到发线			5000
6	站内相邻两线均需通行超限货物列车			5300
7	站内相邻两线只有一条通行超限货物列车			5000
8	铺设列检小车轨道的两到发线			5500
9	换装线			3600
10	编组站、区段站的站修线与相邻一条线			8000
11	牵出线与其相邻线	调车作业繁忙车站		6500
		改建困难或办理摘挂取送作业		5000
12	站内中间设有接触网支柱的相邻线			6500
13	线间设有融雪设备的相邻线			5800
14	安全线与其他线路			5000
15	其他站线			4600

客运专线线间距   表5-2

序号	名 称		线间设施	线间最小距离(mm)
1	区间正线、站内正线	200km/h	—	4400
		200km/h $< v \leq$ 250km/h	—	4600
		250km/h $< v \leq$ 300km/h	—	4800
		300km/h $< v \leq$ 350km/h	—	5000
2	正线与相邻到发线		无	5000
			声屏障	5940 + 结构宽
			接触网支柱	有砟轨道:5600 + 结构宽
				无砟轨道:5500 + 结构宽
			高架候车室、天桥柱、雨棚柱	4590 + 结构宽
3	到发线间或到发线与其他线		无	5000
			接触网支柱	5000 + 结构宽
			雨棚柱	4300 + 结构宽
4	正线与其他线		无	5000

四、车站线路和道岔编号

为便于车站生产指挥作业的联系和对设备的维修管理,应对站内线路和道岔进行统一编号。同一车站或车场内的线路和道岔不得有相同的编号。

(一)股道编号方法

站内正线规定用罗马数字编号(Ⅰ、Ⅱ、Ⅲ……),站线用阿拉伯数字编号(1、2、3……)。

1. 单线铁路车站线路和道岔的编号

单线铁路车站内的线路,由靠近站房的线路起向站房对侧依次顺序编号;位于站房左、右或后方的线路,在站房前的线路编完后,再由正线方向起,向远离正线顺序编号。如图5-2所示。

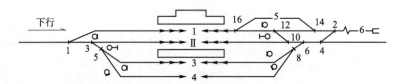

图5-2 单线铁路车站线路、道岔编号

2. 双线铁路车站线路和道岔的编号

双线铁路车站内的线路,从正线起按列车运行方向分别向外顺序编号,上行编双数,下行编单数。如图5-3所示。

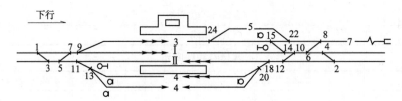

图5-3 双线铁路车站线路、道岔编号

3. 尽端式车站线路和道岔的编号

尽端式车站,站房位于线路一侧时,从靠近站房的线路起,向远离站房方向顺序编号,如图5-4a)所示;站房位于线路终端时,面向终点方向由左侧线路起顺序向右编号,如图5-4b)所示。

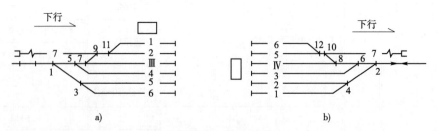

图5-4 尽端式车站线路、道岔编号

4. 大型车站有多个车场时线路的编号

大型车站当有数个车场时,应分别车场编号。车场靠站房时,从靠近站房线路起,向站房对侧顺序编号;车场远离站房时,顺公里标前进方向从左向右顺序编号;且在线路编号前冠以罗马数字表示车场,如Ⅱ场2道,写为Ⅱ2。

(二)道岔编号方法

(1)用阿拉伯数字从车站两端由外向里依次编号,上行列车到达端用双数,下行列车到达端用单数,如图5-2和图5-3所示。

(2)站内道岔,一般以车站站舍中心线作为划分单数号和双数号的分界线。

(3)每一道岔均应编为单独的号码,对于渡线、交分道岔等处的联动道岔,则应编为连续的单数或双数。

(4)当车站有几个车场时,每一车场的道岔必须单独编号。此时道岔号码应使用三位数字,百位数字表示车场号码,个位和十位数字表示道岔号码。应当避免在同一车站内有相同的道岔号码。

(三)车站线路的有效长度

车站线路的长度分为全长和有效长两种。全长是指线路的实际长度,是指车站线路一端的道岔基本轨接头至另一端道岔基本轨接头的长度。如为尽头式线路,则指道岔基本轨接头至车挡的长度。线路全长减去该线路上所有道岔的长度,叫作铺轨长度。确定线路全长主要是为了设计时便于估算工程造价。

线路有效长是指在线路全长范围内可以停留机车车辆而不妨碍道岔转换、信号显示和邻线正常行车的部分。

线路有效长度的起止范围由下列因素确定:

(1)警冲标:它是信号标志的一种,设在两会合线路线间距离为4m的中间,用来指示机车车辆的停留位置,防止机车车辆的侧面冲撞,如图5-5所示。

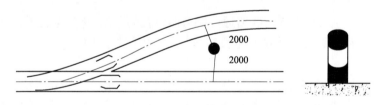

图5-5 警冲标(尺寸单位:mm)

(2)道岔的尖轨尖端(无轨道电路时)或道岔基本轨接头处的钢轨绝缘(有轨道电路时)。

(3)出站信号机(或调车信号机)。

(4)车挡(为尽头式线路时)。

(5)车辆减速器。

根据线路的用途及其连接形式,用上述各项因素就可以确定出线路有效长,如图5-6所示。

我国铁路采用的货物列车到发线有效长度在Ⅰ、Ⅱ级铁路上为1250m、1050m、850m、750m、650m;Ⅲ级铁路上为850m、750m、650m或550m。开行重载列车为主的铁路,可采用大于1050m的到发线有效长度。

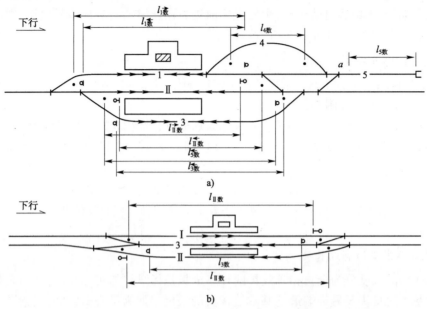

图5-6 线路有效长度的确定

具体采用何种有效长度,应根据运输能力的要求,机车类型及所牵引列车的长度,结合地形条件,并考虑与相邻铁路区段各铁路到发线有效长度相配合等因素确定。

第二节 中 间 站

一、会让站和越行站

在我国铁路上,主要用来提高线路通过能力而设置的车站,称为会让站和越行站。根据《铁路技术管理规程》规定,会让站和越行站均包括在中间站之内。

1. 会让站

会让站设置在单线铁路上,主要办理列车的到发、会车、让车,必要时可兼办少量旅客乘降业务。因此,会让站应铺设到发线并设置信号及通信设备、办公房屋等设备。在会让站上,既可以实现会车,也可以实现越行。两列反向列车互相交会,即先到的列车在本站停车,等待反方向的列车到达或通过本站后,再继续开行,叫作会车;两列同向列车先后到达,先到的列车在本站停车,等待后行列车通过本站或到达本站停车后变为先行,叫作越行。

2. 越行站

越行站设置在双线铁路上,主要办理同方向列车的越行,有时还办理反方向列车的转线,必要时可兼办少量旅客乘降业务。因此,越行站应有到发线、旅客乘降设备、信号及通信设备、办公房屋等设备。

二、中 间 站

中间站是为提高铁路区段通过能力,保证行车安全并为沿线城乡人民及工农业生产服务,而在铁路牵引区段内设置的车站。它主要办理列车的到发、会让和越行,以及客货运业务。

中间站设备规模虽然较小,但是数量很多,它遍布全国铁路沿线中、小城镇和农村,在发展地方工农业生产,沟通城乡物资交流中起着很重要的作用。中间站的设置位置,既要符合线路通过能力的要求,又要适当满足地方工农业生产发展的需要,并应考虑地形、地质等自然条件。

我国铁路中间站可分为:无货场的中间站,一般只办理列车的通过、会让和越行以及少量的客货运作业,它不设货场,不办理摘挂列车甩挂车组的作业;有货场的中间站,除办理与无货场的中间站同样的作业外,另设有货场,办理货物装卸及摘挂列车甩挂车组的作业。

1. 中间站的主要作业

(1) 列车的通过、到发、会让和越行。在双线铁路上还办理调整反方向运行列车的转线作业。

(2) 旅客的乘降和行李、包裹的托运、交付和保管。

(3) 货物的承运、装卸、保管与交付。

(4) 摘挂列车向货场甩挂车辆的调车作业。

有的中间站如有工业企业线接轨或加力牵引起终点以及机车折返时,还需办理工业企业的取送车、补机的摘挂和机车整备、转向等作业。在客货运量较大的个别中间站,还有始发、终到旅客列车及编组始发货物列车的作业。

2. 中间站的主要设备

为了完成上述作业,中间站应根据作业的性质和工作量大小而设置以下设备:

(1) 列车到发线和货物装卸线,必要时还应设有调车用的牵出线和安全线。

(2) 为旅客服务的站房、站台、站台间的跨越设备(天桥、地道、平过道)和雨棚等。

(3) 为货运服务的货物堆放场、货物站台、仓库、雨棚、装卸机械及办公房屋等。

(4) 信号及通信设备。

(5) 个别车站为机车整备、转向、给水作业而设置的有关设备等。

(6) 必要时还设有存车线和调车线。

中间站一般采用横列式布置图。图 5-2 和图 5-3 分别为单、双线横列式中间站布置图。

第三节 区 段 站

区段站设在铁路网上各牵引区段的分界处,一般设在中等城市和铁路网上牵引区段(机车交路)的起点或终点。区段站的主要任务是为邻接的铁路区段供应及整备机车或更换机车乘务组,并为无改编中转货物列车办理规定的技术作业。此外,还办理一定数量的列车解编作业及客、货运业务。在设备条件具备时,还进行机车、车辆的检修业务。

一、区段站的作业与设备

区段站的作业和设备尽管在数量和规模上都不是最大的,但是作业和设备的种类却是比较齐全的。

(一)区段站的作业

根据区段站所担负的任务,它要办理的作业可以归纳如下：

1. 客运业务

客运业务:与中间站办理的客运业务基本相同,只是数量较大。

2. 货运业务

货运业务:与中间站办理的货运业务大致一样,但作业量要大。

3. 运转作业

运转作业:包括与旅客列车和货物列车有关的运转作业。

(1)与旅客列车有关的运转作业:主要办理通过旅客列车的接发作业。有的车站还办理局管内或市郊旅客列车的始发、终到作业及个别车辆的甩挂作业。

(2)与货物列车有关的运转作业:主要办理无改编中转货物列车的接发和有关作业。对区段和摘挂列车,要进行解体和编组作业。同时还办理向货场、专用线取送作业车等。有些区段站对部分改编中转,还要办理变更运行方向、变更列车重量或换挂车组等作业。某些区段站还担当少量的始发直达列车的编解任务。

4. 机车业务

机车业务:主要是更换货物列车机车和乘务组,当采用循环交路时,在机务段所在的区段站上,列车机车不入段,仅在站内到发线上或其附近进行检查、整备作业。当采用长交路时,有的区段站无须更换机车,仅更换机车乘务组或进行部分整备作业。

5. 车辆业务

车辆业务:办理列车的技术检查和车辆的检修任务。

由上述可知,区段站所办理的作业,无论从数量上或种类上,都远较中间站繁多。而在所办理的各类列车中,又以无改编中转列车所占的比重为大。

所有到达区段站的货物列车,按它在该站所进行的作业性质,可以分为两类:一类是到达本站不解体,只作技术检查和机车换挂等作业,然后继续运行的列车,叫作无改编中转列车;一类是列车到达本站后要解体,车组进入调车场集结编组形成列车后由车站出发,这种列车叫作改编列车。

(二)区段站的设备

为了保证上述作业的完成,在区段站上设有以下设备:

1. 客运业务设备

客运业务设备:主要有旅客站房、站台、雨棚及跨越线路设备等。

2. 货运业务设备

货运业务设备:货场及其有关设备,如装卸线、货物站台、仓库、雨棚、堆放场及装卸机械等。

3. 运转设备

运转设备:主要有旅客列车到发线;货物列车到发线、调车线、牵出线(有时设简易驼峰)、机车走行线及机待线等。

4. 机务设备

机务设备:在机务段(或机务折返段)所在的区段站上,如采用循环交路时,在到发场或其附近应设有机车整备设备。采用长交路轮乘制时,可设置机车运用段或机务换乘点。

5. 车辆设备

车辆设备:包括车辆段、列车检修所(简称列检所)和站修所等。

除上述设备外,还有信号、通信、给水、排水、电力、照明、办公房屋等设备。

二、区段站布置图

上述客运、货运、运转、机务和车辆这5项设备的合理布置,由于地形、城市规划、运量及运输性质、正线数目等因素的影响,可以形成多种多样的布置图型。区段站图型的选择,是一项重要而复杂的工作。图型选择应讲求经济效益,满足运输需要,节省工程投资,便于管理,有利于铁路、城市和工农业生产等的发展。

区段站常见的布置图有横列式、纵列式及客货纵列式3类。

1. 横列式区段站布置图

当上、下行到发线(场)平行布置在正线一侧,调车场在到发场的一侧时,称为横列式区段站布置图,如图5-7所示。

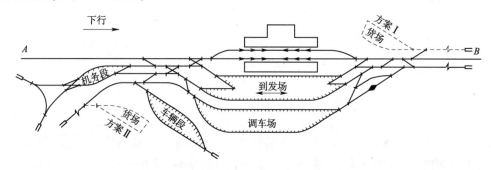

图 5-7 单线铁路横列式区段站布置图

这种布置图的主要优点是布置紧凑,站坪长度短,占地少,设备集中,管理方便,作业灵活性大,对各种不同地形的适应性强。它的缺点是,一个方向的列车机车出入段走行距离长,对站房同侧的货物取送车和正线有交叉干扰。

2. 纵列式区段站布置图

在双线铁路上,当运量较大时,为了减少站内两端咽喉区上、下行客、货列车进路的交叉干扰,区段站可采用纵列式布置图。

在区段站上,当上、下行到发场分设在正线两侧,并逆运行方向全部错移,在其中一个到发场一侧,设一个双方向共用的调车场时,称纵列式区段站布置图,如图5-8所示。

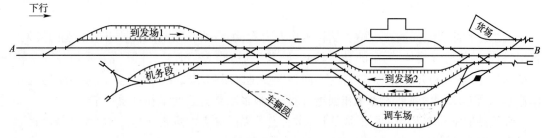

图 5-8 双线铁路纵列式区段站布置图

纵列式区段站的优点是：作业上的交叉干扰较横列式少；机车出入段走行距离短，当机车采用循环运转制时，到发线上的整备设备比较集中；对站舍同侧的支线或工业企业线的接轨也比较方便。它的缺点是：站坪长度长，占地多；设备分散，投资大；定员较多，管理不便；一个方向货物列车的机车出入段要横切正线。

3. 客货纵列式区段站布置图

这种区段站是客运运转设备（主要指旅客列车到发场）与货运运转设备（主要指货物列车到发场）纵向配列，如图5-9所示。

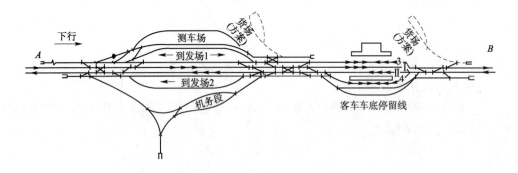

图5-9 客货纵列式区段站布置图

此种图型往往是改建时逐步形成的，故客、货运转设备和机务设备相互位置的配置形式很多。其优缺点与纵列式图型大致相同。

练一练

利用你假期往返学校的机会，熟悉你上下车所在的车站，甄别每一条线路的用途。告诉你的同学们，你认识了哪些铁路设备？

第四节 编 组 站

一、编组站的作用及任务

编组站是铁路网上办理大量货物列车解体和编组作业，并为此设有比较完善调车设备的车站。编组站是按照列车编组计划的要求，编解各种类型的列车，而且多数是直达列车和直通列车，为合理的车流组织服务。从这个意义上讲，编组站实际上就是一个编组列车的工厂。

编组站和区段站同属技术站。从技术作业上看，编组站和区段站都要办理列车的接发、解编，机车的供应或换挂，列车的技术检查及车辆的检修等。但是，区段站主要是办理中转列车的作业，解体和编组的列车数量少，而且大多是区段列车或摘挂列车。而编组站的主要作业是大量办理货物列车的解体和编组，而且其中多数是直达列车和直通列车。

编组站通常设在几条主要干线的汇合处，也可以设在有大量装卸作业地点的大城市、港口或大工矿企业附近。

二、编组站的主要作业

根据编组站在路网和枢纽内的作用和所承担的任务以及其作业对象,可看出编组站主要办理以下几项作业。

1. 改编货物列车作业

改编货物列车作业,这是编组站最主要的作业。它包括解体列车的到达和解体作业,始发列车的集结、编组和出发作业。这几项作业的数量既多而又复杂,是分别在相应的不同地点和车场办理的。

2. 无调中转列车作业

无调中转作业比较简单,其主要作业是换挂机车和列车的技术检查。其作业时间短,办理地点只限于到发场(或专门的通过车场)。

3. 部分改编中转货物列车作业

部分改编中转货物列车除进行无改编中转货物列车的作业外,有时还要变更列车重量、运行方向或进行成组甩挂等少量调车作业。该作业一般在到发场或通过车场进行。

4. 本站作业车作业

本站作业车是指到达本站及工业企业线或段管线内进行货物装卸或倒装的车辆。作业过程比改编中转列车增加了送车、装卸及取车 3 项作业,其中重点是取、送车作业。

5. 机务作业

机务作业与区段站相同,包括机车出段、入段、段内整备及检修作业。

6. 车辆检修作业

编组站上的车辆检修作业,包括在到发线上进行的车列技术检查及不摘车维修。其作业在列检或调车过程中发现车辆损坏须摘车倒装后送往车辆段或站修所进行修理(即站修);根据任务扣车送车辆段维修(即段修)。

7. 其他作业

(1) 客运作业,主要是旅客乘降。

(2) 货运作业,包括货物装卸、换装、冷藏车加冰加盐、牲畜车上水、清除粪便等。

(3) 军运列车供应作业。

为了减少对编组站解编作业的干扰,确保主要任务的完成,应尽量不在编组站上办理或少办理客、货运业务。

三、编组站的主要设施设备

1. 调车设施设备

调车设施设备是编组站的核心,包括调车驼峰、调车场、平面牵出线、辅助调车场等几部分,用以办理列车的解体和编组作业。

编组站的调车设施设备,主要有平面牵出线调车和驼峰调车两种。

平面牵出线是车站的基本调车设施设备,基本上是设于平道上。调车时,车辆溜放的动力是调车机车的推力。牵出线一般设于调车场尾部,适合于车列的编组、转线,车辆的摘挂、取送等调车作业。

驼峰是专门用来解体车列的一种调车设施设备,是将调车场始端道岔区前线路抬到一定高度,主要利用其高度和车辆自重,使车辆自动溜到调车线上。

1)驼峰的分类

驼峰按每昼夜解体能力和技术装备可分为以下3类:

(1)大能力驼峰。它每昼夜解体能力在4000辆以上,调车线不少于30条,设2条溜放线,并设有车辆溜放速度、溜放进路自动控制系统及推峰机车遥控系统。

(2)中能力驼峰。它每昼夜解体能力2000~4000辆,调车线17~29条,设2条溜放线,并设有溜放进路自动控制系统,宜设有机车推峰速度自动控制系统,钩车溜放速度自动或半自动控制系统及推峰机车遥控系统。

(3)小能力驼峰。它每昼夜解体能力在2000辆以下,调车线16条及以下,设1条溜放线,宜设置溜放进路自动控制系统、驼峰机车信号设备或机车遥控系统,也可采用简易的现代化调速设备。

驼峰按技术装备不同,可分为简易驼峰、非机械化驼峰、机械化驼峰、半自动化驼峰和自动化驼峰。

2)驼峰的组成

驼峰范围是指峰前到达场(不设峰前到达场时为牵出线)与调车场头部之间的部分线段(见图5-10)。它包括推送部分、溜放部分和峰顶平台。

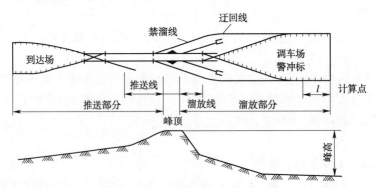

图5-10 驼峰各组成部分示意图

(1)推送部分,是指经由驼峰解体的车列,其第一钩位于峰顶平台始端时,车列全长所在的线路范围。其中,由到达场出口咽喉的最外警冲标到峰顶平台始端的线段称为推送线。设置这一部分的目的是为了使车辆得到必要的高度,并使车钩压紧,以便摘钩。

(2)溜放部分,是指从峰顶至计算点的线路范围。由峰顶到计算点的线路长度称为驼峰的计算长度。其中,由峰顶至第一分路道岔始端的这段线路称为溜放线。

计算点是指确定驼峰高度时,保证难行车在溜车不利条件下溜到调车场难行线某处停车或具有一定速度的地点。驼峰调车场的调速制式不同,计算点的位置也不同。

(3)峰顶平台,是指驼峰推送部分与溜放部分的连接部分,设有一段平坡地段。峰顶平台包括压钩坡和加速坡两条竖曲线的切线长。它不包括竖曲线的切线长时称为净平台。

3)驼峰调速系统

驼峰调速系统是指为调整溜放车辆的速度而设置的一套系统。它包括:

(1) 点式调速系统。在驼峰溜放部分和调车线内,钩车溜放的调速设备全部采用减速器的调速系统。

(2) 点连式调速系统。在驼峰的溜放部分和调车线的始端采用减速器,在调车场内采用连续式调速设备的调速系统。

(3) 连续式调速系统。在驼峰的溜放部分和调车线内,钩车溜放的调速设备连续布置在线路上实现对车辆的连续调速。

4) 驼峰调速工具

调速工具用来调控溜放车辆的速度按其在驼峰调车中的作用可分为间隔制动、目的制动和调速制动。

(1) 间隔制动,是保证前后溜放钩车间有必要的间隔距离。该距离能确保道岔来得及转换,使减速器能及时转换制动或缓解的状态,以便车辆顺利通过溜放部分进入调车线。

(2) 目的制动,是为调车场内的停车制动创造条件,使车辆能停在调车线内的预定地点,不与停留车辆发生冲撞或相距太远而造成过大的"天窗"。

(3) 调速制动,是用以调整溜放钩车的速度,使车辆溜入道岔和减速器时不超过容许速度。

驼峰调车场调速工具,是为了提高驼峰的改编能力,保证作业安全所必需的设备。目前,我国铁路上常用的调速工具有人力制动机、制动铁鞋和车辆减速器、减速顶等。在机械化驼峰上,除调车场内使用铁鞋制动外,在驼峰溜放部分均采用车辆减速器。而在自动化驼峰上,根据车辆的走行性能、重量、预定的停车地点以及溜放速度等条件,由自动化装置控制减速器的制动能力。

① 铁鞋,它对溜放车辆的制动,是使溜放车辆的车轮压上铁鞋,迫使铁鞋在钢轨上滑行产生制动力。

② 车辆减速器。目前,我国铁路采用的减速器主要有以下两种:

a. 非重力式减速器,利用压缩空气作为动力,由钢轨两侧的制动夹板挤压车轮进行制动。其构造及工作原理简图,如图 5-11 所示。当需要对车辆进行制动时,操纵制动按钮,使压缩空气进入气缸,活塞杆和杠杆(2)的末端就被压向下方,而缸体连同杠杆(1)的末端则上升。这样,由于两杠杆末端分开,使夹板合拢而挤压车轮实现制动。

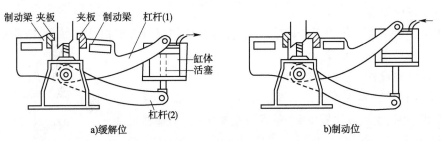

图 5-11 非重力式减速器的构造原理

b. 重力式减速器,它主要借助于车辆自身的重量使制动夹板产生对车轮的压力而进行制动。这种减速器类型很多,我国铁路采用比较普遍的一种叫双轨条油压重力式减速器。

重力式减速器与非重力式减速器比较,其优点主要在于制动力的大小可由被制动车辆

155

的自重大小而自动调节,不需再设置测重设备,也不需要空压和储风设备,成本较低。

③减速顶。它由吸能帽和壳体(外壳、活塞组合件、密封组合件和止冲装置)等部分组成。减速顶安装在钢轨一侧,吸能帽斜对轮缘部分,如图5-12所示。

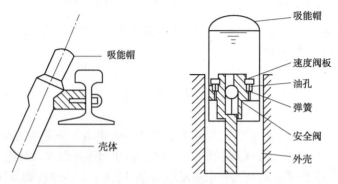

图5-12 减速顶

减速顶是一种不需要外部能源的、可以自动控制车辆溜放速度的调速工具。当车辆的走行速度低于减速顶的临界速度(事先设定的速度)时,减速顶不起减速作用;当车辆走行速度高于减速顶的临界速度时,则减速顶对车辆产生减速作用。

减速顶的优点在于灵敏度高、性能良好、维修简便,是一种较好的调速工具。目前我国铁路已在众多编组站上采用。

2. 行车设施设备

编组站的行车设施设备是指办理货物列车的到发线,用以办理货物列车的到达和出发作业。根据其作业量的大小和不同的作业性质,可设置到发场或到达场、出发场(包括通过车场)。

3. 机务设施设备

编组站的机务设施设备即机务段。编组站一般应设机务段,且规模比较大,供本务机车和调车机车办理检修和整备作业。为了减少另一方向列车机车出入段走行距离,必要时,还可修建第二套整备设备。

4. 车辆设施设备

车辆设施设备,包括列检所、站修所和车辆段。

5. 货运设施设备

编组站一般不设专门的货运设施设备,按照具体情况可设零担中转站台、冷藏车加冰设施设备以及牲畜车的上水设施设备。

6. 其他设施设备

(1)客运设施设备。编组站的客运业务很少,一般利用正线办理旅客列车到发(通过)。旅客列车较多时,也可以设置1~2条到发线及1~2个旅客站台。

(2)站内外连接线路设施设备。如进出站线路、站内联络线和机车走行线等。

此外,编组站还必须有信号、联锁、闭塞、通信和照明的设施设备。

四、编组站的图型

编组站各项设施设备的相互位置是多种多样的,依据编组站各项设施设备相互位置的不同,可构成不同的配置图型。

(一)按照调车设施设备的套数及调车驼峰方向分类

1. 单向编组站

单向编组站:只有一个调车场,上、下行合用一套调车设施设备(包括驼峰、调车场、牵出线);其驼峰溜车方向一般顺主要改编车流运行方向(也称顺向)。

2. 双向编组站

双向编组站:有两个调车场,上、下行各有一套调车设施设备。一般情况下,两系统的调车驼峰应朝向各自的上行和下行调车方向。

(二)按照每一套系统内车场的相互位置和数目分类

1. 横列式编组站

横列式编组站,上、下行到发场与调车场并列配置。

2. 纵列式编组站

纵列式编组站,到达场、调车场、出发场等主要车场顺序纵向排列。

3. 混合式编组站

混合式编组站,到达场与调车场纵列,出发场与调车场并(横)列。

我国编组站布置图的基本类型,归纳起来有下列 6 种:单向横列式、单向混合式、单向纵列式、双向纵列式、双向混合式、双向横列式。其他类型都是在这些图型基础上派生的。

此外,我国铁路现场对编组站图型,在习惯上称为"几级几场"。"级",是指同一调车系统中到、调、发车场纵向排列(纵向数),一级式就是指车场横列,二级式就是指到、调纵列,而三级式是指到、调、发车场顺序纵列。"场"是指车场,车站有几个车场,就称为几场。例如"一级三场""三级三场""三级六场"。

图 5-13 所示为单向一级三场横列式编组站布置图。图中,上、下行到发场并列在共用调车场的两侧,上下行共用一套调车设施设备,这是单向一级三场横列式编组站图型的基本特征。办理上、下行无调中转列车的通过车场,设在各自到发场外侧,无调中转货物列车使用到发场外侧靠正线的股道作业,改编列车则使用到发场内侧靠近调车场的股道。车列解编或转线作业,不影响无调中转列车的接发作业。这样增加机动性,减少交叉,减少定员,节省开支。

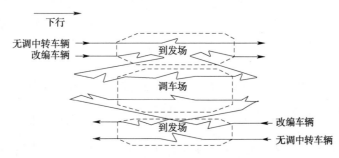

图 5-13 单向一级三场横列式编组站布置图

单向一级三场横列式编组站图型的优点是:站坪长度短,投资省;车场较少,布置紧凑,作业灵活,管理集中方便。

其主要缺点是改编车流在站内折返走行距离长(见图5-14),在站内往返走行停留,有调中转时间长,解编能力低。

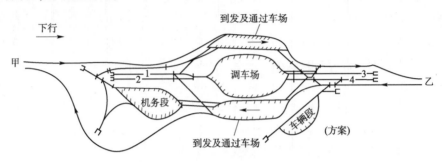

图 5-14 单向一级三场编组站作业流程

五、编组站的分类

编组站根据其在路网中的位置、作用和所承担的作业量,可分为路网性编组站、区域性编组站和地方性编组站。

(一)路网性编组站

路网性编组站位于路网、枢纽地区的重要地点,它是承担大量中转车流改编作业,编组大量技术直达和直通列车的大型编组站。路网性编组站一般衔接3个及以上方向或编组3个及以上去向列车,编组两个及以上去向的技术直达列车或技术直达和直通列车去向之和达到6个,日均有调中转车达6000辆,设有单向纵列式、双向纵列式或混合式的站场,其驼峰设有自动或半自动控制设备。

(二)区域性编组站

区域性编组站一般位于铁路干线交会的重要地点,它是承担较多中转车流改编作业,编组较多的直通和技术直达列车的大中型编组站。它一般衔接3个及以上方向或编组3个及以上去向列车;编组3个及以上去向的技术直达和直通列车;日均有调中转车达4000辆;设有单向混合式、纵列式或双向混合式的站场,其驼峰设有半自动或自动控制设备。

(三)地方性编组站

地方性编组站一般是位于铁路干支线交汇、铁路枢纽地区或大宗车流集散的港口、工业区,承担中转、地方车流改编作业的中小型编组站。它一般编组2个及以上去向的直通和技术直达列车;日均有调中转车达2500辆;设有单向混合式、横列式布置的站场,其驼峰设有半自动或其他控制设备。

若在一个铁路枢纽内设有两个或两个以上的编组站,则根据作业分工和作业量,可将其分为以下两类:

1. 主要编组站

主要编组站,主要担当路网上中转车流的改编任务,以解编直达、直通列车为主。

2. 辅助编组站

辅助编组站,协助主要编组站作业,以解编地区小运转车流为主,个别情况也编组少量直达列车。

编组站还可根据布置图型的不同分为若干类型。

知识拓展

铁 路 枢 纽

在铁路干、支线的交汇点或终端地区,由各种铁路线路、专业车站以及其他为运输服务的有关设备组成的总体称为铁路枢纽。

铁路枢纽是连接铁路干、支线的中枢,是为城市、工业区或港埠区服务以及与国民经济各部门联系的重要纽带,也是交通运输枢纽的主要组成部分。

铁路枢纽是客、货流从一条铁路线转运到另一条铁路线的中转地区,也是城市、工业区客货到发和联运的地区。

1. 铁路枢纽设备

铁路枢纽为了完成所担负的各种复杂而繁重的运输任务,一般应具有下列一些设施设备:

(1) 铁路车站。它包括客运站、货运站、工业站、港湾站、编组站、中间站等。

(2) 铁路线路。它包括引入正线、联络线、迂回线、环线、专用线等。

(3) 疏解设施设备。它包括铁路线路与铁路线路的平面和立交疏解设备,铁路线路与城市道路的立交桥和平交道口以及线路所等。

(4) 其他设施设备。它包括机务段、车辆段和客车整备所、动车段(所)等。

上述部分或全部设施设备,应在分析枢纽内客、货车流的基础上,密切配合城市规划、工农业建设、地形条件、工程条件以及既有铁路设施设备现状进行总体规划,分期发展。

2. 铁路枢纽类型

铁路枢纽按其在路网上的地位和作用可分为路网性、区域性和地方性枢纽。根据枢纽范围内专业车站、联络线、进站线路等设施设备的相互位置不同而形成的布置图型,可分为一站枢纽、十字形枢纽、三角形枢纽、顺列式枢纽、并列式枢纽、环形枢纽、混合式枢纽、尽端式枢纽等。

复习思考题

1. 车站的作用是什么?车站可以怎样分类?
2. 什么叫区间?什么叫区段?
3. 车站的线路和道岔应该如何编号?
4. 中间站的主要任务是什么?中间站应配备哪些基本设施设备?
5. 区段站的主要业务有哪些?区段站应配备哪些基本设施设备?
6. 编组站的主要业务有哪些?编组站在作业和设施设备上有哪些特点?
7. 驼峰是一个什么设备?其组成包括哪几部分?

第六章　铁路信号与通信

第一节　概　　述

铁路信号是保证行车安全,提高区间和车站通过能力以及编组站编解能力的自动控制及远程控制技术的总称。它是计算机技术、现代通信技术和控制技术在铁路运输生产过程中的具体应用。现代信号技术是实现列车有效控制、提高铁路通过能力、向运输人员提供实时信息的必备手段,是列车提速与发展高速铁路的关键技术之一。随着信息技术和网络技术的发展,铁路信号和通信已由过去的铁路运输的"眼睛"和"耳朵",变成了铁路的"中枢神经"并发挥着越来越重要的作用。

一、铁路信号的组成

铁路信号包括信号设备、器材和信号系统。铁路信号的基础设备和器材,包括信号装置、轨道电路、转辙机、继电器等,它们是构成信号系统的基础。信号系统包括车站联锁、区间闭塞、列车运行控制、行车调度指挥控制、驼峰调车控制、道口信号和信号集中监测等系统。

(一)信号基础设备

1. 信号装置

信号装置包括信号机和信号表示器。为指示列车运行和调车作业,铁路必须根据需要设置各种信号机和信号表示器,它们是各种信号系统中不可缺少的组成部分。信号机用以形成信号显示,防护进路,指示列车和调车车列的运行条件,具有严格的防护意义。信号表示器是对信号机显示进行某些补充说明,对行车人员传达行车或调车意图,没有防护意义。

2. 轨道电路

轨道电路是利用钢轨作为导体,两端加以机械绝缘(或电气绝缘),用引接线连接电源和接收设备所构成的电气回路。它用来监督铁路线路是否有车占用、线路是否完整,以及将列车运行与信号显示等联系起来,即通过轨道电路向列车传递行车信息。轨道电路是铁路信号的重要基础设备,它的性能直接影响行车安全和运输效率。

3. 转辙机

转辙机是道岔转辙装置的核心和主体,它与其他装置共同完成道岔的转换,改变道岔开通方向,锁闭道岔尖轨(和可动心轨),反映道岔位置。转辙机对于保证行车安全,提高运输效率,改善行车人员的劳动强度,起到非常重要的作用。

4. 继电器

继电器是一种电磁开关,用来构成逻辑关系,用继电器接点可构成各种信号控制电路,完成严密的联锁关系,控制信号机和转辙机等的动作。它在铁路信号系统中广泛使用。

(二)信号系统

车站联锁系统是核对和检查铁路车站进路、道岔和信号机之间相互联系、相互制约联锁关系的自动控制系统,即车站联锁控制系统,也称车站联锁设备,简称联锁设备。联锁设备的任务就是安全可靠地控制车站联锁区域内的信号、道岔和进路,并实现它们之间的相互制约。

区间闭塞是保证区间行车安全、按照一定的方法组织列车在区间运行、提高运输效率的系统。闭塞的基本原则是:在同一区间(闭塞分区)只准许一列车运行,一旦列车占用区间(闭塞分区),就不准许其他列车驶入。

列车运行控制系统自动控制列车运行,用来保证行车安全,并以最佳运行速度驾驶列车。列车运行控制系统,包括机车信号、列车运行监控记录装置和列车运行超速防护系统。

行车调度指挥控制,包括列车调度指挥系统(TDCS)和调度集中(CTC)系统。列车调度指挥系统为调度人员提供先进的调度指挥和处理手段,及时提供丰富、可靠的信息和决定依据,提高其应变能力。调度集中系统除了TDCS的功能外,主要是完成遥控功能,即自动或行车调度员在调度所远距离地集中控制本区段内各站的信号机和道岔,办理接、发车进路。

驼峰调车控制,是指驼峰调车的自动化,是提高解编能力的最有效手段。它主要包括驼峰推峰机车速度控制、溜放车辆进路自动控制和溜放速度自动控制。

道口信号,是指示道路上的车辆、行人通过或禁止通过道口的听觉和视觉信号。它是保证道口安全的重要设备。

信号集中监测系统,是运用计算机等技术监测并记录信号设备的主要运行状态,为电务总站掌握设备的运用质量和故障分析提供科学依据。

二、铁路信号的作用

铁路信号担负着指挥列车运行,保证行车安全,从而保证列车安全、畅通地运送旅客和货物。它在铁路运输和国民经济中占有极其重要的地位。它的作用有以下几个方面:

(一)铁路信号是指挥行车的命令

调度、车站值班员根据行车计划、设备能力及列车的位置等因素发出信号。司机根据信号操纵列车;车载列车控制设备根据信号控制列车。

(二)铁路信号能保证行车安全

铁路信号保证行车安全,可以概括为减少事故件数、降低事故等级、缩小事故损失和承担事故转移。

(三)铁路信号能提高运输效率

铁路信号在提高运输效率方面表现为加大行车密度、减少列车车辆停留时间及作业时间,指挥列车安全地按列车运行图运行。据有关资料统计,双线自动闭塞可提高通过能力1~2倍。单线自动闭塞在运输组织解决追踪车流条件下,可提高通过能力25%~30%,并且可延缓双线的投资。采用调度集中系统(单线)比非调度集中提高19%~24%,区间为自动闭塞调度集中系统比非调度集中提高15%~18%。在现代铁路运输中,若铁路信号停用,全路运输立即处于瘫痪状态,损失将是无法估计的。

(四)铁路信号是铁路现代化的主要标志

在铁路现代化建设中,由于仍无能力投用大量资金建设新线,于是把重点放在既有运输设备的扩能改造上,依靠技术进步:主要是用信息技术和牵引动力,来促进铁路现代化的步伐。例如郑州北编组站综合自动化系统,它将计算机应用于铁路信号系统中,它是现代化信息技术在铁路中应用的一个典范。编组站驼峰作业全部实现自动化,提高了解编能力,保证了作业安全和改善了劳动条件。该项目投资2400万元,但年效益在1亿元以上。

随着我国铁路列车运行速度的提高,作为保证行车安全、提高通过能力、传递行车信息的铁路信号将以计算机技术、网络技术、现代通信技术为平台,以数字化、网络化、智能化、综合化为目标全面提升信号设备装备水平,将加快信号技术现代化。

三、铁路信号的故障——安全原则

信号故障是指在规定的时间内和规定的条件下,信号设备规定的功能(部分和全部)受到限制或丧失。安全性是指在规定的时间内和规定的条件下,有关设备不发生危险状态的概率。可靠性是指设备在规定的时间内和规定的条件下,完成规定功能的能力。保证行车和车站作业安全的铁路信号设备,应具有必要的安全性和可靠性。

当信号发生故障时,应以特殊的方式做反应并导向安全。信号设备(系统)内部发生故障时,该设备能够导向安全侧,即给出不危及行车安全的信号。如当信号设备发生故障时,应立即关闭信号,给出禁止信号,禁止列车驶入信号机防护的空间,确保行车安全。

四、铁路信号的发展趋势

随着信息技术的发展和高速铁路信号技术的应用,当前铁路信号技术发展的总体趋势是:通信信号一体化、车站区间一体化、车上地面一体化;铁路信号日益呈现信息化、网络化、智能化、综合化、现代化;发展基于通信的列控系统;技术标准统一,系统化设计,模块化产品。

(一)多种先进技术集成的趋势日益明显

随着信息技术的不断快速发展,3C技术(计算机、通信、控制)和3G技术(GPS、GIS、GSM)等新技术在铁路信号中大量应用。根据不同运输需求,通过不同的列车占用检查,列车精确定位,列控信息无线传输,列车运行控制,列车进路控制,调度集中等先进技术集成列控系统。

(二)控制模式发生重要转折

铁路信号的控制模式正在逐渐从传统的以地面信号设备作为控制对象、开环控制方式、信息单向传输,向今后的以列车为控制对象、闭环控制方式、信息双向传输转变。

(三)信息化、综合化的趋势日益明显

随着TDCS、CTC、驼峰综合自动化、GSM-R综合移动通信系统、列控系统、电务管理信息系统的应用,信号系统正在形成行车调度及列车运行控制实时数据网和管理信息网,综合实现行车控制、调度指挥、运输管理、行车安全、客货服务等方面的信息共享。信息化是铁路运输行业现代化的标志。

（四）高可靠性技术日趋成熟

随着铁路信号控制系统的日益计算机化、网络化、电子化，系统广泛采用高可靠性技术，双机热备、2×2取2、3取2等冗余措施普遍采用，智能诊断、自动判别、故障报警、自动转换实现了高可用度。这是铁路信号广泛采用计算机技术、电子技术后带来的明显优势。高可靠性技术在铁路信号中日益成熟。

五、铁路电务部门

电务处是各铁路局(集团公司)实施电务专业管理的主管部门，主要承担更新改造工程、大中维修、安全管理、施工管理、生产调度、技术管理、质量管理、通信工作、设备动态检测、电务信息技术维护等管理职责，并接受铁路总公司的指导。

铁路电务部门的基层单位是电务段，它负责管内信号设备的日常维修及中修。电务段的管辖范围，由铁路局根据信号设备的布局和维修生产的需要等条件确定。电务段是电务专业管理的责任主体。

以上为铁路电务运营部门，它与铁路电务科研部门、铁路电务设计部门、铁路电务工程部门、铁路电务工业部门等一起，完成铁路电务系统从科研设计到设备生产、施工和运营维护。

第二节 铁路信号基础设备

铁路信号基础设备，包括继电器、信号装置、轨道电路、转辙机等。它们是构成铁路信号系统的基础。

一、继 电 器

继电器是一种电磁开关，在铁路信号系统中广泛使用各种类型的继电器。

继电器能够以极小的电信号控制执行电路中相当大的对象，能够控制数个对象和数个回路，也能控制远距离的对象，以完成复杂的逻辑关系。因此，在以继电技术构成的系统中，大量使用；在以电子元件和微机构成的系统中，作为接口部件，将系统主机与信号机、轨道电路、转辙机等执行部件结合起来。

二、信 号 装 置

铁路信号狭义上是指用特定物体(包括信号灯、仪表、音响设备)的颜色、形状、位置和声音等向铁路司机传达有关前方路况、机车车辆运行条件、行车设备状态以及行车命令等信息的装置或设备。

（一）铁路信号的分类

列车在铁路线路上行驶，需要及时了解前方信息，根据铁路信号显示控制行驶速度，向司机传达驾驶信息的方法有许多种，铁路信号可从多个角度进行分类。下面仅介绍最主要的3种分类。

1. 按接收信号的感官分类

按接收信号的感官可分为视觉信号、听觉信号两大类。

视觉信号是以物体或灯光的颜色、形状、位置、数目或数码显示等特征表示的信号，如用信号机、机车信号、信号旗、信号牌、信号灯、火炬等表示的信号，都是视觉信号。

视觉信号的基本颜色及其基本意义是：红色即是停车；黄色即是注意或减速运行；绿色则是按规定速度运行。在信号的显示中，除了采用红、黄、绿3种基本颜色以外，还采用月白色和蓝色。蓝色表示为"容许信号"或"禁止调车信号"；月白色则表示为"引导信号"或"准许调车信号"。

听觉信号是以不同声响设备发出音响的强度、频率、音响长短和数目等特征表示的信号，如用号角、口笛、响墩发出的音响及机车、轨道车鸣笛等发出的信号，都是听觉信号。

2. 按发出信号的机具能否移动分类

按发出信号的机具能否移动可分为：固定信号、移动信号和手信号。

在固定地点安装的信号设备称为固定信号，固定信号是铁路信号的主要信号；把临时设置的信号牌、信号灯等称为移动信号；用手执信号灯、信号旗或用手势显示的信号称为手信号。

固定信号是铁路信号设备的重要组成部分，在我国铁路上，依据运营要求，固定信号采用下列基本的信号：要求停车的信号，一般称为"禁止信号"或"停车信号"。要求注意或减速运行的信号，准许按规定速度运行的信号，则称为"进行信号"或"允许信号"。

3. 按信号机的用途分类

信号机用来防护站内进路、防护区间、防护危险地点，具有严格的防护意义。信号机按用途可分为进站、出站、进路、通过、预告、接近、遮断、驼峰、驼峰辅助、复示、调车信号机。其中进站、出站、进路、通过、驼峰、调车等信号机，都能独立构成信号显示。预告和复示信号机不能独立存在，而是附属于主体信号机，称为从属信号机。

(二) 信号机的设置及状态

地面固定信号一般设于线路左侧。如果两线路之间距离不足以装设信号机时，在特殊情况下，如线路左侧没有装设信号机的条件或因曲线、隧道、桥梁等影响，装在右侧比装在左侧显示距离更远，在保证不致使司机误认的条件下，经铁路局批准，也可设于右侧。

任何信号机不得侵入铁路建筑限界。

信号机有关闭和开放两种状态。将信号机经常保持显示状态作为信号机的定位。信号机定位的确定，一般是考虑保证行车安全、提高运输效率或信号显示自动化等因素。例如，进站、出站信号机对行车安全起着极其重要的作用，规定以显示停车信号——红灯为定位。

(三) 信号机的种类

1. 色灯信号机和臂板信号机

按信号机构造分类，地面信号机可分为色灯信号机和臂板信号机。

色灯信号机是用灯光的颜色、数目及亮灯状态表示信号含义的信号机。它具有昼夜显示一致、占用空间小等特点，但需可靠的交流电源。臂板信号机已淘汰，不再介绍。

色灯信号机按构造又分为透镜式、组合式和LED式信号机。

1) 透镜式色灯信号机

采用透镜组来将光源发出的光线聚成平行光束,故称为透镜式。其结构简单、安装方便、控制电路所需电缆芯线少,所以得到广泛采用。

高柱透镜式色灯信号机,它由机柱、机构、托架、梯子等部分组成。机柱用于安装机构和梯子。机构的每个灯位配备有相应的透镜组和单独点亮的灯泡,给出信号显示。托架用来将机构固定在机柱上。梯子用于维修人员攀登作业。

机构的每个灯位由灯泡、灯座、透镜组、遮檐及背板等组成。灯泡是色灯信号机的光源。为保证信号显示的不间断,均采用直丝双丝灯泡,即当点亮的主灯丝断丝时,可改为副灯丝点亮。透镜组装在镜架框上,由两块带棱的凸透镜组成,里面是有色带棱外凸透镜,外面是无色带棱内凸透镜,能满足显示距离远且具有很好的方向性的要求。遮檐用来防止阳光等光线直射时产生错误的幻影显示。

透镜式色灯信号机的机构按结构分为二显示和三显示两种,另有单显示的信号机构。图6-1所示为透镜式色灯信号机示意图。

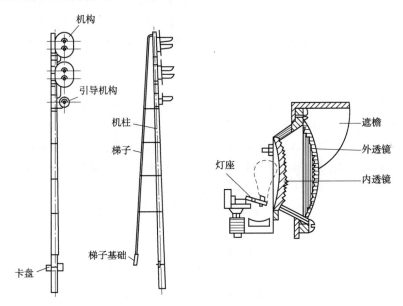

图6-1　透镜式色灯信号机

2) 组合式信号机

组合式信号机则是为提高在曲线上显示距离而研制的新型信号机。信号灯泡发出的光通过滤色片变成色光,经非球面透镜聚成平行光束,再由偏光镜折射偏散,能保证信号显示在曲线线段上的连续性。信号机构采用组合形式,一个灯位为一个独立单元,配一种颜色,使用时根据需要进行组合,故称为组合式信号机。

3) LED信号机

LED信号机的机构大小同透镜式色灯信号机,机构由铝合金材料构成,重量大大减少,便于进行施工安装,密封条件好,信号点灯单元由LED发光二极管构成,使用寿命长,可以做到免维护。

2. 高柱信号机和矮型信号机

按安装方式分类，信号机可分为高柱信号机、矮型信号机。

高柱信号机的信号机构安装在信号机柱上，一般用于显示距离要求较远的信号机。高柱信号机具有显示距离远、观察位置明确等优点。因此，为保证安全，提高效率，进站、正线出站、接车进路、通过、预告、驼峰等信号机等必须采用高柱信号机。

矮型信号机设于位于建筑接近限界下部外侧的基础上，一般用于显示距离要求不远的信号机上。

(四) 主要信号机及其显示意义

1. 进站信号机

进站信号机用来防护车站，指示进站列车的运行条件，保证接车进路的正确和安全可靠。进站信号机设于车站入口距进站道岔尖轨尖端(顺向为警冲标)不少于 50～400m 的地点。进站信号机采用黄、绿、红、黄、月白 5 个灯位的色灯信号机。1 个绿色灯光——准许列车按规定速度经正线通过车站；1 个黄色灯光——准许列车经道岔直向位置，进入站内正线准备停车；2 个黄色灯光——准许列车进入站内到发线停车；1 个红色灯光——不准列车越过该信号机；1 个绿色灯光和 1 个黄色灯光——准许列车进入站内停车，表示进路信号机在开放状态，出站信号机在关闭状态；1 个红色灯光和 1 个白色灯光——引导信号，准许引导接车。

2. 出站信号机

出站信号机用来防护区间，指示列车可否由车站进入区间。出站信号机设于发车线警冲标内方。出站信号机一般兼作调车信号机。出站信号机的灯光配列有不同的情况：在半自动闭塞区段，为红、绿、月白 3 种基本灯位。在自动闭塞区段，增设 1 个黄灯灯位。

1 个红灯表示停车，不准越过信号机。1 个月白灯表示准许调车。绿灯和黄灯显示与区间闭塞方式有关。

在非自动闭塞区段，1 个绿灯表示准许列车由车站出发；2 个绿灯表示准许列车由车站开往次要线路。

三显示自动闭塞区段，单向运行时，绿灯点亮，表示运行前方至少有 2 个闭塞分区空闲；黄灯点亮，表示运行前方只有 1 个闭塞分区空闲。四显示自动闭塞区段，绿灯点亮，表示运行前方至少有 3 个闭塞分区空闲；绿灯和黄灯同时点亮，表示运行前方有 2 个闭塞分区空闲；黄灯点亮，表示运行前方只有 1 个闭塞分区空闲。

3. 通过信号机

通过信号机的作用，是指示列车能否进入该信号机所防护的闭塞分区或所间区间。通过信号机设在自动闭塞区段的闭塞分区分界处，以及非自动闭塞区段的所间区间的分界处。

三显示自动闭塞，通过信号机灯光配列为黄、绿、红 3 个灯位，三种显示，两列列车间以间隔三架通过信号机运行；四显示自动闭塞，通过信号机灯光配列为绿、红、黄 3 个灯位，增加绿黄显示共四种显示，两列列车间以间隔四架通过信号机运行。

4. 调车信号机

调车信号机用于指示调车机车能否越过该信号机进行调车作业。在车站内，根据调车作业的实际需要设置调车信号机。调车信号机为两显示：点亮月白灯，准许调车车列超过该信号机;点亮蓝灯,禁止调车,调车车列不得越过该信号机。

5. 遮断信号机

为防护平交道口(铁路与公路的平面交叉点)、桥梁、隧道以及塌方落石等危险地点而设置的信号机,叫作遮断信号机。遮断信号机的设置位置,距其防护地点不得少于50m。

遮断信号机为单显示信号机。点亮红灯不准列车越过该信号;遮断信号机不着灯时,不起信号作用。

6. 预告信号机

预告信号机的作用是预告主体信号机的显示。对进站、通过、遮断等绝对信号机,应根据实际需要,装设预告信号机,预先告诉司机主体信号机的状态,以防止冒进绝对信号。

(五)信号表示器

信号表示器对行车人员传达行车或调车意图,或对信号进行某些补充说明所用的器具,没有防护意义。信号表示器分为道岔、脱轨、进路、发车、发车线路、调车及车挡表示器。

三、轨 道 电 路

轨道电路是以铁路线路的两根钢轨作为导体,用引接线连接电源和接收设备所构成的电气回路。它监督铁路线路是否空闲,自动将列车的运行和信号设备联系起来,以保证行车的安全。轨道电路是铁路信号的重要基础设备,它的性能直接影响行车安全和运输效率。

(一)轨道电路的组成及基本原理

轨道电路是以铁路线路的两根钢轨作为导体,两端加以机械绝缘(或电气绝缘),接上送电和受电设备构成的电路。最简单的轨道电路,如图6-2所示。

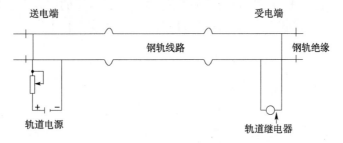

图6-2 最简单的轨道电路

轨道电路的送电设备设在送电端,由轨道电源和限流电阻R_x组成。根据轨道电路的类型不同,轨道电源可以用直流电源、轨道变压器或信号发生器供电。轨道电路的受电设备设在受电端,一般采用继电器,称为轨道继电器。送、受电设备一般放在轨道旁的变压器箱或电缆盒内,轨道继电器设在信号楼内。送、受电设备由引接线(钢丝绳)直接接向钢轨或通过电缆过轨后由引接线接向钢轨。

轨道电路各组成部分的作用如下:

轨道电源为轨道电路的工作电源,为轨道电路的主要送电设备。

限流电阻的作用是保护电源不致因超过负荷而损坏,同时保证列车占用轨道电路时,轨道继电器可靠落下。

轨道继电器接收轨道电路的信号电流,反映轨道电路的状态。

钢轨是轨道电路的导体,为减小钢轨接头的接触电阻,增设了轨端接续线。钢轨绝缘是为分隔相邻轨道电路而装设的绝缘装置。

当轨道电路内钢轨完整,且没有列车占用时,轨道继电器吸起,表示轨道电路空闲。当线路有列车占用时,轨道电路被列车轮对分路,轮对电阻远小于轨道继电器线圈电阻,流经轨道继电器的电流大大减小,轨道继电器落下,表示轨道电路被占用。

(二)轨道电路的作用和基本工作状态

1)轨道电路的作用

(1)监督列车的占用,反映线路的空闲状况。

(2)传递行车信息,如移频自动闭塞利用轨道电路传递不同的频率来反映前行列车的位置,决定各信号机的显示,为列车运行提供行车命令。轨道电路中传送的行车信息,还为列车运行自动控制系统直接提供控制列车运行所需要的前行列车位置、运行前方信号机状态和线路条件等有关信息,以决定列车运行的目标速度,控制列车在当前运行速度下是否停车或减速。

2)轨道电路的基本工作状态

(1)轨道电路的调整状态:就是轨道电路完整和空闲,接收设备(如轨道继电器)正常工作时的状态。在调整状态,对轨道继电器来说,它从钢轨上接收到的电流越大,它的工作就越可靠。

(2)轨道电路的分路状态:就是轨道电路被列车占用的状态。在分路状态,要求在任何情况下分路时,应使轨道电路的接收设备处于不工作状态。

(3)轨道电路的断轨状态:是指轨道电路的钢轨在某处折断时的情况。此时,虽然钢轨已经断开,但轨道电路仍旧可以通过大地而构成回路,轨道电路的接收设备中还会有一定数量的电流流过。为了确保安全,当钢轨折断时,其接收设备应停止工作。

四、转 辙 机

转辙机是道岔转辙装置的核心和主体,除转辙机本身外,还包括外锁闭装置(内锁式方式没有)和各类杆件、安装装置,它们共同完成道岔的转换和锁闭。转辙机是重要的信号基础设备,它对于保证行车安全,提高运输效率,改善行车人员的劳动强度,起到非常重要的作用。

(一)转辙机的作用

转辙机的作用具体如下:

(1)转换道岔的位置,根据需要转换至定位或反位。

(2)道岔转至所需位置而且密贴后,实现锁闭,防止外力转换道岔。

(3)正确地反映道岔的实际位置,道岔的尖轨密贴于基本轨后,给出相应的表示。

(4)道岔被挤或因故处于"四开"(两侧尖轨均不密贴)位置时,及时给出报警及表示。

(二)对转辙机的基本要求

对转辙机的基本要求具体如下:

(1)作为转换装置,应具有足够大的拉力,以带动尖轨作直线往返运动;当尖轨受阻不能运动到底时,应随时通过操纵使尖轨回复原位。

(2)作为锁闭装置,当尖轨和基本轨不密贴时,不应进行锁闭;一旦锁闭,应保证不致因车通过道岔时的震动而错误解锁。

(3)作为监督装置,应能正确地反映道岔的状态。

(4)道岔被挤后,在未修复前不应再使道岔转换。

(三)我国常用转辙机简介

ZD6系列电动转辙机主要由电动机、减速器、摩擦联结器、转换锁闭装置、自动开闭器、挤切销和移位接触器等部件组成,由动作杆和表示杆连接道岔尖轨。

电动机为电动转辙机提供动力。减速器降低转速,以变换为较大转矩。摩擦联结器防止道岔转换过程中尖轨被阻后电机烧坏和机件受损。转换锁闭装置将旋转运动改变为直线运动以带动道岔尖轨位移,并完成最后的内部锁闭。自动开闭器反映道岔的位置,在转换过程中自动接通或断开电动机电路。挤切销和移位接触器用以在挤岔时保护转辙机内部部件不受损害,同时向车站值班员报警。安全接点(又称遮断器)是为了确保维修人员安全而设的,插入手摇把,断开电动机电路才能进行检修,或人工变换道岔位置。其结构,如图6-3所示。

S700K型电动转辙机主要由外壳、动力传动机构、检测和锁闭机构、安全装置、配线接口5大部分组成。其结构先进,工艺精良,不但解决了长期困扰信号维修人员的电机断线、故障电流变化、接点接触不良、移位接触器跳起和挤切销折断等惯性故障,而且可以做到"少维护、无维修",符合中国铁路运营的特点和发展方向。

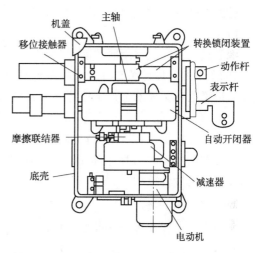

图6-3 ZD6型电动转辙机结构简图

为满足列车提速后的行车安全和提高运输效率的要求,道岔转换装置必须高安全、高可靠、长寿命、少维护。ZD6型电动转辙机不能满足这样的要求,它的直向过岔速度只允许120km/h。为此,必须采用S700K型电动转辙机、ZYJ7型电动液压转辙机或ZD(J)9型电动转辙机。它们的共同特点是:采用外锁闭、尖轨及心轨的动态安全由外锁闭保证;两根尖轨由联动改为分动;尖轨、心轨均用两点牵引,可实现全程密贴以及全程夹异物检查,确保列车运行安全;采用三相异步电动机故障少、寿命长。

第三节 车站联锁系统

联锁系统由各种车站信号设备组成,主要功能是通过技术手段来对车站内信号机、道岔、轨道电路等基本信号设备按照规定的要求进行实时控制,以保证列车或调车车列在站内的作业安全。联锁系统分为非集中联锁和集中联锁两大类,集中联锁又分继电集中联锁和计算机联锁。非集中联锁设备已逐渐被淘汰,随着信号技术的不断发展,计算机联锁将逐步取代继电集中联锁。

一、联锁的基本概念

(一)联锁

1. 联锁的定义

车站内有许多线路,它们用道岔连接着。列车和调车车列在站内运行所经过的径路,称为进路。按各道岔的不同开通方向可以构成不同的进路。只有进路处于安全状态时,列车或调车车列才能进入进路,如果该进路处于不安全状态则不能进入该进路。因此,每条进路的始端必须设置信号机来防护,列车和调车车列必须依据信号的开放而通过进路。信号、道岔、进路之间的这种相互制约的关系,称为联锁关系,简称联锁。

2. 联锁的基本内容

联锁的基本内容包括:防止建立会导致机车车辆相冲突的进路;必须使列车或调车车列经过的所有道岔均锁闭在与进路开通方向相符合的位置;必须使信号机的显示与所建立的进路相符。

进路上各区段空闲时才能开放信号。如果进路上有车占用,却能开放信号,则会引起列车、调车车列与原停留车冲突。这是绝对不容许的。

进路上有关道岔在规定位置才能开放信号。如果进路上有关道岔开通位置不对却能开放信号,则会引起列车、调车车列进入异线或挤坏道岔。信号开放后,其防护的进路上的有关道岔必须被锁闭在规定位置,而不能转换。

敌对信号未关闭时,防护该进路的信号机不能开放。否则列车或调车车列可能造成正面冲突。信号开放后,与其敌对的信号也必须被锁闭在关闭状态,不能开放。

(二)联锁设备

要实现上述联锁关系的核对和检查,必须有一套安全可靠的自动控制系统,即车站联锁控制系统,也称车站联锁设备,简称联锁设备。联锁设备的任务就是安全可靠地控制车站联锁区域内的信号、道岔和进路,并实现它们之间的相互制约。

目前,铁路现场广泛应用的联锁设备主要有两种:一是应用多年的以继电器为核心的继电集中联锁设备;二是以计算机为核心的计算机联锁设备。这两种设备实际上都属于电气集中联锁设备,但习惯上人们把继电集中联锁称之为电气集中。我国铁路车站的继电集中联锁设备,大多为 6502 电气集中联锁设备。

6502 电气集中电路自从 1965 年设计应用以来,全国绝大多数车站都使用这种联锁设备,几十年来得到广泛的应用。目前,随着计算机联锁技术的发展,继电集中联锁设备正在逐步被计算机联锁设备取代,尤其是新建和改造车站已经全部使用计算机联锁设备。

二、6502 电气集中联锁

(一)设备组成

电气集中联锁车站的信号设备由室外和室内两部分组成,如图 6-4 所示。

室外设备电气集中联锁车站和计算机联锁车站相同,主要有信号机、转辙机、轨道电路和电缆线路。室外主要采用透镜式色灯信号机,给出各种信号显示。转辙机主要应用内锁闭方式的 ZD6 直流电动转辙机、钩式外锁闭方式的 S700K 型三相交流电动转辙机或 ZYJ—7 型电动液压转辙机，用来转换和锁闭道岔，监督道岔位置。轨道电路在非电气化区段一般采用工频交流连续式 480 型轨道电路，在电气化区段采用 25Hz 相敏轨道电路，用来监督线路是否完整、区段是否空闲。室内与室外信号设备之间采用各种信号电缆作为控制线路。

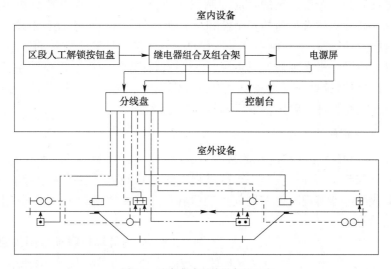

图 6-4　电气集中系统设备的组成

6502 电气集中联锁设备信号楼内的设备主要有控制台、区段人工解锁按钮盘、继电器组合架、电源屏和分线盘。控制台用于控制和监督道岔、进路和信号机。设有控制台的信号楼或行车室就是车站的控制中心。区段人工解锁按钮盘是辅助设备，特殊情况下使用。继电器组合架是实现联锁控制的核心设备，它安放控制和监督用的各种继电器。电源屏能不间断地供给整个电气集中用的各种交直流电源。分线盘是室内外电缆连接的地方。

(二)设备具体功能

6502 电气集中联锁设备，主要完成联锁控制功能和显示报警功能。

1. 联锁控制功能

(1)进路控制：操纵人员通过按压相关的进路按钮可以自动选排出符合操纵意图的进路，并实现对进路的自动锁闭；车列经过进路时，随着车列的占用出清能够实现逐段自动解锁。

(2)道岔控制：排列进路的过程中与该进路相关的道岔在顺序启动后，可以同时自动转换，前一条进路选出即可排列下一条进路。进路建立的过程中道岔一直锁闭，直到进路解锁。此外，对任一集中控制的道岔均可进行单独操纵，单独锁闭，单独解锁。

(3)信号控制：排列进路时随着进路的自动锁闭，防护该进路的信号会自动地开放，而且受车列运行的控制信号会自动关闭。信号一旦关闭后，不经人为操纵不会自动重复开放。

2. 显示及报警功能

通过控制台可以提供各种操作的提示，车列运行位置的显示，信号设备动作及状态的表示。此外，当发生挤岔、灯丝断丝、保险熔断、电源切换等故障及列车接近时，设备会自动提供报警信号，以便及时处理。

综上所述,室内外信号设备构成了车站联锁的完整控制系统,使 6502 电气集中联锁设备具有较完善的联锁控制功能,而保证车站的作业安全。

三、计算机联锁

车站信号设备是一个很复杂的自动控制系统,它经历了从机械联锁到继电联锁的发展过程。采用继电联锁固然有很高的安全性和可靠性。但是继电联锁设备造价高、信息少、体积大,而且不便于与其他自动控制系统进行信息交换。随着计算机技术的不断发展,在世界各国正采用计算机设备来实现对车站联锁的控制,即计算机联锁。目前铁路新线建成和既有线改造中,计算机联锁系统成为主要的车站联锁设备。它已成为铁路信号技术设备自动化、信息化的标志,是保证铁路运输安全高效的关键设备。

(一)计算机联锁的基本原理

众所周知,继电联锁是靠继电器的线圈、接点组成一套复杂的开关量控制电路,实现对信号设备的联锁控制。而计算机是一个能够对二进制代码进行各种复杂运算的智能机器,要用计算机取代继电器实现联锁控制就必须将各种开关量转换为 1、0 相间的代码,构成一套复杂的控制系统。

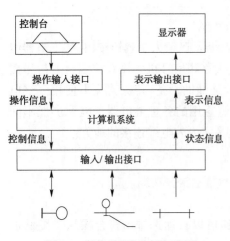

图 6-5 计算机联锁基本原理框图

图 6-5 所示,是计算机联锁控制的原理框图。实现联锁控制主要经过信息输入、联锁运算和信息输出 3 个环节。计算机一方面通过操作输入通道和接口接收由操作设备(控制台)产生的操作信息;另一方面通过状态输入通道和接口采集室外信号设备的状态信息,将上述两种开关量的动作变为二进制代码送入计算机。信息代码进入计算机以后,计算机按照联锁程序的要求对输入的信息进行分析处理和复杂的逻辑运算(此称联锁运算),其结果形成了对信号设备的控制信息和各种表示信息。控制信息通过输出通道和接口控制道岔转换和信号变换显示;表示信息则通过表示输出通道和接口控制显示器的显示。

(二)计算机联锁系统的硬件组成

各种型号的计算机联锁系统由于设计思路不同,所采用的硬件不完全相同。即使同一种型号的系统,其控制的车站规模不同,所需要的硬件数量也不相同。但各种系统的基本功能和基本任务大致一样,因此它们的硬件组成的基本形式差异不大。

计算机联锁系统主要由人机对话设备、联锁控制计算机系统、输入/输出通道与接口、继电器结合电路及其监控对象(信号机、道岔、轨道电路)等部分组成。

下面对各组成部分作以简要说明。

1.联锁控制计算机系统(简称主机)

主机是计算机联锁系统的核心,它要完成所有信息的处理、接口管理及与外部设备的信息交换。由于计算机联锁系统接收和处理的信息多而且复杂,为了保证运算的质量和速度,目前应用的各种型号的计算机联锁设备均采用多机系统。即将人机对话、联锁运算、系统监测等功能分别用不同的计算机来处理。所以,计算机系统(主机)是由几个子系统组成,一般包括上位机(也称操作表示机或控制显示机或监视控制机)、下位机(也称联锁处理机)、电务维修机(也称监测机)等。而且,为了提高系统的可靠性,上位机采用双机冗余控制,联锁机采用双机热备、三机表决或 2×2 取二冗余控制。各部分计算机的功能如下:

(1)上位机:一是接收操作人员的操作命令,将操作信息通过网络通信传给联锁机;二是接收来自联锁机的状态信息和提示信息等,控制显示器显示系统及监控对象的状态,及时显示各种提示信息和报警信息;三是将各种表示信息、报警信息及时转发给电务维修机。

(2)下位机:一方面接收上位机下发的操作信息,另一方面通过输入接口采集现场信号设备的状态信息。对输入的信息进行逻辑处理、联锁运算。根据运算结果,形成控制命令和表示信息。控制信息通过输出接口电路控制组合架的继电器动作;表示信息是将现场信号设备的状态信息、提示信息、报警信息等及时传给上位机。

(3)电务维修机:它是专门为电务维修人员配备的机器。其主要任务是接收操作表示机发来的状态信息、操作信息、提示信息和报警信息等,通过显示器可及时显示。同时将各种信息的数据储存记忆,以便查询。

2.人-机对话界面

计算机联锁系统大多都采用操作表示合一的界面,显示器显示状态,鼠标输入命令,音箱提供语音报警。维修机上还有供电务维修人员维护监测使用的键盘、鼠标、显示器及打印机等。

3.通道与接口

通道与接口是连接主机与外部设备的纽带。在计算机联锁系统中,主机一方面通过人-机接口接收值班员的操作命令,同时为显示设备提供各种表示信息;另一方面,通过与监控对象之间的输入通道和接口采集现场设备的状态信息,经过逻辑运算后,形成控制命令,通过与监控对象之间的输出通道和接口控制现场的信号设备。

由于在现有的计算机联锁系统中,监控对象的执行部件仍然是继电器,因此,与主机相连时,需要通过输入通道将继电器接点的开关状态变换成计算机能够接收的数字信号(数据)后,才能经由接口送入计算机。同样,计算机输出的控制命令也需要输出通道的变换和传送才能驱动继电器。

4.继电器结合电路

由于铁路信号对系统的安全性要求非常高,目前国内的计算机联锁系统受到软、硬件技术水平的限制,还不能完全取消继电器。控制、监督室外信号设备的最后一级执行部件仍然用继电器。一般的计算机联锁系统所用的继电器的数量仍为 6502 电气集中的 1/3 左右。

(三)计算机联锁设备的基本功能

随着现代计算机控制技术的发展,计算机联锁设备的功能已远远超过继电联锁设备,许多功能是继电联锁无法实现的。下面介绍一下计算机联锁设备的功能:

1.联锁控制功能

计算机联锁设备具有 6502 电气集中联锁设备的所有功能。它主要包括:

(1)对进路的控制:能够实现进路的自动选排、锁闭及解锁。

(2)对信号的控制:能够实现信号的自动开放、关闭及防止信号因故关闭后的自动重复开放。

(3)对道岔的控制:能够实现对道岔的单独操纵、单独锁闭及单独封锁。

2. 显示功能

由于采用大屏幕显示器,计算机联锁系统能够提供非常直观、清晰、形象的各种显示。

(1)站形显示:在显示器上,平时用蓝色的线条显示出车站的站形,当道岔位置改变时,显示器上的道岔开通方向会随之改变。进路锁闭时,相关的线条变为白色;有车占用时,变为红色。

(2)现场信号设备状态显示:显示器上不但能清晰地显示道岔的位置,还能显示轨道区段和信号机的各种状态。

(3)按钮操作提示:值班员按下某一按钮后,在显示器上有相应的提示,以确认操作动作是否正确。

(4)系统的工作状态、故障报警显示:在屏幕上,不但能够显示系统的工作状态,而且当系统发生故障时,显示器上还有报警提示。

3. 记录储存和故障诊断功能

计算机联锁系统最突出的优点是储存容量大,具有较强的记忆功能,系统不但能够及时地提供当前的信息显示,而且还能提供历史的信息。

4. 结合功能

由于计算机联锁系统可以与调度集中、微机监测、列车运行控制等远程自动化系统直接进行数据交换和信息传送,因此,可以灵活地与其他系统结合,以实现多网合一,节省设备。

(四)计算机联锁系统的特点

1. 人-机对话设备更新

计算机联锁系统操纵设备已由过去操纵表示合一的按钮式控制台,变为操纵表示分离的数字化仪和大屏幕显示器,采用光笔或鼠标操作,既形象直观又方便灵活。

2. 软、硬件设计模块化

各种计算机联锁系统,在软、硬件设计时,均以信号设备即信号机、道岔、轨道区段为设计对象,根据站型选择不同数量的数据模块进行链接,便于系统的设计和调试。

3. 硬件高可靠性

为了提高计算机联锁系统的可靠性,各个环节的计算机均采用高可靠性的工业控制机,在系统设计时,采用动态冗余、故障切换等方式,减少系统停机的概率,保证系统可靠工作。

4. 软件采用双套程序

在软件设计时,采用不同版本、不同思路的两套软件。输入相同的信息,两套程序同时分别运行,结果比较,若两结果一致,才可以输出。这样可以防止程序运行时发生错误。

5. 信息传输快

采用光缆或通信电缆作为传输线路,通信速度快;用同步或异步通信的方式传输信息,可以大大减少信息的传输错误。

6. 抗干扰能力强

计算机联锁系统采用隔离变压器和高抗干扰稳压电源,外部设备和计算机之间采用光电耦合,保证系统不受外界干扰。

7. 功能扩展

计算机联锁系统除了具有较强的联锁控制和显示功能外,还增加了较完善的系统自动测试和故障诊断功能。

8. 便于结合

计算机联锁系统预留的接口可以与其他信息化设备直接连接,交换信息非常方便。

随着计算机技术在自动控制领域的不断应用,计算机联锁技术也正在迅速发展,它的功能不断增强,成本不断降低。计算机联锁设备的应用,已由点到线不断扩展,并将与TDCS、CTC、CTCS等系统同步发展,成为代表中国铁路信号现代化水平的标志。

 知识拓展

国内计算机联锁发展概况

目前,我国计算机联锁发展非常迅速,主要应用的计算机联锁有:中国铁道科学研究院通号所研制的TYJL-II型、TYJL-TR9型、TYJL-2000型、TYJL-ADX型计算机联锁;通号总公司研究设计院研制的DS6-11型、DS6-20型、DS6—K5B型计算机联锁;北京交大微联科技有限公司研制的JD-IA型、EI32—JD型计算机联锁系统;CASCO公司VPI型、iLOCK型计算机联锁。

新建铁路、客运专线、煤运专线、高速铁路均采用计算机联锁;基建、更新改造和大修工程积极成段发展计算机联锁,以便有利于CTC和TDCS的发展。而且今后新上的计算机联锁,120km/h以上的主要干线以2×2取二冗余计算机联锁为主,限制双机热备型计算机联锁的发展。

全电子化计算机联锁是一种新型的铁路车站自动控制设备,采用全电子执行单元直接控制室外的信号设备,实现了无接点、全电子化,提高了设备的集成化和信息化水平,简化了控制环节,节省了设备的投资。由兰州大成自动化工程有限公司与兰州交通大学联合开发的LDJL-II型全电子计算机联锁系统已经成功应用40多个车站。

第四节 闭塞设备

闭塞设备是保证区间行车安全、提高运输效率的设备。我国铁路目前主要使用半自动闭塞和自动闭塞。为满足铁路运输发展的需要,闭塞设备正进行大规模的技术改造,半自动闭塞除繁忙区段改建成自动闭塞外,主要应解决区间空闲检查的问题,即配套计轴设备或区间长轨道电路;自动闭塞则逐步改造为高可靠、多信息、四显示的统一制式移频自动闭塞。

一、闭塞设备概述

区间指的是两个车站(或线路所)之间的铁路线。根据区间线路的数目,区间分为单线区间、双线区间和多线区间(如三线区间)。

车站向区间发车时,必须确认区间无车,在单线区间还必须防止两站同时向一个区间发车。为此要求按照一定的方法组织列车在区间的运行,一般称为行车闭塞法,简称闭塞。用以完成闭塞作用的设备称为闭塞设备。

空间间隔法控制两运行列车之间保持一定的距离,一个区间(或闭塞分区)同时只允许一列列车运行。列车驶入固定区间的条件是:验证区间空闲,有进入区间的凭证,实行区间闭塞,因此能保证安全。按闭塞方式的不同,闭塞分为半自动闭塞、自动站间闭塞、自动闭塞。

行车闭塞制式大致经历了:电报或电话闭塞——→路签或路牌闭塞(人工闭塞)——→半自动闭塞——→自动闭塞的发展过程。目前我国铁路,双线多采用自动闭塞,单线多为半自动闭塞。

想一想

其他交通运输方式如公路、航空、水运,载运工具之间的距离不可控,这是这些运输方式事故多发的主要原因;而铁路的闭塞法,以设备形成列车与列车之间的空间间隔而保证列车之间不发生冲突,在安全方面的优越性是无可比拟的。

二、半自动闭塞

半自动闭塞是以出站信号机或线路所的通过信号机显示的进行信号作为列车占用区间的凭证,发车站的出站信号机或线路所的通过信号机必须经两站同意,办理闭塞手续后才能开放,列车进入区间后自动关闭,在没有检测区间中是否留有车辆的设备时,还须由接车站值班员确认列车的完全到达,办理解除闭塞手续;而且在列车未到达接车站以前,向该区间发车用的所有信号都不得开放,这就保证了两站间的区间内同时只有一列列车运行。这种方法既要人的操纵,又需依列车自动动作,所以叫半自动闭塞。

1. 半自动闭塞的基本要求

半自动闭塞的基本要求如下:

(1)甲站要求向乙站发车,乙站同意后,甲站出站信号机才能开放。

(2)列车由甲站出发进入区间后,出站信号机自动关闭,实现区间闭塞,两站再不能向区间发车。

(3)列车到达乙站后,方可解除闭塞;闭塞解除前两站出站信号机都不能开放。

(4)设备故障后,不能正常解除闭塞;在确认列车已全部到达车站,经双方同意可用故障复原方式解除闭塞。

2. 64D 型继电半自动闭塞

目前我国铁路使用最多的是用于单线的 64D 型继电半自动闭塞。

64D 型继电半自动闭塞设备,由半自动闭塞机、轨道电路、操纵和表示设备以及闭塞电源、闭塞外线等部分组成。此外,由车站的出站信号机和进站信号机配合半自动闭塞设备,它们之间用电路相连,共同完成接发车任务。为了实现闭塞设备之间的相互联系和控制,在相邻两站属于同一区间的两台闭塞机之间,用两条外线连接。

闭塞机由继电器和电阻、电容器等元件组成。它们构成半自动闭塞电路,完成闭塞作用。

半自动闭塞用轨道电路监督列车的出发和到达。在电气集中联锁车站,不必单独设置半自动闭塞用轨道电路,只要将站内有关的轨道电路条件加在半自动闭塞的电路中即可。

继电半自动闭塞的操纵和表示设备有:按钮、表示灯、电铃和计数器。

继电半自动闭塞的外线原来是和站间闭塞电话线共用的。但随着干线电缆或光缆线路的发展,最好将闭塞机外线和闭塞电话线分开。

三、站间自动闭塞

在半自动闭塞区段增加区间空闲检查设备,和继电半自动闭塞设备配套,自动检查区间占用或空闲,实现列车到达后的自动复原,构成站间自动闭塞。这是半自动闭塞的现代化方向。站间自动闭塞不同于半自动闭塞,其不必人工办理闭塞和到达复原;也不同于自动闭塞,其区间不划分闭塞分区,不通过信号机。

区间检查设备有两类:计轴器和长轨道电路。采用计轴技术的优越性在于:能对长区间进行检查;具有较高的可靠性、安全性及适用性;在国外铁路应用较为普遍,并产生了很好的运用经验和经济、社会效益。因此,在目前多采用计轴技术。

在现有 64D 型继电半自动闭塞设备的基础上,增加以计轴器为核心等设备构成计轴自动站间闭塞。计轴设备与原 64D 型继电半自动闭塞的结合电路每个区间的两端站各设一套。在计轴设备发生故障时,仍可使用半自动闭塞。

四、自动闭塞

国内广泛应用的固定自动闭塞系统 FAS(Fixed Autoblock System)基于轨道电路和固定闭塞分区,通常简称为自动闭塞。

将站间铁路线路划分为若干个闭塞分区,在每个闭塞分区入口处,设立通过信号机;在整个自动闭塞区段,各闭塞分区都设有轨道电路(或计轴器)。通过轨道电路(或计轴器)将列车运行和通过信号机的显示联系起来,根据列车运行自动变换通过信号机的显示,将闭塞分区占用情况自动通知给追踪列车。在列车运行过程中自动完成闭塞作用,无须人工参与,故称为自动闭塞。

(一)自动闭塞的优点

自动闭塞和半自动闭塞相比,有以下优点:

(1)由于两站间的区间允许续行列车追踪运行,就大幅度地提高了行车密度,显著地提高了区间通过能力。

(2)由于不需要办理闭塞手续,简化了办理接发列车的程序,因此,既提高了通过能力,又大大减轻了车站值班员的劳动强度。

(3)由于通过信号机的显示能直接反映运行列车所在位置以及线路状态,因而,确保了列车在区间运行的安全。

(二)自动闭塞的分类

1.双向自动闭塞和单向自动闭塞

自动闭塞按行车组织方法可分为单线双向自动闭塞、双线单向自动闭塞和双线双向自动闭塞。

在单线区段,既要运行上行列车又要运行下行列车。为了调整双方向列车的运行,在线路两侧都要装设通过信号机,这种自动闭塞称为单线双向自动闭塞。

在双线区段,以前多采用单方向运行的方式,即一条铁路线只允许上行列车运行,而另一条铁路线只允许下行列车运行。为此,对于每条铁路线仅在一侧设通过信号机,这样的自动闭塞称为双线单向自动闭塞。

为了充分发挥铁路线路的运输能力,在双线区段的每条线路上都能双方向运行列车,这样的自动闭塞称为双线双向自动闭塞。反方向一般按站间闭塞行车。

双线单向自动闭塞只防护列车的尾部,而单线和双线的双向自动闭塞必须对列车的尾部和头部两个方向进行防护。为了防止两方向的列车正面冲突,平时规定正方向通过信号机亮灯,反方向通过信号机灭灯。只要在需要改变运行方向,而且在区间空闲的条件下,由车站值班员办理一定的手续后才能允许反方向的列车运行。所以单线自动闭塞和双线双向自动闭塞必须设改变运行方向电路。

2.三显示自动闭塞和四显示自动闭塞

自动闭塞按通过信号机的显示制式可分为三显示自动闭塞和四显示自动闭塞。

三显示自动闭塞区段的通过信号机采用三显示机构,自上而下是黄、绿、红灯。能预告列车运行前方两个闭塞分区的状态。在列车速度和行车密度不断提高的情况下,在一些繁忙的客货混运区段,各种列车的运行速度和制动距离相差很大,三显示自动闭塞难以满足运营要求,于是出现了四显示自动闭塞。四显示自动闭塞是在三显示自动闭塞的基础上增加绿、黄灯显示,如图6-6所示,能预告列车运行前方三个闭塞分区的状态。信号机构仍采用三显示,自上至下依次是绿、红、黄。绿灯和黄灯同时点亮,表示运行前方两个闭塞分区空闲。绿灯点亮时,表示运行前方有三个及以上闭塞分区空闲。黄灯、红灯的显示意义同三显示。

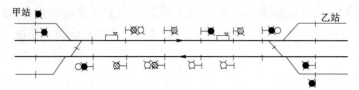

图6-6 四显示自动闭塞

四显示自动闭塞是具有速度含义的速差式自动闭塞,其每种显示都具有明确的速度含义。用两个闭塞分区满足一个列车全制动距离,能确保行车安全。《铁路技术管理规程》规定,列车运行速度在120km/h以上的区段必须采用四显示自动闭塞。四显示自动闭塞还可压缩列车追踪间隔,以进一步提高行车密度。

知识拓展

ZPW-2000A型无绝缘自动闭塞简介

ZPW-2000A型自动闭塞充分吸收法国UM71的技术优势,并实现了重大技术改进和创新。

ZPW-2000A型自动闭塞采用无绝缘轨道电路。轨道电路的无绝缘是通过电气绝缘节实现的,即采用"电气绝缘节"来取代"机械绝缘节",实现两相邻轨道电路的电气隔离。在每个电气分割点处设两个相距29m的谐振电路。轨道电路采用的频率,在同一线路的相邻轨道电路必须不同,两相邻线路上亦不相同,以免互相干扰。

ZPW-2000A型无绝缘自动闭塞由室内设备和室外设备构成。室内设备包括发送器、接收器和电缆模拟网络。室外设备包括调谐单元、空心线圈、匹配变压器、补偿电容。

ZPW-2000A型无绝缘轨道电路将轨道电路分为主轨道电路和调谐区短小轨道电路两个部分;并将短小轨道电路视为列车运行前方主轨道电路的所属"延续段"。

发送器用来产生高精度、高稳定性的移频信号。同时,向线路两侧主轨道电路、小轨道电路发送信号。

接收器除接收本主轨道电路频率信号外,还同时接收相邻区段小轨道电路的频率信号。接收器采用数字信息处理技术,将接收到的两种频率信号进行快速傅氏变换,获得两种信号能量谱的分布。接收器接收主轨道电路信号,并在检查所属调谐区短小轨道电路状态(XGJ、XGJH)条件下,动作本轨道电路的轨道继电器(GJ)。另外,接收器还同时接收邻段所属调谐区小轨道电路信号,向相邻区段提供小轨道电路状态(XG、XGH)条件。

第五节 列车运行控制系统

随着铁路运输的任务越来越重,列车运行速度越来越高,保证运输安全的问题也越来越突出。完全靠人工瞭望、人工驾驶列车已经不能保证行车安全了,即使装备了机车信号和自动停车装置,也只能在列车一般速度运行条件下保证安全,无法实现高速列车的安全保证,因为它们不能完成防止超速行车和冒进信号的现象。

为了适应铁路跨越式发展战略,实现对列车间隔和速度的自动控制,进一步提高运输效率,保证行车安全,2003年10月,铁路总公司参照欧洲列车运行控制系统(简称ETCS)制定了《中国列车控制系统(CTCS)技术规范总则(暂行)》和相应CTCS技术条件。

一、CTCS系统的基本知识

CTCS是Chinese Train Control System的缩写(中国列车控制系统)。列车运行控制系统是用于控制列车运行速度保证行车安全和提高运输能力的控制系统,是计算机、通信、控制等信息技术与信号技术的一个高水平集成与融合的产物。CTCS技术规范是它以分级的形式满足不同线路运输需求,在不干扰机车乘务员正常驾驶的前提下有效地保证列车运行的安全。

(一)CTCS系统的基本功能

1.安全防护

CTCS系统,它能在任何情况下防止列车无行车许可运行。

防止列车超速运行;防止列车超过进路允许速度;防止列车超过线路结构规定的速度;防止列车超过机车车辆的构造速度;防止列车超过临时限速及紧急限速;防止列车超过铁路有关运行设备的限速;防止列车溜逸。

2. 人机界面

以字符、数字及图形等方式显示列车运行速度、允许速度、目标速度和目标距离。实时给出列车超速、制动、允许缓解等表示以及设备故障状态的报警。具有标准的列车数据输入界面,可根据运营和安全控制要求对输入数据进行有效性检查。

3. 检测功能

开机自检功能和运行中动态检查功能。它能够记录设备的关键数据以及关键动作,并提供监测接口。

(二) CTCS 系统的应用等级

针对中国铁路不同的线路、不同的传输信息方式和闭塞技术,CTCS 系统划分为 5 个等级,依次为 CTCS-0 级、CTCS-1 级、CTCS-2 级、CTCS-3 级和 CTCS-4 级,以满足不同线路的速度需求。

CTCS-0 级为既有线的现状,即由目前使用的通用式机车信号和运行监控记录装置构成。

CTCS-1 级为面向 160km/h 以下的区段,由主体机车信号和加强型运行监控记录装置组成。它需在既有设备的基础上强化改造,达到机车信号主体化的要求,增加点式设备,实现列车运行安全监控。

CTCS-2 级为面向提速干线和高速新线,采用车地一体化设计,基于轨道电路传输信息的列车运行控制系统。它适用于各种限速区段,地面可不设通过信号机,机车乘务员凭车载信号行车。

CTCS-3 级为面向提速干线、高速新线或特殊线路,基于无线传输信息并采用轨道电路等方式检查列车占用的列车运行控制系统。

CTCS-4 级为面向高速新线或特殊线路,是完全基于无线传输信息的列车运行控制系统。地面可取消轨道电路,不设通过信号机,由 RBC 和车载验证系统共同完成列车定位和完整性检查,实现虚拟闭塞或移动闭塞。

二、CTCS-0 级和 CTCS-1 级列车运行控制系统

160km/h 以下线路可采用 CTCS-0 级或 CTCS-1 级列控系统。全路大部分既有铁路为 160km/h 以下线路,均以地面信号机作为指挥列车的行车凭证,利用联锁和自动闭塞设备,配合车载"机车信号 + 监控装置"构成 CTCS-0 级列控系统,加上司机的人工介入,CTCS-0 级列控系统可以满足当前的使用要求。通过增加应答器代替司机人工介入的操作,基本形成 CTCS-1 级列控系统的框架模式:"主体机车信号 + 监控装置 + 应答器"。

 知识拓展(一)

机 车 信 号

机车信号自 20 世纪 80 年代在我国铁路迅速普及,对行车安全起到了显著作用。机车信号的技术水平也不断得到提高,并出现了高可靠的通用机车信号和主体化机车信号。

1. 机车信号概述

机车信号又称机车自动信号，是用设在机车驾驶室的机车信号机自动反映运行条件，指示司机运行的信号显示制度。机车上应安装机车信号机，在地面线路上也安装相关装置，使机车上能接收到反映地面信号的信息。

机车信号能复示地面信号机的显示，改善司机的瞭望条件。由于气候条件不良或地形条件不良时，司机往往不能在规定距离内确认信号显示，存在冒进信号的危险。采用机车信号后，大大提高司机接收信号的可靠性，其效果十分显著。目前，随着机车信号可靠性的提高，机车信号已开始从辅助信号转为主体信号。

2. 通用机车信号

通用机车信号利用微机和数字信号处理技术，能自动识别和接收各种自动闭塞信息，译码后使机车信号机显示，为列车自动停车装置和列车运行超速防护系统提供信息。通用式机车信号存在着可靠性不高，未按主体化进行设计，不能成为主体信号使用。因此，现在发展了JZ-C系列机车信号，车载设备按主体化信号设计，符合故障-安全要求。

知识拓展（二）

LKJ2000列车运行监控记录装置

LKJ2000型监控装置基本组成结构，主要由主机箱、显示器、速度传感器、压力传感器等组成。列车行车命令通过轨道传送给机车，地面线路数据储存在监控主机中。

LKJ2000型监控装置的主要功能如下：

1. 速度控制功能

速度控制功能，主要是防止列车越过关闭的地面信号机，防止列车以高于道岔允许的最高运行速度通过岔区，防止列车以高于运行区段线路允许的最高速度运行，防止机车以高于规定的限制速度进行调车作业；在列车停车情况下，防止列车溜逸、可按列车运行提示要求控制列车不超过临时限速等。

2. 显示和警告提示功能

显示和警告提示功能，即显示运行前方地面信号机的种类和编号，显示列车距前方地面信号机的距离，显示控制速度值和列车实际运行速度值，显示运行线路状况，显示机车优化操纵曲线，其他运行参数及设备状态的显示等。当实际运行速度接近控制速度、机车信号显示状态变化、列车运行前方有分相绝缘、接近联控呼唤地点时，进行语音提示。

3. 运行记录功能

运行记录功能，包括日期、时间、机车型号、车次、列车编组、运行公里标、运行实际速度、模式控制速度、列车管压力、机车信号显示状态等。

4. 地面分析处理功能

地面分析处理功能，即：将车载记录的运行数据经过翻译、整理，以直观的全程记录、运行曲线、各种报表等形式再现列车运行全过程，为机务的现代化管理及事故分析提供强有力的工具。

LKJ2000型监控装置的硬、软件达不到故障-安全要求，所需地面数据不是由地面实时传递,而是储存在机车上,按列车坐标提取,一旦发生差错将危及行车安全,只能作为一种过渡设备使用。

三、CTCS-2 级列车运行控制系统

在我国既有线第六次大提速中采用 CTCS-2 级列控系统,在动车组列车上装备 CTCS-2 级列控车载设备;在提速至 200～250km/h 线路区段进行 CTCS-2 级列控地面设备改造。在 200～250km/h 客运专线也采用 CTCS-2 级列控系统;在 200～250km/h 客运专线,CTCS-2 级列控系统作为 CTCS-3 级列控系统的备用设备。

CTCS-2 级是基于轨道电路和点式信息设备传输列车运行许可信息,并采用目标距离模式监控列车安全运行的列车运行控制系统。CTCS-2 级是一种点-连式列车运行控制系统。

CTCS-2 级列控系统由地面系统与车载设备组成。CTCS-2 级列控系统设备组成,如图 6-7 所示。

(一) 地面系统

CTCS-2 级列控系统中轨道电路实现列车占用检查及完整性检查,并连续向车载设备传送空闲闭塞分区数量等信息。应答器向车载设备传输定位信息、线路参数、进路参数、临时限速和停车等信息。列控中心具有轨道电路编码、应答器报文储存和调用、区间信号机点灯控制、站间安全信息(区间轨道电路状态、中继站临时限速信息、区间闭塞和方向条件等信息)传输等功能,根据轨道电路、进路状态及临时限速等信息产生行车许可,通过轨道电路及有源应答器将行车许可传给列控车载设备。

(二) 车载设备

车载控制设备根据地面设备提供的信号动态信息、线路参数、临时限速等信息和动车组参数,按照目标-距离模式生成控制速度,监控列车安全运行。

主要功能:列控数据采集,静态列车速度曲线计算,动态列车速度曲线的计算,缓解速度的计算,列车定位、速度的计算和表示,运行权限和限速在 DMI 上的表示。运行权限和限速的监控,在任何情况下防止列车无行车许可运行,防止列车超速运行,防止列车溜逸。列车超速时,车载设备的超速防护具备采取声光报警、切除牵引力、动力制动、空气常用制动、紧急制动等措施。车载设备发生故障时,及时报警提醒机车乘务员并对故障设备进行必要的隔离。司机行为的监控、反向运行防护、CTCS-2 级列控系统信息的记录。

四、CTCS-3 级列车运行控制系统

CTCS-3 级列控系统是基于无线传输信息并采用传统方式检查列车占用的列车运行控制系统。面向提速干线、高速新线或特殊线路,基于无线通信的自动闭塞或虚拟自动闭塞,它可以叠加在既有干线信号系统上。CTCS-3 级列控系统适用于各种限速区段,地面可不设通过信号机,司机凭车载信号行车,满足客运专线和高速运输的需求。CTCS-3 级列控系统采取目标距离控制模式和准移动闭塞方式,同时具有 CTCS-2 级列控系统的功能。CTCS-3 级列控系统,包括地面设备和车载设备。

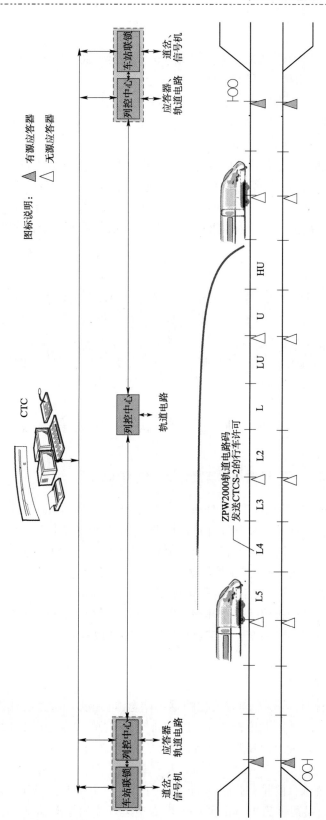

图 6-7 CTCS-2 系统设备组成

（一）地面设备

地面设备,由移动闭塞中心(RBC)、列控中心(TCC)、ZPW-2000(UM)系列轨道电路、应答器(含LEU)、GSM-R通信接口设备等组成。

RBC根据轨道电路、联锁进路等信息生成行车许可,并通过GSM-R无线通信系统将行车许可、线路参数、临时限速传输给CTCS-3级车载设备;同时,通过GSM-R无线通信系统接收车载设备发送的位置和列车数据等信息。

TCC接收轨道电路的信息,并通过联锁系统传送给RBC;同时,TCC具有轨道电路编码、应答器报文储存和调用、站间安全信息传输、临时限速功能,满足后备系统需要。

应答器向车载设备传输定位和等级转换等信息;同时,向车载设备传送线路参数和临时限速等信息,满足后备系统需要。应答器传输的信息与无线传输的信息的相关内容含义保持一致。

（二）车载设备

车载设备,由车载安全计算机(VC)、GSM-R无线通信单元(RTU)、轨道电路信息接收单元(TCR)、应答器信息接收模块(BTM)、记录单元(JRU/DRU)、人机界面(DMI)、列车接口单元(TIU)等组成。

车载安全计算机,根据地面设备提供的行车许可、线路参数、临时限速等信息和动车组参数,按照目标距离连续速度控制模式生成动态速度曲线,监控列车安全运行。

第六节　铁路列车调度指挥系统和调度集中控制

一、铁路列车调度指挥系统(TDCS)

铁路列车调度指挥系统 TDCS(Train Operation Dispatching Command System),是覆盖全路的调度指挥管理系统。TDCS是以现代计算机技术、计算机网络技术、通信技术、多媒体技术、数据库技术为基本技术手段,改造传统落后的铁路调度方式,实现铁路各级运输调度对列车运行实行透明指挥、实时调整、集中控制的现代化信息系统。

TDCS的应用,实现了铁路运输组织的科学化、现代化,增加运能,提高效率,减轻了调度人员的劳动强度,改善了调度指挥的工作环境。以TDCS为平台,组建分散自律、智能化、高安全、高可靠的新一代调度集中系统,是实现铁路提速、高速以及减员增效的跨越式发展的根本保证。

（一）TDCS系统的主要优点

调度指挥现代化是铁路运输管理现代化的重要标志,也是铁路运输信息化建设和应用的重点。TDCS的应用是对传统调度指挥模式的革命性突破,可以大大地减轻行车调度员和车站值班员的劳动强度,极大地提高调度管理水平和运输生产效率。

1. 无纸化的调度办公

长期以来,行车指挥依靠的是一张图、一支笔、一把尺、一块橡皮、一部电话的工作模式;使用TDCS系统后,调度员通过简单点击鼠标即可实现运行线的自动铺画、调整、下达阶段计划和调度命令等操作,列车运行的到发点由调度集中系统自动采集来生成实际运行图,每班的运行图可以打印输出。

2. 网络化的信息交换

在 TDCS 系统当中,调度员和车站值班员的信息交换全部采用网络传输,包括计划的下达、到发点的上报、调度命令的下达等信息。通过 TDCS 的应用,以信息和网络技术代替既有的信息交换方式,提高信息交换的效率和质量;同时,也实现了调度指挥的无声化,改善了调度人员的工作环境。

3. 自动化的计划调整

针对 3h 阶段计划的自动调整,由计算机的自动调整代替调度员人工调整;特别是单线调度区段,极大地减轻了调度员的工作强度,调度员只要把握住几个重点会让策略,进行人工干预,其他工作由计算机完成。通过系统自动调整列车会让计划、智能判别列车运行必须满足的逻辑关系,以一定的方式与车站的信、联设备连接,实现对车站设备的直接自动控制,满足调度集中的需要。

4. 集中化的调度控制

在调度集中(CTC)区段,TDCS/CTC 系统可以做到几百公里之外的车站全部由调度所来集中控制,调度员在调度台上便可直接控制车站的联锁设备,进行远程作业;甚至有些车站可以实现无人值守,通过调度集中系统的自律机逻辑判断与决策实现列车进路的自动控制,使整个运输调度工作跨上一个新台阶。

(二)TDCS 网络体系结构及系统构成

1. TDCS 网络结构

TDCS 由铁路总公司中心 TDCS 系统、铁路局 TDCS 系统、车站系统 3 层机构有机地组成,实现全路调度指挥自动化和现代化。

1)核心层

核心层,由铁路总公司 TDCS 和铁路总公司至各铁路局的广域网构成。它是整个 TDCS 广域网的中枢,各节点关键部分和功能采用合理的冗余配置以保证其安全、可靠。铁路总公司中心至各路局中心之间均采用双专线连接。两条专线分别连接两套设备,选用两条物理路由,最大限度地保证 TDCS 核心层不中断。

2)区域层

区域层,由铁路局 TDCS 组成的网络构成。它主要负责汇聚接入层各信源点采集的信息上传至铁路局、铁路总公司,并把铁路总公司、铁路局下达的阶段计划、调度命令等信息传至相关接入层的受信点。

3)接入层

接入层,由铁路沿线信源点(各站、场、段)组成的网络构成。它包括区段、枢纽和分界口 TDCS。3 层结构中,主要的系统间接口:基层网与路局中心的接口,路局中心与铁路总公司中心的接口,相邻路局中心之间的接口,TDCS 与 TMIS 的接口,TDCS 与现有其他系统的接口。

2. 系统构成

我国铁路调度指挥是以行车调度为核心,以站段为基础,实行铁路局和铁路总公司两级调度管理的体制。系统由调度指挥中心和车站子系统组成,如图 6-8 所示。

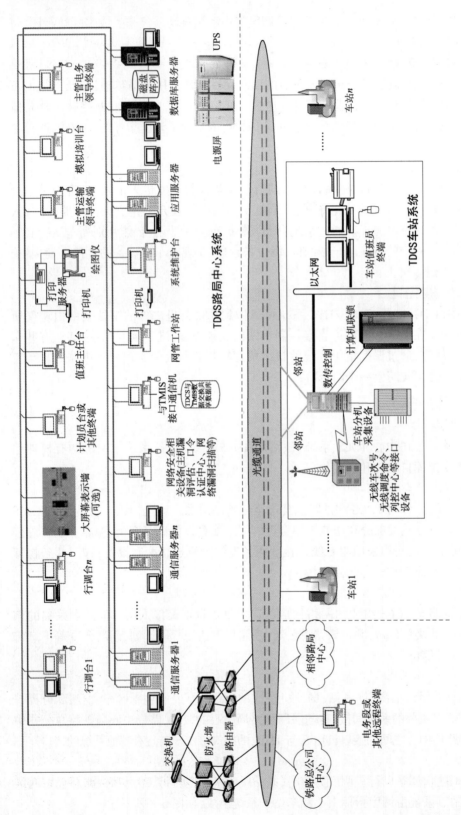

图 6-8 TDCS 系统组成

调度指挥中心系统:包括铁路总公司和铁路局调度指挥中心。设置数据库服务器、应用服务器、通信前置服务器、GSM—R通信服务器、大屏幕投影系统(或表示墙系统)、网络设备、电源设备、防雷设备、网管工作站、系统维护工作站、调度员工作站、值班主任工作站、计划员工作站、综合维修工作站等。

车站子系统:基层信息采集系统,主要设备包括车站分机、车务终端、网络设备、电源设备、防雷设备、联锁系统接口设备和无线系统接口设备等。

(三)系统功能

TDCS提供多功能调度监督、大屏宏观监视、调度管理信息系统、运输技术资料库等一系列辅助调度作业的功能。

1. 调度监督

调度监督设备的基本功能是,列车跟踪显示;调度监督历史回放;列车计划/实迹运行图绘制。

2. 实时宏观监视

铁路总公司调度中心可显示全路各局间分界口宏观显示及展开、主要干线运输状况宏观显示及展开、线路列车密度显示、全路枢纽运输状况宏观显示及展开、全路港口口岸作业状况显示、全路煤炭装卸点作业情况显示,其他视图、图像显示。

3. 技术资料检索、显示和打印

通过技术资料检索、显示和打印系统,可方便快捷地查询到所需的各种技术资料。

4. 调度信息管理和统计

调度信息管理和统计,是指铁路局调度中心的行车调度信息管理、机车调度信息管理、车辆调度信息管理、客运调度信息管理、货运调度信息管理和运输统计报表。

5. 3h列车运行计划的生成和执行

系统根据基本图生成日班计划,再根据日班计划生成阶段计划。阶段计划中的车次及到发时刻与实际运行信息进行比较,如果实际运行与计划一致,按照计划继续执行;如果实际运行与计划产生了差异,例如出现晚点,则对计划进行调整。调整后的计划下达车站,按新计划排列进路,开放信号,接、发列车,通过系统自动采集列车到发时刻以及车次跟踪信息,并通过网络传送到中心。

二、调度集中(CTC)

(一)调度集中的概念、功能及优点

1. 调度集中的概念

调度集中(Centralized Traffic Control,简称CTC)全称调度集中控制。它是控制中心对某一调度区段的信号设备进行集中控制,对列车进行直接指挥、管理的技术设备。

2. 调度集中的功能

调度集中的主要功能是集中控制列车进路,实现行车管理的自动化和遥控化。如图6-9所示,遥信是指车站被控对象的各种表示信息通过网络传送至控制中心,实现列车运行信息传送自动化;遥控指的是调度员在控制中心直接掌握所辖区段的列车运行情况,以确定列车的行动,并利用技术手段通过传输网络直接控制所辖区段的各个车站的接发车进路,实现列车传达指令的遥控化。

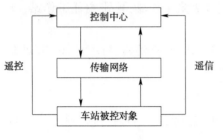

图6-9 调度集中的基本结构

3．采用调度集中的优点

1）提高运输效率,改善指挥行车方法

调度集中系统使得调度员能够及时了解整个区段内列车运行情况和设备状态,不用浪费大量的收点、记录和电话联系时间,有更多的时间来思考、调整和优化列车运行调整计划;利用列车运行调整计划自动控制列车的运行,提高了运输效率并充分发挥区间通过能力,明显减轻了行车指挥人员的劳动强度。

2）减员增效,降低成本

由于控制中心集中遥控办理进路,以及列车运行情况在控制中心自动地表示出来。因此,可以把车站行车人员从办理行车有关的业务中解放出来,减少了行车及信号操作人员。

3）便于灵活处理重大事件

在控制中心可以迅速、准确地指挥行车。由于列车运行情况能够实时表示,所以当发生事故时能迅速、妥善地处理。

（二）分散自律调度集中系统

分散自律调度集中系统,就是以分散自律控制模式为基本特征的调度集中系统。系统遵守的基本原则是列车作业优于调车作业,调车作业不得干扰列车作业。采用智能化分散自律设计原则,以列车运行调整计划为中心,兼顾了列车与调车作业,解决列车与调车相互干扰的问题,实现在不影响列车运行的原则下,允许中心和车站通过调度集中系统自主进行调车作业。

1．分散自律的基本原理

分散自律调度集中系统,就是车站设立自律机,按照列车运行调整计划和《铁路行车工作细则》正常接发车以及协调列车与调车作业的冲突,实现列车与调车作业的统一控制。这一原则叫作"分散自律"控制原则。

如图6-10所示,调度中心根据运输实际情况,编制列车运行调整计划,并适时地将调整计划下达给各个车站的自律机,由车站自律机根据列车运行调整计划自动生成列车进路操作指令,并根据车次号追踪结果,适时地将进路操作命令传送给联锁系统执行,实现了车站

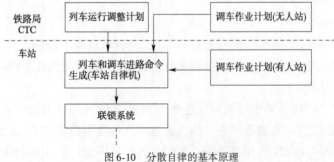

图6-10 分散自律的基本原理

作业和远程调度指挥。有人值守车站还能接收车站调车作业计划,无人值守车站接收CTC中心调车作业计划,在不影响列车的前提下自动生成调车进路操作命令并下达给联锁系统执行,以实现调车作业和列车作业协调进行,解决列车作业和调车作业的矛盾。车站自律机体现了既受CTC中心集中控制,又按各站调车作业情况自行处理的机理。

2. 系统结构与功能

我国铁路分散自律调度集中系统,由铁路局CTC中心子系统、车站子系统两级构成。系统采用通用的互联网体系结构,调度中心通过交换机将中心各种设备连接成一个局域网,各站交换机将车站设备连接成一个局域网。通信网络将中心局域网和各车站局域网连成一个广域网。分散自律调度集中由调度中心、车站、网络通信3部分构成。

下文介绍铁路局调度中心的组成及功能:

调度中心由调度中心应用系统和调度中心服务系统两部分组成。

1) 调度中心应用系统

调度中心应用系统主要提供局调度中心各相关工种的操作界面和培训功能。其主要设备包括:调度员台、助理调度/操作员合一台、综合维修调度工作站、值班主任台、计划员台、培训台、打印机、绘图仪等。

列车调度员工作站,是列车调度员的工作平台。其主要功能是实现监控管辖区段范围内列车运行位置、指挥列车运行。如调整和下达列车阶段计划,维护实际运行图,下达调度命令以及与相邻区段列车调度员交换信息。

助理调度/操作员合一工作站,主要实现CTC中心人工进路操作控制、闭塞办理、非正常处理等功能;同时,还实现无人车站的调车作业计划的编制、调整和指挥,以及在自律约束条件下调车进路的人工办理等相关功能。

综合维修调度工作站,主要用于设备日常维护、天窗修、施工以及故障处理方面的登、销记手续办理,并具有设置临时限速、区间、股道封锁等功能。同时,完成维修调度命令的编制、下达以及审批等功能。在行车实际中,可根据调度台作业的繁忙情况来决定是否设置综合维修调度工作站,对于不繁忙的调度,可将其功能合并于列车调度员工作站上。

2) 调度中心服务系统

调度中心服务系统主要由调度中心总机房设备构成。它提供应用系统后台服务,主要包括数据库服务器、应用服务器、通信服务器、GSM-R通信接口服务器、CTC/TDCS接口服务器、系统维护工作站、网络管理工作站、电源设备及防雷设备。

数据库服务器存储分散自律调度集中系统的运行图数据、车站信息、区段信息等基础静态数据表,以及计划数据、调度命令、站场表示信息、实际运行图等动态数据。

应用服务器是后台服务系统的核心,负责整个系统的数据收发、数据处理以及数据存储等工作;完成运行图的自动调整,向CTC所有工作站提供行车表示信息、列车编组信息、车次号跟踪信息、列车报点信息等。

3. 车站子系统结构与功能

分散自律调度集中,车站部分完成进路选排、冲突检测、控制输出等核心功能。车站子系统采用局域网结构,与调度中心和邻站通过广域网连接,包括车站运转室设备和车站机械室设备。

1)车站值班员工作站

车站值班员工作站设置于车站运转室内,一般采用双显示器,并采用双机热备模式。其功能主要包括:

(1)用户登录和权限管理。

(2)日计划、班计划、车站调车计划、阶段计划、调度命令的调阅与签收。

(3)本站的站场显示和相邻车站的站场显示,区间的运行状态显示。

(4)本站车次号的输入修改确认。

(5)行车日志的自动记录、存储、打印。

(6)列车编组和站存车的输入上报。

(7)调车计划的编制和打印。

(8)监视和控制本站自律机的计划执行和进路办理。

(9)本站非正常情况的报警。

2)车站信号员工作站

车站信号员工作站一般在较大车站设置。车站信号员工作站设置于车站运转室内,一般采用双显示器,并采用双机热备配置;当车站较小时,信号员工作站可以不设,其功能合并至车站值班员工作站。

车站信号员工作站的功能主要包括:用户登录和权限管理;本站的站场显示和相邻车站的站场显示,区间的运行状态显示;调车作业单的查询;进路控制,道岔控制,人工解锁,设备封锁等按钮直接控制。

3)车站站调工作站

车站站调工作站设于车站站调楼内,供车站调度员使用,设备为单套。其功能是提供本站及相关车站的站场显示和车次显示,调阅相关车站的行车日志,编写调车作业通知单并发送给车场值班员。

第七节 驼峰信号设备

编组站(以及区段站)装备现代化信号设备,是提高解编能力的最有效手段。在编组站信号设备现代化的进程中,重点是驼峰调车的自动化。它主要包括驼峰推峰机车速度自动控制、溜放车辆进路自动控制和溜放车辆速度自动控制。

一、驼峰信号设备、驼峰分类及驼峰溜放作业过程控制

(一)驼峰信号设备

驼峰信号设备,包括信号机、转辙机、轨道电路、车辆减速器、电源、动力设备和控制设备。控制设备视不同类型的驼峰而不同,从手动控制、继电控制到计算机控制。

(二)驼峰的分类

调车驼峰按其技术装备和作业特点,可分为非机械化驼峰、机械化驼峰、半自动化驼峰

和自动化驼峰。现在大型驼峰均建成了自动化驼峰,中、小驼峰也以自动化为发展方向。

(三)驼峰溜放作业过程控制

所有编组站和部分区段站设有驼峰,驼峰信号设备是编组站信号设备的最主要组成部分。推峰机车根据驼峰信号机的指示进行作业。因推峰机车在车列尾部,加上天气影响,瞭望条件较差,所以,研制了驼峰机车信号,还进一步开发了推峰机车遥控系统。

溜放进路控制是按溜放作业要求转换分路道岔,将溜放进路通向目的编组线。目前普遍采用驼峰道岔自动集中,分路道岔由快动转撤机转换,作业人员在开始解体前将目的股道号按钩序储存。溜放作业开始后进路控制命令随车组溜放不断向前方道岔传送控制命令并自动转换,不再需人工介入。

溜放车组速度由车辆减速器等调速工具进行控制,以保证溜放车组适当的间隔,以及车辆的安全连挂。对溜放车组的速度控制已从手动、半自动发展为自动控制。利用计算机,将各种测量设备提供的参数作为依据,对车辆减速器进行自动控制,即构成自动化驼峰。

二、驼峰溜放进路控制

驼峰溜放进路控制主要是对分路道岔的控制,一般还包括对驼峰信号机和调车信号机的控制。我国铁路使用的溜放进路控制设备,先后采用继电式驼峰道岔自动集中、微机式或微机-继电式溜放进路程序控制系统、驼峰自动集中微机控制系统。目前,驼峰自动集中微机控制系统已经纳入驼峰计算机过程控制系统。

(一)驼峰道岔自动集中的基本概念

为提高解体作业效率,驼峰溜放作业不能像电气集中那样"一次排出"进路,而应在各车组保持适当间隔的条件下自峰顶向编组线连续溜放。因此,各车组的溜放进路应"分段排出",即将溜放进路按分路道岔分成数段,每段中只包含一组分路道岔,随着车组的下溜,各分路道岔按进路要求"分段转换"。分路道岔应在前行车组出清该道岔区段、本钩车组即将占用之前及时转换到进路要求的位置。如不及时转换,车组将溜错股道,成为"外路车"。车组间的适当间隔,正是为了保证分路道岔来得及转换。

驼峰道岔自动集中预先储存各车组的溜放进路命令,溜放时再依次输出和传递进路命令,自动控制分路道岔的转换,为各溜放车组逐段排列溜放进路。采用驼峰道岔自动集中后,不要临时为车组准备溜放进路,可消除人为差错,显著提高作业效率,改善劳动条件。

(二)驼峰自动集中计算机控制系统

驼峰自动集中计算机控制系统是在微机式溜放进路程序控制系统的基础上,将功能扩大到峰上全部联锁范围,实现全微机化的控制,操作手续大为简便。对途停、追钩、错道、钓鱼、分路不良等,都能报警及自动处理,使溜放作业更加安全。

驼峰自动集中计算机控制系统包括以下内容:峰上、峰下调车进路联锁;与到达场联系及推送进路联锁;驼峰信号控制;与编组站信息处理系统接口及作业计划的处理;溜放进路自动控制(包括储存和传递);与峰尾集中联系;编发线发车锁闭联锁;与调速控制系统接口。

三、驼峰推送速度控制

编组站的解编作业能力,在很大程度上取决于驼峰解体作业效率。而驼峰的解体作业效率,则与驼峰推送机车能否准确而又及时地向峰顶推进解体车列有关。推送速度低会降低作业效率,但推送速度过高会造成"追钩"增多,也会降低作业效率。推送机车的最佳推送速度,首先应该是随溜放车组组合的不同而变化的;其次这个变化的推送速度又使得各溜放车组间始终保持一个溜放必需的距离和时间间隔。

驼峰推送速度控制设备,包括驼峰推送机车的机车信号设备和机车遥控设备。

(一)驼峰机车信号设备

驼峰机车信号设备,主要是为改善推送机车司机的瞭望条件,以便使司机随时根据信号显示控制推送机车速度,从而提高驼峰解体作业效率。该设备目前仅能作为地面驼峰主体信号的辅助信号使用。

我国采用的驼峰机车信号设备,有驼峰移频机车信号和驼峰无线机车信号两种制式。

TWJX-1型驼峰无线机车信号,是以铁路专用的TW-8A型无线电台作为传递信息的工具,将驼峰地面色灯信号机的显示内容传送给推送机车。WJ型驼峰无线机车信号是我国新一代驼峰无线机车信号设备。

(二)驼峰推峰机车遥控系统

驼峰推峰机车遥控系统,适用于驼峰推峰机车推送速度的人工遥控或自动控制。它既可以独立使用,由驼峰值班员手动操作实现对驼峰推送机车的速度遥控,也可与驼峰溜放速度控制及进路控制系统连接,实现驼峰推峰机车的自动变速推送,构成完整的驼峰自动化体系。

我国目前主要有推峰机车无线遥控(T·YI型)和推峰移频遥控两种系统。

四、驼峰钩车溜放速度控制

解体车组一旦与车列脱钩,其速度就失去了机车的控制,必须依靠地面设备进行调速。最主要的调速设备是车辆减速器,它通常设置3个制动位:峰下减速器制动位(第一制动位)、线束减速器制动位(第二制动位)和调车线始端减速器制动位(第三制动位)。其中,前两组减速器主要用于调整车组之间的间隔,统称间隔制动位。调车线始端减速器主要用于目的制动,称目的制动位。为保证溜放车组间必要的间隔,使道岔按要求转换,不出现两车组占用一台减速器的情况,不发生尾追、侧撞等不安全现象,保证车组能与停留车连挂,就必须设置驼峰溜放速度控制系统。溜放速度控制系统由调速设备、测量设备和控制设备组成。目前,驼峰溜放速度控制系统已经纳入驼峰计算机过程控制系统。

(一)调速设备

调速设备分为点式和连续式两大类。点式调速设备主要是车辆减速器;连续式调速设备包括各种减速顶和绳索牵引推送小车。

车辆减速器是驼峰调车场的主要调速设备,应用最广泛。其设备集中,调速能力大。通常一台减速器不到10m长,可使15km/h的车组停住。我国的减速器均为钳夹式,其优点是简单、耐用、耗能少;缺点是制动力不够稳定,尤其是车轮侧面被油污污染时制动力减弱,影响调速。目前,大多采用重力式减速器。重力式减速器的制动力由车轮荷重通过杠杆产生,其制动力与车重成正比。

(二)测量设备

驼峰溜放速度控制系统要对溜放车组速度进行调整,必须有车组重量、编组线空闲长度、车辆溜放阻力、车组实际溜放速度等参数,作为决定车组出口速度的依据。这些参数分别由测重、测长、测速设备进行测量,它们是半自动调速系统和自动调速系统的基础设备。

1. 测重设备

车组重量在驼峰调速系统中是不可缺少的基本参数,它的作用:决定非重力式减速器的制动等级,合理选择减速器的打靶出口速度,粗略估计车组走行阻力。测重方案很多,我国大多采用压磁式称重传感器。

2. 测长设备

编组线空闲长度是确定减速器出口速度的主要依据。音频微机测长设备用微机采集和处理长度信息,采用"钢轨阻抗-频率-长度"变换原理,其阻抗随长度的变化不断改变信号频率,通过频率的变化来反映车辆的位置。

3. 测速设备

为实现对减速器的自动或半自动控制,必须掌握溜放车组的即时速度和加速度。驼峰测速多采用多普勒雷达,它利用多普勒效应测速。目前,驼峰测速雷达是采用毫米波技术,实现了小型化,设备从道心移到道旁,受外界干扰小、精度高。

五、驼峰计算机过程控制系统

驼峰计算机过程控制系统,即驼峰自动化控制系统。它是由溜放进路控制子系统、驼峰自动集中子系统、溜放速度控制子系统集合而成。它通常采用上下层集散式控制方式,即集中管理、分散控制。驼峰计算机过程控制系统可以充分利用资源,做到信息共享,提高作业效率。

目前,驼峰计算机过程控制系统主要有 TW-2 型、FTK 型和 TBZK Ⅱ 型。

六、编组站综合自动化

路网性编组站因其在铁路网中的重要地位,担负着繁重的解编任务,作业量大,需要较高的技术层次配置设备,实现综合自动化,以大幅度提高其解编能力。编组站实现综合自动化后,使从列车到达、解体、编组到出发的过程控制和信息处理都自动进行。

(一)系统组成

现阶段,我国编组站综合自动化系统主要由以下 5 部分组成。

1. 编组站信息处理系统

编组站信息处理系统,由计算机与所连接的智能终端和打印机组成。系统接收各方向的到达列车确报,自动获取列车到达信息,自动编制、传递解体编组计划。列车出发后,自动向相邻编组场发出列车确报。它能掌握和查询全站现有车位置和状况,自动编制日班计划、阶段计划及各种运输报表。

2. 驼峰作业过程控制系统

驼峰作业过程控制系统，包括推峰机车遥控、溜放进路控制、溜放速度控制3个子系统。这3个子系统分成若干个子站通过网络接口连接在一起，再与中央机连接，由其统一管理，以及完成与信息处理系统之间的通信、各子系统间的数据交换、信息处理、存盘打印及人机对话等功能。

3. 峰尾计算机联锁系统

峰尾计算机联锁系统，由计算机自动控制调车进路和平面溜放进路，且能与信息处理系统联机。

4. 地区调度监督系统

地区调度监督系统，表示编组站内各车场及邻近各站列车运行情况和现场设备状态，使调度员能掌握情况。

5. 站场无线通信系统

站场无线通信系统，供有关行车、调车、车号、商检、列检人员相互联系用。

(二)系统功能和运营效果

编组站综合自动化系统，将编组站各个自动化系统联网，能充分发挥各个系统的功能，并使它们互相配合和协调。

编组站信息处理系统，担当全站的现车管理和信息处理，自动编制解体钩计划、编组钩计划和取送作业钩计划。

驼峰作业过程控制系统，根据信息处理系统自动编制的解体钩计划，对推峰机车实行推送速度自动控制，自动存储和传输溜放进路命令，自动控制溜放进路，自动测量溜放车组参数，自动控制减速器以调整车组溜放速度。

峰尾计算机联锁，根据信息处理系统自动编制的编组钩计划自动排列调车进路和平面溜放进路。

编组站综合自动化系统，因其将各自动化系统进行最佳匹配和协调，因此，具有良好的运营效果，可大幅度地提高解编能力，提高安全程度，减轻作业人员的劳动强度，便于维修，能取得明显的经济效益。同时，它又是铁路运营管理自动化不可缺少的重要组成部分和基础。编组站综合自动化，是路网性编组站的现代化方向。

(三)编组站综合集成自动化系统(CIPS)

我国驼峰自动化技术已跨入国际先进行列，而编组站整体上依然处于不同独立分系统简单堆砌在一起的落后状态。为实现铁路的跨越式发展，按照铁路总公司信息化总体规划的要求，研发了以信息共享为核心、管控一体化为目标的编组站综合集成自动化系统(CIPS)。

CIPS是编组站综合自动化的实际应用范例，它综合应用管理技术、运输技术、信息技术、自动化技术、系统工程技术，以信息集成为核心，将编组站控制、调度、管理、运营、优化、决策一体化，形成智能闭环系统，提高整体效益，为创建我国编组站信息化与自动化的新模式进行了探索。

知识拓展

铁路信号微机监测系统

传统铁路信号系统设备在保证行车安全、提高列车运行效率方面发挥了重要作用,但从设备运营维护的角度却存在一定的缺陷:一方面它不具备实时自诊断设备电气特性是否合乎标准的能力;另一方面它不具备对行车信息的长时间记忆、存储和历史回放的能力。

铁路信号微机监测系统有效地解决了上述困难,它采用基于TCP/IP协议的广域网模式,由车站采集系统、电务段中心服务器管理系统、上层网络终端(包括车间机、电务段监测终端、铁路局监测终端、铁路总公司监测终端等)及广域网数据传输系统组成。

铁路信号微机监测系统具有自诊断功能。它能在信号设备运行的全部时间内监测运行状态和质量特性,全天候实时或定时对主体设备进行参数测试、存储、打印、查询、再现;能监测信号设备主要电气性能,当电气性能偏离预定界限时及时报警;能发现信号故障和故障预兆,为防止事故、实现信号设备预防维修提供可靠信息。进行实时监测、数据处理、故障诊断,从而大幅度提高了信号系统的安全性。

铁路信号微机监测系统具有自记忆功能。它记忆、存储信号设备的运行过程,并通过逻辑智能判断,有利于捕捉瞬间故障和间歇故障,克服"疑难杂症",提高信号系统的可靠性;通过历史回放,为进行事故分析提供重要的手段和依据。

此外,信号微机监测系统设备还具有网络诊断管理和维护功能。它可以实现电务段、路局和铁路总公司的全路联网,为加强生产指挥,实现科学管理提供了有效的手段。

第八节　铁路通信系统

铁路运输生产必须实行高度集中,为了可靠地指挥列车运行,组织运输生产及各部门工作间的互相联系,必须设置性能完善的铁路通信系统,构成完整的通信网。铁路通信系统应能够传输电话、电报、数据、传真、图像等话音和非话音业务信息等。铁路通信系统是铁路实现统一指挥、组织、管理运输生产的重要工具。

铁路通信系统,主要由传输网、电话网和铁路专用通信网组成。

传输系统主要以光纤数字通信为主,为信息的传递提供大容量的长途通路;电话交换以程控交换机为主要模式,利用交换设备和长途话路,把全路各级部门联系在一起。

铁路专用通信,一般是指专用于组织及指挥铁路运输及生产的专用通信设备。这些设备专用于某一目的,接通一些所指定的用户;一般不与公务通信的电报、电话网连接。铁路专用通信系统,主要包括调度电话、专用电话、公用电话以及区间电话和站间电话等。此外,还为铁路调度集中系统(CTC)、牵引供电远动系统、车辆故障检测系统、自动闭塞、电力远动系统和低速数传系统提供传输通道。铁路专用通信系统的另一重要内容是铁路站场通信。站场通信主要服务于铁路站场,用户线以站场值班室为中心向外辐射,用户集中在几十平方米到几平方公里的范围内。站场通信,包括站场专用电话、扳道电话、车站扩音对讲设备、站场扩音设备、站场无线电话等。

195

一、专用通信

铁路专用通信是铁路通信中的重要组成部分,是铁路内部运行组织的通信网络,是最主要的业务通信网。它是直接用于指挥列车运行,为铁路运输生产第一线服务。铁路专用通信,包括调度电话、站间行车电话、站场电话、区间电话等。

铁路专用通信主要,是由区段通信、电话会议通信及站场通信3部分组成的。

区段通信,主要包括调度电话和其他专用电话。

由于铁路运输生产需要高度集中统一指挥,必须设置一套完备的调度电话网,它将铁路局、铁路总公司两级运输指挥机构密切联系起来。调度电话是专门用于指挥运输生产的,不得在与行车无关部门设置,也不得介入地区电话网、长途电话网。

铁路基层单位分布在铁路沿线,为了各系统内部车站、工区、领工区与其直接领导的站、段间业务联系以及区段内基层单位之间业务联系,设置了各种专用电话。

各站电话分机设在车站值班员室、货运室、通信工区、信号工区、给水所、公安派出所等处所。各站电话已通过接入网接入自动电话网。

站场通信是供铁路某一站场内部各行车部门之间通信联系用。它包括站内电话、站场扩音对讲及客运广播3部分。

(一)铁路数字专用通信系统

铁路数字专用通信系统,是针对铁路通信传输系统数字化后,用一种接入设备利用数字信道把沿线各站的各种专用通信业务综合起来,提供全面的数据、文字、语音等服务,简化了专用通信系统的结构,改善了专用通信的话音质量,提高了数字信道的利用率,从根本上解决了沿线小站的通信问题,形成以自控为主的、智能化的、全程全网的网络化的综合调度指挥平台。

铁路数字专用通信系统,分为枢纽主系统和车站分系统。主系统一般位于各个调度中心;分系统一般位于所管辖的各个车站。两者之间通过数字传输通道组成网络,在网络内部实现语音、数据等业务。同时,保留与模拟传输接入的方式,使数字和模拟方式互为备份。网管系统可根据维护管理的实际需要,由设置在调度所的主系统或沿线各车站的分系统侧的网管终端构成。

铁路数字专用通信系统,主要实现数字调度业务、专用电话、数字站间闭塞及各种模拟接入业务。同时,能够替代站场集中机、区转机等设备。

1. 调度电话

铁路数字专用通信系统可以实现铁路局所有方向、所有区间的调度电话业务,可以实现局调度、干线调度的多级联网。一个调度电话系统由后台交换网、调度台、调度分机、录音设备及数字传输通道构成。同时,可以实现铁路局所有方向的所有专用电话业务。

(1)列车调度电话网。铁路最基层的运输指挥机构为铁路局,将铁路局管辖的线路划分为一个个列车调度区,每个调度区设一名调度员,并设置一台调度电话设备,构成列车调度电话网,作为调度员指挥列车运行的通信工具。

列车调度通信,是最重要的铁路行车通信系统。其主要用户包括列车调度员、车站(场)值班员、机车司机、运转车长、助理值班员、机务段(折返段)调度员、列车段(车务段、客运段)值班员、机车调度员、电力牵引变电所值班员、救援列车主任以及其他相关人员。

(2) 货运调度电话网。它是为铁路局货运调度员指挥各主要车站装卸货物作业而设置的。货运调度电话区段的划分与货运调度员管辖范围一致,总机设在铁路局调度机械室,选叫通话设备设在铁路局调度所货运调度员处,分机设在中间站货运员及大站货运调度员处。

(3) 电力调度电话网。它是为铁路局电力调度员指挥电力牵引的基层单位检修供电设备而设置的,区段划分须与电力调度员管辖范围一致。总机与选叫通话设备设在铁路局,分机设在牵引变电所值班员室、开闭所、接触网工区、分区亭、电力机务段及折返段值班员室、供电段调度室等。

2. 站间通信

站间通信,是两车站值班员之间办理有关行车业务进行通信联络而设置的。一个车站与其上行车站的站间通信,需使用一个时隙,而此车站与其下行车站的站间通信,也可同时使用这一个时隙。系统实现了时隙的分段复用。一个车站除了与其邻站通信外,还可能与其他不相邻车站进行站间通信。

3. 区间电话

区间电话,是供工务、电务、电力工作人员在区间工作时,与车站值班员或有关人员进行紧急防护及业务通话用。因此,区间电话应能与邻近车站值班员联系,还能与该区段列车调度、电力调度、工务、电务等回线接通。一般电缆区段设一对区间电话回线。在电气化区段,因电力牵引供电直接影响列车运行,所以需加设一对电力维修专用的区间电话回线。应每隔1.5km设区间自动电话机一台,装在铸铁箱内加锁。车站分系统具有区间电话转接机功能,通过区间电话机拨号可分别与列车调度员、邻近车站值班员等直接联系。

4. 应急分机

车站分系统可通过软件将一部电话机设置成应急分机,对应该分系统的一个值班台。当该值班台出现故障,系统将自动切换到应急分机,由应急分机代替值班台实现通信业务。

5. 站场广播接入

车站分系统站场广播系统对接,实现车站值班员对站场的广播。

6. 无线调度接入

在铁路局调度所与沿线车站之间提供4线音频共线通道,为无线调度系统的各设备之间提供优质的音频通道。

7. 多通道录音仪

多通道录音仪由工控机、语音卡、系统软件组成。它可以代替目前铁路站场和调度区段所使用的单路或多路录音设备,并实现远程监听和放音功能。多通道录音仪可提供多达15个录音通道,1个放音通道;语音的录制采用音控方式。录制的语音资料存储在硬盘中,便于较长期地保留。

(二) 列车无线调度通信设备

列车无线调度通信设备,简称无线列调,是有线列车调度电话的延伸。它为列车调度员、机车调度员、车站值班员等行车指挥人员直接和正在运行中的列车机车司机互相通话而设置。这不仅便于及时掌握与调整列车的运行,提高运输效率,而且当列车在运行过程中发生临时故障,或者区间线路、桥梁等出现异常现象时,司机可以及时地反映给调度员或邻近的车站值班员,以便采取紧急措施。

(三)应急抢险通信

利用沿线各站通信机械室的光纤用户接入网,向车站的下行区间放一专用号117,每个区间开放一个自动电话。区间抢险电话只能呼叫"117"立接台,不能呼叫其他电话。直接拨"117","117"立接台直接呼叫区间抢险电话,确保随时接通现场电话。

(四)站场通信

站场通信,是供铁路某一站场内部各行车部门之间通信联系用。它包括站内电话、站场扩音对讲系统及客运广播系统3部分。

1. 站内电话

站内电话,仅供站场范围内有业务联系的各行车部门之间通话用,采用直通电话。如车站值班员与车站调度员之间,车站信号员与道岔清扫房之间等均可设置直通电话。

2. 站场扩音对讲系统

站场内还有大量的工作在车场上流动的工作人员,为解决室内外工作人员之间的通信联系,设置了扩音对讲系统。

(1)扩音系统,是利用一套扩音机及设置在车场上若干个扬声器和扩音线路组成。室内工作人员将需要通告的信息通过扩音机扩音后由扬声器传播至车场,使室外工作人员了解信息的内容。

(2)对讲系统,是供室内外工作人员之间通话用的无线电话系统。如驼峰调车系统在驼峰调车员、驼峰调车组、驼峰调机司机之间设置。固定电台与携带电台间及携带电台相互间均可通话。

3. 客运广播系统

客运广播系统,是为客运作业而设置的,在客运站和旅客最高聚集人数大于300人的客货运站装设客运广播设备。扩音机设在广播室内或邻近的通信机械室内;广播室应设在便于瞭望旅客乘降及列车到发的处所。为了使其服务更有针对性,客运广播设备采用分路输出,即通过分路控制设备可以分别向候车室、各站台、站前广场等处所进行广播。

二、GSM-R

GSM-R(GSM for Railway)中文全称为铁路移动通信系统标准,与我国现在覆盖最大的GSM网络标准相仿,是中国首次从欧洲引进的移动通信铁路专用系统。

GSM-R是一种专门为铁路设计的专业无线数字通信系统,基于GSM系统技术平台,针对铁路通信列车调度、列车控制、支持高速列车等特点,为铁路运营提供定制的附加功能的一种经济高效的综合无线通信系统;并将铁路移动通信所具有的特色(群呼、组呼、优先级别、强插、强拆等功能)加进去,构成GSM-R用于铁路的全球移动通信系统的解决方案。从集群通信的角度来看,GSM-R是一种数字式的集群系统,能提供无线列调、编组调车通信、应急通信、养护维修组通信等语音通信功能。

(一)GSM-R 系统组成

GSM-R 系统由6个子系统组成:交换子系统(SSS)、基站子系统(BSS)、运行与维护子系统(OMC)、通用分组无线业务子系统(GPRS)、终端子系统及移动智能网子系统(IN)。并通过交换子系统(SSS)中的网关移动交换中心(GMSC)实现与其他通信网络的电路域业务的互联互通;通过通用分组无线业务系统(GPRS)中的网关 GPRS 业务支持节点(GGSN)实现与其他数据信息网络的分组域业务的互联互通。

(二)GSM-R 系统结构与覆盖

GSM-R 可以构成既含有面状覆盖又含有链状覆盖的网络,既可用于地区性的覆盖也可用于全国性的覆盖。例如,沿铁路线采用链状覆盖,车站及枢纽地区采用面状覆盖。为了满足铁路对传输的高可靠性,链状覆盖一般采用双重冗余的重叠小区结构,每 2 个基站(BTS)重叠覆盖一个小区(cell);面状覆盖采用多个小区(或多扇区)蜂窝结构,每个基站(BTS)覆盖一个小区(cell),当然也可以采用重叠覆盖小区结构。

(三)GSM-R 的功能

GSM-R 的具体功能体现在如下的铁路业务应用之中:

列车控制系统(Train Control System,TCS):是以 GSM-R 作为传输手段的列车自动防护/列车自动控制系统,甚至可以实现列车自动操作(驾驶)。

铁路维护通信:利用 GSM-R 建立铁路沿线维护人员的业务联络通信(新的路边电话和隧道电话),并能够根据维护人员的职能和所在的场所很快地确定他们的位置。

列车诊断:如果列车发生故障,诊断数据将通过 GSM-R 传输到下一个维修中心,使维修站能够及时为维修做好相关准备,因而大大缩短维修时间。

旅客服务:包括列车时刻信息、在线售票(订座)服务。基于列车自动控制和 GSM-R 的列车时刻信息服务,能够随时为旅客提供列车的动态位置和时刻信息;基于 GSM-R 连接的售票机可提供在线售票(订座)服务。

货运跟踪服务:利用一个带有 GPS 接收器的简单 GSM 模块,可指示该货车(集装箱)的精确位置,可实时掌握所运货物的确切位置,并可将这一数据发送给其客户。

 复习思考题

1. 铁路信号的作用是什么?
2. 简述几种主要信号机的显示意义。
3. 转辙机有什么作用?我国常用转辙机有哪些型号?
4. 什么叫联锁?
5. 什么叫行车闭塞法?半自动闭塞与自动闭塞有哪些主要区别?
6. CTCS 系统有哪些基本功能?
7. TDCS 系统能提供哪些具体功能?
8. 什么叫调度集中?采用调度集中有哪些优点?
9. 怎样实现对驼峰溜放速度的控制?驼峰溜放速度控制系统由哪些设备构成?
10. 铁路通信设备分哪几类?各有什么用途?
11. 简述铁路数字专用通信系统的构成情况。
12. 站场通信包括哪些子系统?
13. 当前已开发的 GSM-R 应用有哪些?

第七章 铁路运输组织

铁路运输的基本任务,是合理运用各种铁路技术设备并采用科学的组织管理方法,安全、准确、迅速、经济、便利地运送旅客和货物,高质量地满足市场对铁路运输的需求。

旅客和货物的运送过程,就是铁路运输的生产过程。铁路运输生产过程每一个具体环节以及整个生产过程的计划、组织与指挥都属于铁路运输组织的范围,它包括客运工作、货运工作和行车组织3个方面。一般而言,凡处理有关旅客行李和包裹等方面的工作,属于客运工作范畴;凡处理有关货物以及铁路与托运人、收货人关系方面的工作,属于货运工作范畴;而处理运输过程中有关机车、车辆的运用和列车的相关工作,则属于行车组织工作范畴。

第一节 旅客运输组织

旅客运输是铁路运输的一个重要分支。随着我国社会主义建设的迅速发展,人民物质文化生活水平的不断提高,经由铁路运送的旅客人数大幅度增长。因此,做好铁路旅客运输工作,对于国家的经济建设、文化交流以及满足人民群众的生活需要,有着十分重要的意义。

旅客运输的基本任务是:最大限度地满足广大人民群众在旅行和通信上的需要,安全、迅速、便捷、舒适、经济地运送旅客、行李、包裹和邮件,保证旅客在旅行途中舒适愉快并得到文化生活上的优质服务。

一、客流、旅客列车分类、旅客运输合同及车票的分类和有效期

做好铁路旅客运输组织工作,必须对客运市场、客流进行客观、准确的调查分析,科学地预测运量;根据预测结果精心编制旅客运输计划,确定旅客列车的开行方案,实现高质量地运送旅客。

(一)客流

1. 客流的形成

客流是指铁路某一方向上,一定时间内旅客的流量和流向。在我国,客流主要是由广大人民群众在政治上、生产上和生活上的旅行需要所形成的。

2. 构成客流的要素

构成客流的要素,是由旅客的流量、流向、流程和流时构成的。

3. 客流的分类

按旅客的乘车距离和铁路局管辖范围,客流分为以下3种:

(1)直通客流:指旅客乘车距离跨及两个及其以上铁路局的客流。

(2)管内客流:指旅客乘车距离在一个铁路局范围以内的客流。

(3) 市郊客流:指旅客往返于城市与邻近郊区之间的客流。

(二) 旅客列车分类

对客流的不同需求和铁路线路等技术设备条件,铁路开行了不同种类、不同等级的列车。目前,旅客列车分为以下几种:

1. 动力组列车

动车组列车:采用国内技术最先进的 CRH_1、CRH_2、CRH_3、CRH_5、CRH_6、CRH_{380} 型动车组行驶。车内设施最人性化,服务水准最上流,运行速度最快捷,我国已经在时速 200km 的技术平台上自主创新研制了时速 300km 动车组。

2. 直达特快列车

直达特快旅客列车:采用先进的庞巴迪和 25T 型客车;车内设备、服务水准一流,列车运行速度一般保持在 160km/h。途中一站不停。

3. 特快旅客列车

特快旅客列车:编组辆数较少,运行速度也比较高,区间运行速度常达到 140km/h,一般运行在线路质量较高的线路上。

4. 快速旅客列车

快速旅客列车:编组辆数较少,运行速度较高,区间运行速度常达到 120km/h,停站次数较少,车内设备比较完善。这种列车一般在首都与各大城市之间以及国际之间开行。

5. 普通旅客快车

普通旅客快车:分直通快车和管内快车。这种列车速度比快速列车慢,编组辆数和停站次数较多,运行于各大、中城市之间。

6. 普通旅客慢车

普通旅客慢车:分直通旅客列车和管内旅客列车。这种列车的编组辆数多,定员多,速度较低,在营业站均有停点。

7. 临时旅客列车

临时旅客列车:一般在节假日、寒暑假、春运期间,它是为了满足临时增加的客流与运能之间的供需矛盾而临时增开的旅客列车。

8. 临时旅游列车

临时旅游列车:在名胜古迹、游览胜地所在站和大、中城市间开行,这种列车用于输送旅游观光旅客。旅游列车的速度、服务和设备都优于其他旅客列车。

9. 回送客车底的列车

回送客车底的列车:这种列车是把客车配属站的空客车底事先调送至异地的列车始发站待用或把旅客运送至目的地后,把空客车底回送至原客车的配属站而运行的列车以及新出厂的车辆。

10. 因故折返旅客列车

(三) 旅客运输合同

铁路旅客运输合同是明确承运人与旅客之间权利及义务关系的协议。起运地承运人依据本规程订立的旅客运输合同对所涉及的承运人具有同等约束力。

图7-1 车票

1. 有效期限

铁路旅客运输合同从售出车票时起成立,至按票面规定运输结束旅客出站时止,为合同履行完毕。旅客运送期间自检票进站起至到站出站时止计算。

2. 基本凭证

铁路旅客运输合同的基本凭证是车票,如图7-1所示。

(四)车票的分类和有效期

1. 车票的分类

车票是旅客乘车的凭证。

铁路车票按用途,可分为客票和附加票两种。客票包括软座客票、硬座客票。附加票包括加快票、卧铺票、空调票。附加票是客票的补充部分,除儿童外,不能单独使用。

铁路车票按中转换乘方式不同,可分为直达票和通票。从发站至到站不需中转换乘的车票为直达票;从发站至到站需中转换乘的车票为通票。为了方便旅客,简化发售手续,提高售票速度,铁路还专门印制了各种联合票以及临时填制的区段票和代用票。

除车票外,有关人员还可以持铁路乘车证和特种乘车证乘车。随着铁路客票发售和预定系统(TRS)的投入使用,目前我国大部分车站都采用计算机售票,建立起了全路计算机售票网络,实现了异地售票功能。该系统改变了传统手工售票模式,方便了旅客购票,加强了座席的管理,增强了铁路客运市场竞争力。

2. 车票的有效期

车票是运输合同,具有一定的时效,即有效期。直达票的有效期为当日当次有效;通票的有效期是按乘车里程计算的,1000km为2日,超过1000km的,每增加1000km增加1日,不足1000km的尾数按1日计算;自指定乘车日起至有效期最后一日的24时止。

卧铺票当日当次使用有效,其他附加票随同客票使用有效。

查一查

铁路的售票和取票方式有哪些?

二、铁路旅客运输

铁路运输旅客的生产,主要经过以下6个过程:

1. 售票

售票工作是客运站工作的重要组成部分。它的具体任务是正确和迅速地将车票发售给旅客。客运站通过售票把广大旅客按方向、车次有条不紊地组织起来纳入运送计划。

2. 候车

候车室是旅客休息和等候乘车的场所。车站昼夜都有大量的旅客,而且流动性很大,必须为旅客创造一个良好舒适的候车环境,即有良好的通风、采光、采暖、防暑、休息等设备,与其他站房的主要出入口有密切的联系,并尽可能靠近站台,减少旅客检票上车的行程。

3. 检票

为了维护站、车秩序，保证旅客安全，避免旅客上错车、下错站，车站对旅客持用的车票、站台票进站上车时必须经检票口检票和加剪进站。检票时先重点（老、弱、病、残、孕等旅客）、后团体、再一般。在确认车票有效后，一般要在车票边沿上加剪一个小口，表明铁路旅客运输合同开始履行。自此时起，铁路应负旅客的旅行和安全的责任。

4. 旅客上、下车

旅客上、下车极易发生事故，为确保旅客安全，客运人员应有秩序地组织旅客上、下车，做好进出站引导工作，派人坚守检票口、天桥口、地道口及进站或出站通路交叉地点，严禁旅客钻车和横跨股道。对老、弱、病、残、孕等行动不便的旅客应提供帮助，督促购物旅客及时上车，保证旅客安全。

5. 列车服务

旅客旅行大部分时间是在列车上度过的，列车服务工作的好坏直接影响到铁路的声誉、形象。列车乘务人员应主动、热情、文明、礼貌地为旅客服务，妥善照顾旅客乘降，及时安排旅客席位，保持车厢内清洁卫生，维护车内秩序，做好广播宣传、餐饮和开水供应工作，保障旅客人身财产安全，保证列车运行安全。

列车服务工作由列车乘务组担当。列车乘务组包括客运人员（列车长、列车员、广播员、行李员、餐车服务员等）、公安乘警（乘警长、乘警等）和车辆乘务员（检车长、检车员、车电员等）3部分人员。列车乘务组在列车长的统一领导下，相互密切配合，共同做好列车服务工作。

 想一想

回顾你的乘车经历，你曾经接受过哪些服务？

6. 出站

旅客到达车站出站时，车站应查验车票。旅客需报销时，应事先声明，车站工作人员将车票撕角后交旅客作为报销凭证，学生票不给报销凭证。中途下车及换乘的车票，出站时不收回，如误撕车票，则换发代用票。

三、行李、包裹的范围及其运送

(一) 行李、包裹的范围

1. 行李范围

行李是指旅客由于旅行而导致的生活上一定限度的必需品，并且凭客票办理托运。

行李是指旅客自用的被褥、衣物、个人阅读的书籍，残疾人车（每张客票限1辆并不带汽油），凭地、市级以上文化行政部门证明和"营业演出许可证"要求托运的文艺团体演出器材和其他旅行必需品。

行李每件最大重量为50kg，体积以适于装入行李车为限，但最小不小于$0.01m^3$。

2. 包裹范围

包裹是指适合在旅客列车的行李车内运输的工农业生产和人民生活有关的小件急运货物。由于运输速度较快，俗称"快件"。

包裹每件的体积、重量的规定与行李相同。

3. 快运包裹的范围

快运包裹是铁路运输的一种方式,业务全称为"小件货物特快专递运输服务",简称中铁快运,注册商标为"CRE中铁快运",业务性质为运输服务业。

快运包裹以铁路为主要运输工具,配合航空、公路、海运开展综合运输,辅以汽车运输实行门到门服务。同时,根据国家主管部门批准的国际货物运输代理经营权,开展国际运输,以满足顾客不同的需求。

快运包裹外部尺寸长宽高之和不得小于0.6m,货物外部的最大尺寸应不超过长3m、宽1.5m、高1.8m。超过时,应先与中转机构或到达机构协商,同意后方能办理;并根据快运包裹的外部尺寸及重量选择合适的运输工具。每件最大重量一般不得超过50kg,超过时按超重快运包裹办理。

(二)行李、包裹的运送

1. 托运

旅客或托运人向车站要求运输行李或包裹称为托运。

旅客托运行李时,必须提出有效的客票和托运单。旅客凭客票、在乘车区段内,可从任何营业站托运至另一营业站,但每张客票仅限托运一次(残疾人用车除外)。

2. 承运

车站行李员应对要求托运的行李、包裹进行必要的检查。当检查完后,认为符合运输条件,即可办理承运手续,填制行李、包裹票及中国铁路小件货物快运运单(一式5页,其中丙页为领货凭证),核收运杂费。

3. 运送

运送行李、包裹时,应先行李、后包裹,做到行李随人走、人到行李到。所以,行李应随旅客所乘列车装运或提前装运,包裹应按其类别的顺序及性质统筹安排运输,保证行李、包裹在一定期限(即行李、包裹运到期限)内运至到站。

4. 到达、保管、交付

行李随旅客所乘坐的列车运至到站,旅客即可领取。包裹由托运人在发站办理托运手续后,告知收货人按时领取,同时承运人在包裹到达后也应及时通知收货人领取。铁路对到达的行李、包裹免费保管3d(行李从运到日起,包裹从发出通知日起);逾期到达的行李、包裹免费保管10d。超过免费保管期限时,按超过日数核收保管费。

第二节 货物运输组织

铁路货运组织工作是铁路运输组织工作的另一个重要分支。随着我国国民经济的不断发展和市场经济的不断完善,商品供应与交流的日益丰富,铁路货物运输已成为商品流通的主要载体之一。由于货运工作涉及面广、作业过程复杂,做好货物运输组织工作,对于国家经济建设、国防建设和人民生活都具有十分重要的意义。安全、迅速、经济、便利地完成货物运输,是铁路货物运输的基本任务。

一、铁路货物分类

我国铁路运输的货物,共分为28个品类,即:

煤、石油、焦炭、金属矿石、钢铁及有色金属、非金属矿石、磷矿石、矿物性建材、水泥、木材、粮食、棉花、化肥及农药、盐、化工品、金属制品、工业机械、电子电气机械、农业机具、鲜活货物、农副产品、饮食烟草制品、纺织皮毛制品、纸及文教用品、医药品、其他货物、零担、集装箱。

1. 根据货物的外部形态分类

根据货物的外部形态分为:成件货物、大件货物和散堆装货物。

2. 按照货物对运输条件要求的不同而分类

按照货物对运输条件要求的不同可分为:按普通条件运输的货物;按特殊条件运输的货物(其中按特殊条件运输的货物包括阔大货物、危险货物和鲜活货物)。

二、货物运输种类

根据托运货物的数量、性质、形状等条件并结合所使用的货车,将铁路货物运输的种类划分为整车、零担和集装箱 3 种。

1. 整车货物运输

一批货物的重量、体积、形状或性质需要以一辆以上货车运输的,应按整车托运。

2. 零担货物运输

不够整车运输条件的,按零担托运。按零担托运的货物,一件体积最小不得小于 $0.02m^3$（一件重量在 10kg 以上的除外),每批不得超过 300 件。

3. 集装箱运输

集装箱是一种现代化运输设备,使用集装箱进行的货物运输,称为集装箱运输。适用于运输精密、贵重、易损、怕湿货物。凡适箱货物均应采用集装箱运输。

三、货物运到期限

货物运到期限是指铁路在现有技术设备和运输工作组织水平的基础上,将货物运送一定距离而规定的时间。

1. 货物运到期限的计算

货物运到期限 = 货物发送期间 + 货物运输期间 + 特殊作业时间

(1) 货物发送期间为 1d。

(2) 货物运输期间:运价里程每 250km 或其未满为 1d;按快运办理的整车货物,运价里程每 500km 或其未满为 1d。

(3) 特殊作业时间:

①运价里程超过 250km 的零担货物和 1t 型集装箱,另加 2d,超过 1000km 加 3d。

②一件货物重量超过 2t 体积超过 3m^3 或长度超过 9m 的零担货物,另加 2d。

③整车分卸货物,每增加一个分卸站,另加 1d。

④准、米轨间直通运输的整车货物,另加 1d。

货物的实际运到日数,从货物承运次日起算,在到站由铁路组织卸车的,至卸车完了时终止;在到站由收货人组织卸车的,至货车调到卸车地点或交接地点时终止。

(4) 货物运到期限,起码为 3d。

2. 货物容许运输期限

货物容许运输期限是由托运人提出的货物运输时限,承运人据此确定在规定的运到期限内该货物是否可以承运。

托运易腐货物、"短寿命"放射性货物时,应记明货物的容许运输期限。

容许运输期限至少须大于货物运到期限3d方可承运。

练一练

某站承运钢管一车,运价里程1627km,试计算货物运到期限。

$$T = T_发 + T_运 + T_特 = 1 + 1627/250 + 0 = 7d$$

该批货物运到期限为3d。

四、货物运输生产过程

货物运输生产过程,可分为发送作业、途中作业、到达作业3大流程。

(一)货物的发送作业

1. 托运

托运人以货物运单向承运人提出货物运输要求,并向承运人交运货物,称为货物的托运。

1)货物运单的作用

(1)它是一种运输合同。

(2)它是确定托运人、承运人、收货人之间权利、义务和责任的原始依据。

(3)它是托运货物的申请书。

(4)它是承运货物和核收运费、填写货票以及编制记录和备查的依据。

(5)它是一种运输凭证。

2)货物运单的种类、组成及传递

(1)种类:货物运单分专用运单和普通运单两种。

专用货物运单包括:集装箱货物专用运单;快运用的货物运单;危险货物中剧毒品使用剧毒品专用货物运单。

运单颜色有:白底黑色印刷,适合于现付;白底红色印刷,适用于到付或后付;黄色纸张印刷,适用于剧毒品专用。

(2)组成:左边为货物运单,右边为领货凭证。

(3)传递。

货物运单:托运人→发站→到站→收货人。

领货凭证:托运人→发站→托运人→收货人→到站。

3)货物运单的提交

托运人向承运人交运货物,应向车站按批提出货物运单一份。

2. 受理

车站对托运人提出的货物运单,经审查符合运输要求,在货物运单上签订货物搬入或装车日期后,即为受理。

3. 进货验收与保管

1)进货

托运人凭车站签证后的货物运单,按指定日期将货物搬入货场指定的位置即为进货。

2)验收

货场门卫人员和线路货运员对搬入货场的货物进行有关事项的检查核对,确认符合运输要求并同意货物进入场、库指定货位叫验收。

3)保管

托运人将货物搬入车站,经验收完毕后,一般不能立即装车,需在货场内存放,这就产生了保管的问题。整车货物可根据协议进行保管。

4. 货物装车作业

货物装车作业是铁路货物运输工作的一个重要环节。货物的装车作业,应在保证货物安全的和车辆完整的前提下,积极组织快装、快卸,昼夜不间断地作业,以缩短货车停留时间,加速货物运输。装车有以下要求:

(1)装车前"三检":检查货物运单、检查待装货物、检查货车。

(2)装车时,必须核对运单、货票、实际货物,保证运单、货票、货物"三统一"。货物的装车,应做到安全、迅速、满载,这是对装车作业的基本要求。在装车过程中,无论是谁负责装车都应遵守装载加固技术条件。

(3)装车后"三检":检查车辆装载、检查运单、检查货位。

5. 货车施封和篷布苫盖

1)货车施封

使用棚车、冷藏车、罐车、集装箱运输的货物都应施封,但派有押运人的货物,需要通风运输的货物和组织装车单位认为不需施封的货物(集装箱运输的货物除外)以及托运的空集装箱可以不施封。

2)苫盖篷布

篷布分铁路篷布和自备篷布两种。铁路篷布又分为铁路货车篷布和铁路货场篷布。

铁路货车篷布只准苫盖敞、平车装运的怕湿、易燃货物或其他需要苫盖篷布的货物。毒性物质、腐蚀性物质不准使用铁路篷布。苫盖易于损坏篷布的货物时,装车单位必须采取防护措施,防护材料由托运人提供。

货车施封或篷布苫盖后,货运员应将车种、车号、货车标重、施封个数、使用篷布张数记入货物运单内。

6. 货物的承运

1)货票的填制

整车货物装车后,零担货物过秤完了,集装箱货物装箱后或接收重箱后,货运员将签收的运单移交货运室填制货票,核收运杂费。

性质:货票是铁路运输货物的凭证,是一种具有财务性质的票据。

格式:整车货物由"铁路货物运输服务订单"(简称"订单")和"货物运单"(简称"运单")组成;零担货物和集装箱货物,以"货物运单"作为运输合同,具体见"订单"(表7-1)及"运单"(表7-2)。

铁路货物运输服务订单(整车)   表 7-1

_____ 年 _____ 月份

提表时间：____年____月____日
要求运输时间：____日至____日
受理号码：

发站	名称		略号	
发货单位盖章	省/部名称		代号	
	发货单位名称		代号	
	地址		电话	

顺号	到局：代号：			收货单位		货物		车种代号	车数	特征代号	换装港	终装港	报价(元/吨)(元/车)	备注
	到站	到站电报略号	专用线名称	省/部名称	代号	名称	代号	品名 代码	吨数					

供托运人自愿选择的服务项目(由托运人填写,需要的项目打√)	说明或其他要求事项	承运人签章
□1. 发送综合服务　□5. 清运、消纳垃圾 □2.　　　　　　　□6. 代购、代加工装载加固材料 □3. 仓储保管　　　□7. 代对货物进行包装 □4. 篷布服务　　　□8. 代办一关三检手续	□保价运输	年　月　日

货物运单(格式)   表 7-2

货物指定于 月 日搬入 ××铁路局

| 承运人/托运人装车 |
| 承运人/托运人施封 |

货位：
计划号码或运输号码：
运到期限　　日

货物运单
托运人→发站→收货人
货票第　　号

领货凭证
车种及车号
货票第　　号
运到期限　　日

托运人填写		承运人填写	
发站		到站(局)	
到站所属省(市)自治区		车种车号	货车标重
		施封号码	
托运人	名称	经由	铁路货车篷布号码
	住址　电话		
收货人	名称	运价里程	集装箱号码
	住址　电话		

货物名称	件数	包装	货物价格	托运人确定重量(公斤)	承运人确定重量(公斤)	计费重量	运价号	运价率	运费
合计									

托运人记载事项	承运人记载事项

领货凭证栏：
发站
到站
托运人
收货人
货物名称　件数
托运人盖章或签字
发站承运日期戳

注:本单不作为收货凭证；托运人签约须知见背面

托运人盖章或签字　年　月　日
到站交付日期戳
发站承运日期戳

注:收货人领货须知

用途;货票一式4联。甲联——发站存查联;乙联——报告联;丙联——报销联;丁联——运输凭证→站存查。

2)承运

零担和集装箱运输的货物,由发站接收完毕,整车货物装车完毕,发站在货物运单上加盖车站日期戳时起,即为承运。

承运是铁路负责运输的开始,标志着货物正式进入流通领域。

(二)货物的途中作业

货物在运输途中发生的各项货运作业,均称为途中作业。

货物的途中作业,包括"货运交接检查""特殊作业""异常情况的处理"。

"货运交接检查"是途中必须进行正常作业。

"特殊作业"包括:整车分卸货物在分卸站的分卸作业,活动物途中上水,托运人或收货人提出的货物运输变更和解除的处理等。

"异常情况的处理"是指货车运行有碍运输安全或货物完整时须进行的换装或整理及对运输阻碍的处理。

1. 货运交接检查

1)货运检查站

货运检查站是列车运行途经有技术作业或无技术作业但停车时间在35min以上的技术作业站。

货运检查站分为路网性和区域性货运检查站。

铁路货运检查实行区段负责制,即指在对货物列车的交接检查中,按列车运行区域划分货运检查站责任的制度。

中间站停车及甩挂作业的货物列车,由车站负责看护,保证货物安全,发生问题要及时处理。中间站应保证货物列车安全继运到下一货运检查站。

2)货运检查的内容

(1)装载加固。

(2)篷布苫盖。

(3)货车门、窗、盖、阀和集装箱。

(4)施封。

(5)规定需要检查的其他项目。

3)货运检查的程序

货运检查的基本程序为计划安排和准备、到达列车预检、检查和整理。

2. 货物运输合同的变更和解除

1)货物运输合同的变更

(1)变更的项目:

货物托运后,由于特殊原因需要变更的,经承运人同意,对承运后的货物可以按批在货物所在的途中站或到站办理变更到站和变更收货人。

(2)铁路不办理货物合同变更的情况:

①违反国家法律、行政法规、物资流向、运输限制和蜜蜂的变更;

②变更后货物运到期限大于容许运输期限的变更;
③变更一批货物中的一部分;
④二次变更到站。

2)货物运输合同的解除

整车货物和大型集装箱在承运后挂运前,零担和其他型集装箱在承运后装车前,托运人可向发站提出取消托运,经承运人同意,运输合同即告解除。

3.运输阻碍的处理

因不可抗力(如风灾、水灾、雹灾、地震等)的原因致使行车中断,货物运输发生阻碍时,铁路局对已承运的货物,可指示绕路运输;或者在必要时先将货物卸下,妥善保管,待恢复运输时再行装车继续运输,所需装卸费用,由装卸作业的铁路局负担。因货物性质特殊(如动物死亡、易腐货物腐烂、危险货物发生燃烧、爆炸等)绕路运输或卸下再装,可造成货物损失时,车站应联系托运人或收货人在要求的时间内提出处理办法。超过要求时间未接到答复或因等候答复将使货物造成损失时,比照无法交付货物处理,所得剩余价款(缴纳装卸、保管、运输、清扫、洗刷除污费后)通知托运人领取。

(三)货物的到达作业

货物在到站进行的各种货运作业,称为到达作业。

1.重车到达与票据交接

列车到达后,车站应派人接收重车。交接货车时,应详细进行票据与现车的核对,对现车的装载状态进行检查,并与车长或列车乘务员办理重车及货运票据的交接签证。

运转室将到达本站卸车的重车票据登记后,移交货运室。

2.货物卸车作业

车站必须认真贯彻"一卸、二排、三装"的运输组织原则,认真做好卸车工作。

(1)卸车前"三检":检查货位;检查运输票据;检查现车。

(2)卸车时监卸:作业开始之前,监装卸货运员应向卸车工组详细传达卸车要求和注意事项。卸车时,货运员应对施封的货车亲自拆封,并会同装卸工一起开启车门或取下苫盖篷布,要逐批核对货物、清点件数,应合理使用货位、按标准进行码放;对于事故货物则应编制记录。此外,注意作业安全,加快卸车进度,加速货车周转。

(3)卸车后"三检":检查运输票据;检查货物;检查卸后空车。

此外,还需清理好线路,将篷布按规定折叠整齐,送到指定地点存放。托运人自备的货车装备物品和加固材料,应妥善保管。

3.货物到达通知

(1)催领。发出催领通知时间,由铁路组织卸车的货物,应不迟于卸车完了的次日;通知的方式可采用电话、书信、电报、广告等,也可与收货人商定其他通知方式。

(2)暂存。免费保管期间规定为:由承运人组织卸车的货物,应于承运人发生催领通知的次日起算;不能实行催领通知或会同收货人卸车的,从卸车次日起算。2d内将货物搬出,不收取保管费。超过此期限未将货物搬出,对超过期限的应核收货物暂存费。

4.交付工作

1)票据交付

(1)在铁路货场领取货物时,必须提出领货凭证,并在货票丁联上盖章或签字;车站应认真核对货物运单和领货凭证的骑缝戳记。收货人为个人的,还须本人身份证;收货人为单位的,还须有该单位出具所领货物和领货人姓名的证明文件及领货人本人身份证。不能出具领货凭证的,可凭由经车站同意的、有经济担保能力的企业出具担保书取货。

(2)对收货人在专用线或专用铁路内领取货物的,车站可与收货人商定交付办法。

2)现货交付

交付货运员凭收货人提出的货物运单向收货人点交货物,然后在货物运单上加盖"货物交讫"戳记,并记明交付完毕的时间,将货物运单及签发的搬出证交还收货人,凭此将货物搬出货场。

5. 货物搬出

收货人持有加盖"货物交讫"的运单将货物搬出货场;门卫对搬出的货物应认真检查品名、件数、交付日期与运单记载是否相符,经确认无误后放行。

五、货物集装运输

集装箱是满足下列要求的一种运输设备:

(1)具有足够的强度,可长期反复使用。

(2)适于多种运输方式运送,途中无须倒装货物。

(3)设有供快速装卸的设施,便于从一种运输方式转移到另一种运输方式。

(4)便于箱内货物装满和卸空。

(5)容积不小于 $1m^3$。

集装箱和集装化运输称为货物的集装运输。货物的集装运输是我国铁路货物运输的发展方向。

(一)集装箱的种类

集装箱的种类,可以根据箱型、箱主、所装货物种类和箱体结构、是否符合标准划分。

1. 按箱型分类

按箱型,铁路运输的集装箱分为1t箱、20ft箱、40ft箱。其中20ft、40ft集装箱称为大型集装箱。

集装箱以TEU作为统计单位,表示一个20ft的国际集装箱。20个1t集装箱折合为1个TEU;1个40ft集装箱折合为2个TEU。

2. 按箱主分类

按箱主,集装箱分为铁路箱和自备箱。

3. 按所装货物种类和箱体结构分类

按所装货物种类和箱体结构,集装箱可分为普通货物箱和特种货物箱。

4. 按是否符合标准分类

按是否符合国家或铁道行业标准,集装箱又分为:标准箱和非标箱。

(二)集装箱货物运输条件

(1)集装箱必须在规定的集装箱办理车站办理站间运输。原铁道部批准的集装箱办理车站(包括专用铁路、铁路专用线)在《货物运价里程表》中公布。

(2)必须使用符合规定的集装箱。在铁路运输的集装箱必须符合铁路总公司、国家或国际标准。

(3)必须是适合集装箱运输的货物

(4)必须符合按一批办理的条件。按一批办理的集装箱,必须是同一箱型、同一箱主、同一箱态,至少一箱,最多不得超过一辆铁路货车所能装运的箱数。

(5)集装箱重量的限制。集装箱货物的重量由托运人确定,但托运的集装箱每箱总重不得超过该集装箱的标记总重。集装箱内单件货物的重量超过100kg时,应在运单"托运人记载事项"栏内注明实际重量。

六、特殊条件货物运输

(一)超限、超重货物运输

货物装车后,车辆停留在水平直线上,货物的任何部位超出机车车辆限界基本轮廓者或车辆行经半径为300m的曲线时,货物的计算宽度超出机车车辆限界基本轮廓者,均为超限货物。

1.超限货物的等级划分

根据货物的超限程度,超限货物分为3个等级:一级超限、二级超限和超级超限。

2.超重货物的定义及等级

装车后,重车总重活载效应超过桥涵设计标准活载(中-活载)的货物,称为超重货物。

根据货物的超重程度,超重货物分为3个等级:一级超重、二级超重和超级超重。

(1)一级超重:$1.00 < Q \leqslant 1.05$;

(2)二级超重:$1.05 < Q \leqslant 1.09$;

(3)超级超重:$Q > 1.09$。

注:Q为活载系数。

(二)超长货物运输

一车负重、突出车端、需要使用游车或跨装运输的货物,称为超长货物。

超长货物装载方法有两种:一种是一车负重,在负重车的一端或两端使用游车;另一种是两车负重跨装运送,可在两负重车中间加挂游车或在负重车的一端、两端加挂游车。超长货物装载形式见图7-2。

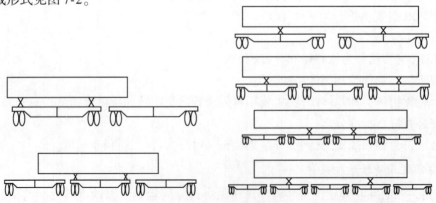

图7-2 超长货物装载形式

(三)避免集重装载的货物运输

一件货物的重量大于所装车辆负重面长度的最大容许载重量的货物,称为集重装载货物。

对于给定的货物,其重量和支重面长度是不变的。因此,只需将货物重量及支重面长度与所装车辆负重面长度最大容许载重量相比较,即可判定是否为集重装载。若货物重量小于所装车辆负重面长度的最大容许载重量时,可直接装载;否则,应采用下列避免集重装载的方法:

(1)当货物支重面长度小于所装车辆负重面长度,而大于两横垫木之间的最小距离时,可在货物底部铺设两根横垫木。

(2)当货物支重面长度小于所需两横垫木之间的最小距离时,可按需要先铺设两根横垫木,然后在横垫木上加纵垫木,将货物均衡地装在纵垫木上。使用纵横垫木避免集重装载,见图7-3。

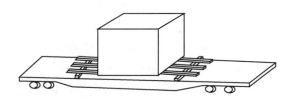

图7-3　使用纵横垫木避免集重装载

"支重面长度"系指支撑货物重量的货物底面积的长度。"负重面长度"系指货车地板承担货物重量的长度。

平车地板负重面长度最大容许载重量由《铁路货物装载加固规则》的"平车、凹底平车、长大平车局部地板承受均布载荷或对称集中载荷时容许载重量表"确定。

(四)鲜活货物运输

鲜活货物指在铁路运输过程中,需要采取制冷、加温、保温、通风、上水等特殊措施,以防止腐烂、变质、冻损、生理病害、病残死亡等问题的货物。

鲜活货物,分为易腐货物和活动物两大类:

(1)易腐货物,包括肉、蛋、乳制品、速冻食品、冻水产品、鲜蔬菜、鲜水果等;按其热状态分为冻结货物、冷却货物和未冷却货物。冻结货物是指经过冷冻加工成为冻结状态的易腐货物。冷却货物是指经过冷却处理,温度在冻结点以上的易腐货物。未冷却货物是指未经过任何冷处理,完全处于自然状态的易腐货物。

(2)活动物,包括禽、畜、兽、蜜蜂、活水产品等。

托运的鲜活货物必须质量良好,无病残,包装适合货物性质并能保证铁路运输安全。按照货物性质、容许运输期限及运送全程的季节和气候条件选择合适的车辆、装载方法和运送方法,并根据需要采取预冷、制冷、加温、保温、通风、上水、加冰或押运等措施,以最大限度地保持货物质量。

(五)危险货物运输

在铁路运输中,凡具有爆炸、易燃、毒害、感染、腐蚀、放射性等特性,在运输、装卸和储存保管过程中,容易造成人身伤亡和财产毁损而需要特别防护的货物,均属危险货物。

铁路运输危险货物,按其主要危险性和运输要求可分9类:

(1)爆炸品。
(2)气体。
(3)易燃液体。
(4)易燃固体、易于自燃的物质、遇水放出易燃气体的物质。
(5)氧化性物质和有机过氧化物。
(6)毒性物质和感染性物质。
(7)放射性物质。
(8)腐蚀性物质。
(9)杂类危险货物和物品。

第三节　铁路行车组织

铁路行车组织是铁路运输组织的重要组成部分,是铁路综合运用各种技术设备、合理组织列车运行、实现旅客和货物运输过程的计划和组织工作。其主要内容包括:车流组织、列车编组计划、列车运行图、铁路运输生产计划、调度指挥、车站行车组织工作等。

一、车流组织

车流是指一定时期内,一个方向、一个区段或一个车站上,车辆的去向或到站(流向)和数量(流量)的总称。装车站装出的重车向卸车地点输送就构成了重车流;卸车站把卸后的富余空车向下一装车地点排送,又形成了空车流。车流如此有目的地移动和相互转化,也同时完成了铁路货物运输任务。

(一)车流与列流

铁路运输的对象是旅客和货物,大量的旅客和货物向某一方向流动,即形成通常所说的客流和货流。客流和货流形象地表达了运输产品的位移特性,但要真正实现旅客和货物的位移,必须要借助一种载体——载运工具。就铁路运输而言,这个载体就是客车和货车,于是产生了车流的概念。车流是铁路运送的具有一定去向的车辆的集合。

货物装上了货车,使得该货车具有一定的到站,空车即使没有明确的到站,也有具体的排空方向,所以货车无论重空,只要处于运用状态,都具有一定的去向。客车一般固定编组,循环往返于始发站和终到站之间,流向也随之固定。但这里所说的车流,都是指货车,因为客车在一个较长的时期,流量流向基本上固定不变。表示车流的大小用"车流量"这一指标,通常以一天办理的辆数计量。

车辆是载运旅客和货物的工具,编组成列车后在铁路线上运行。列车是铁路运输生产的基本单元。具有一定去向的列车的集合称为列流。列流的大小用列流量或行车量衡量,以每天开行的列车数来表示,因此,合理地组织车流和列流是行车组织的主要研究内容之一。

就货物运输而言,从货流到车流再到列流,最后到列车运行,实现货物的位移,是一种层层递进的关系,中间需要进行大量的组织工作,把货流组织成车流,是货物运输计划主要解决的问题;把车流组织成列流,是货物列车编组计划的任务;列车流的组织,规划列车运行的秩序则主要靠列车运行图来完成。上述关系,如图7-4所示。

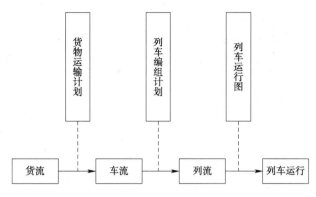

图 7-4 货流、车流、列流间的关系

(二)车流组织的原则

图 7-4 所示揭示了货流、车流、列流在组织工作上的递进关系,以及货物运输计划、列车编组计划、列车运行图的主要功用。可以说,车流组织贯穿了铁路运输的始终,可见车流组织在铁路运输工作中的重要性。因此,车流组织应遵循一定的原则。我国铁路车流组织的大体做法如下:

(1)在装车量较大的车站或地区组织始发直达列车。

(2)在卸车量较大、产生空车较多的车站或地区尽量组织空车直达列车。

(3)未纳入始发直达和空车直达列车的重空车流向就近的技术站集结,按车流去向、流量大小和流程远近分别编入各种适当的列车,主要是技术直达列车、直通货物列车和区段货物列车,逐步输送到终到站。

(4)中间站到发的零星车流,一般用摘挂列车或区段小运转列车输送。

(5)在枢纽地区到发的零星车流一般用枢纽小运转列车输送。

二、列车的编组

(一)列车的分类及车次

把车辆按规定条件编成车列,并挂有机车及规定的列车标志时,称为列车。也就是说,列车必须具备以下 3 个条件:

(1)按有关规定编成的车列。

(2)挂有牵引本次列车的机车。

(3)有规定的列车标志。

1. 列车的分类

为适应旅客和货物运输的不同需要,列车按运输性质的分类如下:

(1)旅客列车(动车组、直达特快旅客列车、特快旅客列车、快速旅客列车、普通旅客列车、通勤列车、临时旅客列车、临时旅游列车等)。它是指以客车(包括代用客车)编组的,运送旅客及行李、包裹、邮件的列车。

(2)行邮行包列车(行邮特快专列、行包快运专列)。它是指固定车辆编组及发、到站的专门运送旅客行李、包裹和邮件的列车。

(3)货物列车(五定班列、快运、重载、直达、直通、保温、军用、自备车、区段、摘挂、超限及小运转列车)。

图 7-5 表示了常用货物列车的种类。

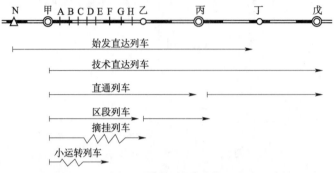

图 7-5　货物列车的分类

(4)路用列车。它是专为运送铁路自用物资或设备的列车。

2. 列车的车次

为便于计划安排和具体掌握列车运行情况,各类列车均应冠以固定车次。这样,就可以从不同的车次辨别该次列车的种类、等级和运行方向。

列车运行,原则上以开往北京方向为上行,车次编为偶数;相反方向为下行,车次编为奇数。在铁路支线上,一般由连接干线的车站开往支线的方向为下行,相反方向为上行。在个别区间使用直通车次时,可与上述规定方向不符。

为确保旅客列车车次全路唯一性,各局管内特快、快速列车车次不足时,需向铁路总公司申请车次,不得自行确定车次。现行列车车次,如表 7-3 所示。

(二)旅客列车和货物列车的编组

1. 旅客列车的编组

旅客列车在列车始发站与终到站之间往返运行,在一定时期内执行固定编组。通常情况下,行李车、邮政车、发电车等非乘坐旅客的车辆应分别挂于机车后第一位和列车尾部,起隔离作用。

2. 货物列车的编组

1)货物列车的编组计划

如何正确地组织重空车流及合理地将车辆按规定编入列车向目的地运送,是铁路行车组织所要解决的一个关键问题。

在流向有同有异、流量有大有小、流程有远有近、各站设备条件不尽相同、作业性质与能力互有差异的复杂条件下,如何将发、到站各不相同的重车流及不同车种的空车流合理地组织起来,在适当的地点编组成各种不同去向和种类的列车,这是车流组织所要解决的问题之一。为此,铁路要制定货物列车编组计划,使全路编组的列车互相配合、互相衔接,成为统一的整体,保证各站产生的车流都能迅速而经济地运送到目的地。

货物列车编组计划是全路车流组织计划,由装车地直达列车编组计划和技术站列车编组计划两大部分组成。它根据全路车流结构、各站设备能力和作业条件,统一安排全路各站的解编作业任务,具体规定全路各货运站、编组站和区段站编组货物列车的种类、到站及车组编挂办法。

列车车次编定表 表7-3

顺号	列车分类		车次范围	顺号	列车分类		车次范围
一	旅客列车			二	行包专列		
1	高速动车组旅客列车		G1~G9998	1	行邮特快专列		X1~X198
	其中	跨局	G1~G5998	2	行包快运专列		X201~X998
		管内	G6001~G9998	三	货物列车		
2	城际动车组旅客列车		C1~C9998	1	直达货物列车		80001~87998
	其中	跨局	C1~C1998				10001~19998
		管内	C2001~C9998		其中	货运五定班列	80001~81748
3	动车组旅客列车		D1~D9998			快运货物列车	81751~81998
	其中	跨局	D1~D3998			煤炭直达列车	82001~84998
		管内	D4001~D9998			石油直达列车	85001~85998
4	直达特快旅客列车		Z1~Z9998			始发直达列车	86001~86998
5	特快旅客列车		T1~T9998			空车直达列车	87001~87998
	其中	跨局	T1~T4998			技术直达列车	10001~19998
		管内	T5001~T9998	2	直通货物列车		20001~29998
6	快速旅客列车		K1~K9998	3	区段货物列车		30001~39998
	其中	跨局	K1~K6998	4	摘挂列车		40001~44998
		管内	K7001~K9998	5	小运转列车		45001~49998
7	普通旅客列车		1001~7598	6	超限货物列车		70001~70998
	(1)普通旅客快车		1001~5998	7	万吨货物列车		71001~72998
	其中	跨三局及其以上	1001~1998	8	冷藏列车		73001~74998
		跨两局	2001~3998	9	军用列车		90001~91998
		管内	4001~5998	10	自备车列车		60001~69998
	(2)普通旅客慢车		6001~7598	11	抢险救灾列车		95001~97998
	其中	跨局	6001~6198	四	单机和路用列车		
		管内	6201~7598	1	单机		50001~52998
	通勤列车		7601~8998		其中	客车单机	50001~50998
8	临时旅客列车		L1~L9998			货车单机	51001~51998
9	其中	跨局	L1~L6998			小运转单机	52001~52998
		管内	L7001~L9998	2	补机		53001~54998
	旅游列车		Y1~Y998	3	试运转列车		55001~55998
10	其中	跨局	Y1~Y498	4	轻油动车、轨道车		56001~56998
		管内	Y501~Y998	5	路用列车		57001~57998
11	动车组检测车		DJ5501~DJ5598	6	救援列车		58101~58998
12	回送出入厂客车底列车		001~00298	车次中字母的读音： G——高，C——城，D——动，Z——直，T——特， K——快，L——临，Y——游，DJ——动检， F——返，X——行			
13	回送图定客车底		在车次前冠以"0"				
14	因故折返旅客列车		原车次前冠以"F"				

表7-4所示，是某铁路局甲站货物列车编组计划的戊方向内容列表。从表中可以看出，

货物列车编组计划解决了以下问题：

(1) 在哪些车站编组列车？

(2) 编组到哪些车站的列车？

(3) 编组什么种类的列车？

(4) 列车中编挂哪种去向的车流？

(5) 以什么样的方式编组？

(6) 规定各去向列车的车次。

甲站列车编组计划（示例） 表7-4

发站	到站	编组内容	列车种类	定期车次	附注
甲	戊	戊及其以远	技术直达		
甲	丙	①丙及其以远(不包括戊及其以远)；②空敞车	直通列车		按组顺编
甲	乙	乙及其以远(不包括丙及其以远)	区段列车		
甲	乙	①A-H间按站顺；②乙及其以远	摘挂列车		按组顺编

2) 货物列车的编组

货物列车应按照列车编组计划、列车运行图和《铁路技术管理规程》等的有关规定进行编组。

(1) 编入货物列车的车辆去向、车辆编挂方法等，应符合列车编组计划的规定。

(2) 货物列车的重量和计长，应符合列车运行图的规定（摘挂列车除外）。未经有关部门批准，车站不准发出欠轴、超重和超长列车。

(3) 编入货物列车中的车辆技术条件、装载危险货物车辆的隔离、关门车的编挂、机车编入列车的条件等，均应符合《铁路技术管理规程》的规定。

三、列车运行图及通过能力

列车运行是铁路运输生产过程中的一个重要环节，它需要利用多种铁路技术设备，要求各个部门、各个工种之间互相协调、密切配合，才能保证客货运输的安全和提高运输效率。列车运行图在协调各个部门、各个工种的工作方面起着极其重要的作用。

(一) 列车运行图

1. 列车运行图的概念及作用

列车运行图是列车运行的图解，是全路组织列车运行的基础。列车运行图规定了各次列车占用区间的次序，列车在每个车站的到、发或通过时刻，列车在区间内的运行时间和在车站上的停站时间及机车交路，列车的重量和长度标准等。

列车运行图实际上是利用坐标原理来表示列车运行的。它以横轴表示时间，并用竖线等分横轴代表一昼夜的小时和分钟；以纵轴表示距离，并按列车在区间运行时分的比例画水平线，代表各车站中心线在铁路线上所处的位置，称为站名线。图上的斜线称为列车运行线，它与车站中心线的交点就是该列车在各个车站的到达、出发或通过时刻。常用的列车运行图竖线等分横轴的间隔为 10min 和 60min，分别称为十分格运行图和小时格运行图。在十分格运行图上，列车到发时刻只填记 0~9 之间的数字，并规定填记在列车运行线与站名线相交的钝角内，如图 7-6 所示。此外，在列车运行图上还需标注区段名称、各站的站名、区间公里数、闭塞方式、机车类型、列车车次、列车的重量标准和计长标准等必要的资料。

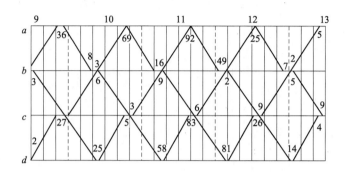

图 7-6 单线成对非追踪平行运行图

铁路是一个庞大复杂的多部门多工种组成的运输企业，在运输生产过程中要利用多种铁路技术设备，各个环节各个部门必须相互配合、紧密联系、协同动作，才能保证客货运输的安全并提高运输效率。列车运行图在协调各个部门、各个工种的工作方面起着极其重要的作用。这是因为，列车运行图规定了各次列车占用区间的顺序、列车在每个车站的到发和通过时刻、列车在区间的运行时间和在车站的停站时间、列车的重量和长度标准等。与运输有关的各业务部门都应根据列车运行图的规定来安排工作。例如，车站要按照列车运行图规定的各次列车到发时刻来安排列车的到发、解编工作和客货运作业；机务部门要根据运行图来安排机车交路、机车整备和机车乘务组的工作；列车段要根据运行图的规定及时排出列车乘务组值乘；工务、电务、供电等部门要按照运行图来安排线路、桥隧、通信信号设备及接触网的检修、施工等。这样，通过列车运行图把整个铁路网的活动联系成为一个统一的整体，把所有与行车有关的单位组织起来，严格按照一定的程序有条不紊地进行运输生产工作。因此，列车运行图是铁路运输工作的一个综合性计划，是铁路行车组织工作的基础。同时，列车运行图又是铁路运输企业向社会提供的运输服务的目录，是铁路运输生产连接国民经济和社会生活的纽带。

列车运行图不仅是日常指挥列车运行的重要依据，而且也是保证行车安全、改善铁路技术设备运用、加速机车车辆周转、提高铁路通过能力和运营工作水平的重要工具。因此，正确编制和严格执行列车运行图直接关系着整个铁路运输工作的质量，具有极其重要的意义。

2. 列车运行图的分类

由于区间正线数目和闭塞设备的不同，以及列车运行速度、上下行方向的列车数量、同方向列车的运行方式等方面的差异，列车运行图可以分为多种不同的类型。

（1）按区间正线数目的不同，列车运行图可以分为单线运行图、双线运行图和单双线运行图。

单线运行图是指在单线区段上，上下行列车都在同一条正线上运行，因此，列车的交会必须在车站上进行，区间是绝不会出现上下行列车运行线的交点，如图 7-6 所示。

双线运行图是指在双线区段上,上下行列车在各自的正线上运行,互不干扰,列车可以在区间内或车站上进行交会,但列车的越行必须在车站上进行,如图7-7所示。

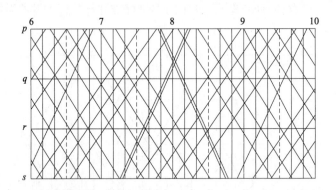

图7-7 双线追踪非平行运行图

单双线运行图指的是在有部分双线的区段上铺画出的运行图,它分别具有单线运行图和双线运行图的特征。

(2)按同方向列车运行速度的不同,列车运行图又可以分为平行运行图和非平行运行图。

平行运行图,指的是在同一区间内,同方向列车运行速度相同,因而铺画出的列车运行线相互平行,且在区段内无列车的越行。

非平行运行图,指的是同方向列车运行的速度不相同,因而铺画出的列车运行线出现不平行,且在区段内有列车的越行。

(3)按上下行列车数目的不同,列车运行图还可以分为成对运行图和不成对运行图。在成对运行图上,上下行的列车数目相等;而在不成对运行图中,上下行的列车数目不相等。

(4)按同方向列车运行方式的不同,列车运行图还可以分为追踪运行图和非追踪运行图。

追踪运行图,指的是在自动闭塞的双线(或单线)区段上,同方向列车以闭塞分区为间隔,实行追踪运行。

非追踪运行图,指的是在非自动闭塞的单线(或双线)区段上,同方向列车以站间或所间区间为间隔,实行非追踪运行。

上述分类都是针对列车运行图的某一特点而加以区别的。实际列车运行图都具有多方面的特点,例如某一区段的列车运行图,它既是双线的、非平行的,又是追踪的。

(二)铁路区段通过能力

通过能力,是指在一定的机车车辆类型和一定的行车组织方法的条件下,铁路区段内的各种固定设施设备,在单位时间内(通常指一昼夜)所能通过或接发的最多列车对数或列数。

铁路区段内设有各种固定设施设备,如区间、车站、机务设备、给水设备、电气化铁路的供电设备等。铁路区段通过能力的大小,往往受到其中能力最薄弱的环节的限制。与铁路行车组织有关的是区间通过能力和车站通过能力。

1. 铁路区间通过能力

铁路区间通过能力,主要取决于该区段的技术设施设备和所采用的行车组织方法,如区间正线数目、区间长度、线路纵断面、机车车辆类型及信号、联锁及闭塞方式以及列车运行图的类型等。列车运行图类型对区间通过能力影响很大,在同样的技术设施设备条件下,采取不同的列车运行图类型,通过能力就有很大不同。计算区间通过能力,一般是先计算平行运行图的区间通过能力,然后在此基础上再计算非平行运行图的区间通过能力。

2. 铁路车站通过能力

铁路车站通过能力是指车站在现有设施设备条件下,采用合理的技术作业过程,于一昼夜内所能通过或接发的最多列车对数或列数。它包括咽喉通过能力和到发线通过能力两部分。车站通过能力最后是取咽喉通过能力和到发线通过能力中的最小值。

四、铁路运输生产计划

铁路运输生产计划,包括铁路月度货物运输生产计划、铁路运输工作技术计划、运输方案。它是铁路日常组织运输工作的基础,也是铁路运输日常生产的主要依据。

(一)铁路货物运输生产计划

铁路货物运输生产计划的基本任务是,根据国家的经济政策和运输政策,在国家计划经济和计划运输原则的指导下,密切产、供、运、销的关系,正确安排各地区、各部门、各种货物运量和流向,充分发挥运输工具的效能,按月度完成铁路年度运输任务,最大限度地满足国民经济高速度发展的需要。

铁路货物运输生产计划按编制期限分为长远计划、年度计划和月度计划。长远计划是较长时期的运量规划,通常为五年或十年。它是规划期内全路的运量规模和货物周转量等经济指标预期达到的目标。年度计划直接反映计划年度国民经济计划中铁路应完成的运输任务,作为分配各铁路局货物运输任务的依据。月度计划根据年度计划和托运人提出的具体运输要求按月编制,是年度计划在计划月份的具体安排,也是组织日常运输生产活动的直接依据。

(二)铁路运输工作技术计划

铁路运输工作技术计划是铁路部门为保证完成月度货物运输生产计划而制定的机车车辆运用计划,简称技术计划。制定技术计划的目的在于合理使用机车车辆和铁路通过能力,提高运输效率,保证完成货物运输生产任务。技术计划以月为单位,为各铁路局规定使用车、卸空车、接入和交出的货车、列车等运输工作任务,规定机车车辆的运用效率指标,并确定各铁路局的运用货车保有量和使用机车台数。

(三)运输方案

运输方案是保证完成铁路运输生产计划的综合部署。编制运输方案,应根据技术计划规定的任务,按照列车编组计划和列车运行图的规定,考虑装卸站的装卸能力、区段输送能力及各部门各企业的生产规律；根据当月(旬)具体情况，对月、旬的货运工作、列车工作、机车工作和施工等进行统筹安排。运输方案由货运工作方案、列车工作方案、机车工作方案和施工方案几部分组成。

五、铁路运输调度指挥

(一)铁路运输调度指挥系统及其基本任务

1. 铁路运输调度指挥系统

铁路运输业具有点多、线长、部门分工细、各作业环节紧密联系等特点。运输生产过程是在长距离的连续空间带上进行的，涉及部门多、变化大、时间性强，常常是"一点不通影响一线，一线不畅影响一片"。

为使铁路这一庞大而复杂的系统能够不间断地、均衡地、高效地运转，就必须对铁路的日常生产活动实行分级管理、集中统一指挥。为此，我国铁路的各级运输管理部门都建立了相应的调度机构，即中国铁路总公司设调度处，铁路局设调度所，车站(主要是编组站、区段站及大型货运站)设调度室。

在各级调度机构中按照业务分工设有不同职名的调度员，如计划调度员、列车调度员、机车调度员、货运调度员、客运调度员等，分别代表各级领导指挥一段线路范围内的日常运输生产工作。

2. 铁路运输调度工作的基本任务

铁路运输调度是铁路日常运输组织的指挥中枢，分别代表各级领导组织指挥日常运输工作。运输调度的基本任务是正确地编制和执行运输工作日常计划，科学地组织客流、货流和车流，搞好均衡运输，挖掘运输潜力，提高运输效率，经济合理地使用机车车辆及运输设备，组织与运输有关各部门紧密配合、协同动作，实现列车编组计划、列车运行图和运输方案，保证完成旅客运输计划、月度货物运输生产计划、技术计划，提高经济效益，努力完成铁路运输任务，为社会主义经济建设和国防建设服务。

列车运行图就是列车运行计划，列车应按图运行。但实际列车运行的条件随时都有可能发生变化，如每天的车流有可能增加或减少，列车运行图中所规定的车次有可能要停运，有时又需要增开列车，图定列车有可能发生晚点，有的列车需要调整作业时间等。因此，在列车运行日常工作中，需要根据变化的情况采取相应的措施来进行运行调整，使列车尽可能按列车运行图行车，这就需要由列车调度员来进行调度指挥。

(二)CTC调度区段行车工作

新一代调度集中CTC是以现代通信技术和分散自律控制为基础的分布式远程控制系统。它吸取了传统的经验和教训，充分考虑中国铁路客货混跑、调车作业多的实际情况，将调车控制纳入到CTC功能中来，系统无须切换控制模式即可实现行车作业和调车作业的协调办理，并且能够进行无人值守车站的调车作业，从而将调度集中的优势彻底地发挥出来。

CTC由调度中心子系统、车站子系统和调度中心与车站及车站之间的网络子系统3部分构成。

调度中心子系统是CTC的网络核心，由中心机房设备及各调度台应用终端组成。中心机房设备包括:数据库服务器、应用服务器、通信服务器、日志服务器、网络通信设备、电源设备、网管工作站、系统维护工作站。调度台应用终端包括:行车调度工作站、助调工作站、综合维修工作站、计划员工作站、值班主任工作站、培训工作站、备份工作站等。

车站子系统是 CTC 系统的控制节点,其主要设备包括车站自律机、车务终端、综合维修终端、电务维护终端、网络设备、电源设备、防雷设备、联锁系统接口设备和无线系统接口设备等。

CTC 控制区段设有分散自律控制与非常站控两种模式。分散自律控制模式下,只有控制指令不同来源,没有中心与车站控制权的转换,系统根据列车运行调整计划自动控制列车进路,根据调车作业计划自动控制调车进路,并具备人工办理进路的功能;非常站控模式是脱离 CTC 控制转为车站控制台(计算机联锁终端)人工控制的方式,调度中心不具备直接控制权。

六、车站行车组织工作

车站是铁路运输的基层生产单位,是客货运输的起始、中转和终到作业场所,铁路运输生产过程中的绝大部分作业环节都是在车站上进行的。车站工作的质量直接影响着铁路区段方向乃至整个路网运输工作的安全性、准确性、连续性和节奏性,决定着全路运输工作任务完成的数量和质量。因此,正确组织车站工作,特别是车站的行车组织工作,对于保证实现安全、正点、畅通、优质、高效等运输生产管理的基本要求有着十分重要的意义。

车站行车组织工作的内容,主要包括接发列车工作、调车工作。为了使车站各车间、各工种协调而有节奏地进行日常运输生产,充分发挥技术设施设备的效能,技术站和货运站还应制定列车和货车技术作业程序,并设有调度机构,通过制定车站作业计划来组织指挥车站日常生产活动。

(一)接发列车工作

接发列车工作是铁路运输生产的关键内容,直接关系到列车的安全正点和运输效率。保证不间断地接发列车、严格按列车运行图行车是对车站接发列车工作的基本要求。车站的接发列车工作,由车站值班员统一指挥。

为保证列车运行的安全,列车接入车站和由车站出发,都必须按照一定的程序办理接发列车的必要作业。

接发列车工作的主要人员有车站值班员、(内、外勤)助理值班员、信号员、扳道员在接发列车时需办理以下作业:

1. 办理闭塞

在正常情况下,列车运行采用空间间隔行车的方法,即同一时间和同一区间(或闭塞分区)内,只准许有一列列车运行,以防止同向列车追尾或对向列车正面冲突。为实现铁路行车上这一要求的技术设备,称为闭塞设备。因此,当列车进入区间前,两站间办理闭塞手续,是车站接发列车工作的首要作业程序。车站值班员在办理闭塞(预告)前,应确认区间(闭塞分区)空闲。

2. 准备接车或发车进路

列车到达、出发或通过车站时所需占用的一段站内线路,称为列车进路。为保证列车运行的安全,列车到达或出发之前,车站值班员应正确发布准备列车进路的命令,及时停止影响列车进路的调车工作。

3. 开放和关闭进站信号或出站信号

只有在闭塞手续办理完毕,列车进路确已准备妥当以后,才能开放进站或出站信号,在列车进入接车线警冲标内方并停妥或开出车站之后,应及时关闭信号。

4. 交接行车凭证(不使用自动闭塞和半自动闭塞时)

正常情况下,列车占用区间的许可是出站信号机的进行显示,因而在接发列车时,不必交接行车凭证。在设备不正常的情况下无法取得出站信号机的进行显示,列车必须取得规定的行车凭证,才能向区间发车。

5. 迎送列车及指示发车或发车

列车进出车站时,接发列车工作人员应在规定地点接送列车,注意列车运行情况和货物装载状态,发现有危及人身、货物或行车安全的情况,应采取有效措施妥善处理。

车站发车人员只有在确认列车取得占用区间许可,发车进路准备妥当,影响进路的调车工作已经停止,列车各项作业已经办理完毕以后,方可按规定时刻显示发车指示信号或发车信号,准许列车由车站出发。

6. 开通区间及报点

列车到达或出发之后,车站值班员应及时将列车到、发时刻通知邻站,向列车调度员报告并登记《行车日志》。

列车到、发及通过车站时刻,按以下规定加以确定:

(1)到达时刻。以列车进入车站,停于到达线警冲标内方的时刻为准;列车超过实际到达线有效长时,以第一次停车时刻为准;列车在区间分部运行时,以全部车辆到达车站的时刻为准。

(2)出发时刻。以列车机车向前进方向起动,列车在站界内(场界内)不再停车为准。列车全部发出站界后,因故退回车站再次出发时,则以第一次出发时刻为准;在分界站为邻局出发时,则以最后发出时刻为准。

(3)通过时刻:以列车机车通过车站值班员室外的时刻为准。

车站值班员是车站接发列车工作的统一指挥者,接发列车工作的各项作业原则上应由车站值班员亲自办理。如因设备条件和业务量关系难以做到时,除了布置进路必须由车站值班员亲自办理外,其他各项工作可指派助理值班员、信号员或扳道员等办理。

(二)技术站货物列车及货车的技术作业

为了保证列车运行安全和货物完整,货物列车在始发站、终到站和运行途经技术站的到发线上及摘挂列车在中间站办理的各项技术作业,统称为货物列车技术作业。货车自到达车站时起,至由车站发出时止,在车站办理的各项技术作业,统称为货车技术作业。这些作业的项目、程序与时间标准统称为货物列车及货车技术作业过程。

1. 技术站办理的货物列车和货车的种类

1)技术站办理的货物列车的种类

(1)无改编中转列车:在该技术站不进行改编作业,而只在到发场进行到发技术作业后继续运行的列车。

(2)部分改编中转列车:在该技术站需要变更列车重量、变更运行方向和换挂车组的列车。

(3)到达解体列车:在该技术站进行解体的列车。

(4)自编始发列车:由该技术站编成的列车。

2)技术站办理的货车的种类

(1)无调中转车:随无改编中转列车或部分改编中转列车到达,在该站进行到发技术作业后,又随原列车继续运行的货车。

(2)有调中转车:随到达解体列车或部分改编中转列车到达,在该技术站经过一系列改编作业后,再随自编始发列车或另一列部分改编中转列车继续运行的货车。

(3)货物作业车(或称本站作业车):随到达解体列车或部分改编中转列车到达、需在车站进行货物作业(卸车或装车)的货车。它包括一次货物作业车和双重货物作业车。

2. 货物列车和货车技术作业过程

1)货物列车技术作业过程

车站办理的列车和车辆总数中,上述各种列车和车辆所占的比重,决定着车站的作业性质。编组站主要办理改编列车和有调中转车作业,区段站主要办理无改编中转列车和无调中转车作业,而铁路网上绝大多数车站都办理货运业务,都要办理一定数量本站作业车的作业。

货物列车到达技术站或列车编组完了后,须在技术站的到达场、出发场或到发场上对列车办理一系列的技术作业。虽然各种列车所需办理的作业内容和要求不完全相同,但下列技术作业都是必须办理的。

(1)车辆的技术检查和修理。

(2)车辆的货运检查及整理。

(3)车号员检查核对现车。

(4)列尾作业员技术作业。

(5)车列及票据交接。

除此以外,到达解体列车还应进行准备解体作业;自编始发列车、无改编中转列车还应进行准备发车及发车作业;部分改编中转列车还应进行摘挂车辆的调车作业和准备发车及发车作业。

例如,解体列车的到达技术作业过程,如表7-5所示。

2)货车技术作业过程

有调中转车一般要经过到达作业、解体作业、集结过程、编组作业和出发作业,无调中转车随中转列车到达车站,并随原列车出发。因此,在站的技术作业与无改编中转列车在站的技术作业相同。

一次货物作业车一般要经过到达作业、解体作业、送车作业、装或卸车作业、取车作业、集结过程、编组作业和出发作业。

双重货物作业车一般要经过到达作业、解体作业、送车作业、卸车作业、调移、装车作业、取车作业、集结过程、编组作业和出发作业。

(三)调车工作

除列车在车站到、发、通过及在区间运行之外,凡是机车车辆在站线或其他线路上进行的一切有目的的移动,统称为调车。调车工作是铁路运输生产不可缺少的重要环节,对编组站来说,调车工作更是它的主要生产活动。

解体列车的到达技术作业过程　　　　　　　　　　　　表 7-5

序号	作业项目	时间（min）0　10　20　30　40
1	检车员、车号员、货运检查员、列尾作业员等出动	▬（0–5）
2	车辆技术检修作业（包括摘机车和试风）	▬▬▬▬▬▬▬（5–35）
3	列尾作业员技术作业	▬▬▬（5–15）
4	车号员检查核对现车	▬▬▬▬（5–20）
5	货运检查	▬▬▬▬（5–20）
6	有关人员与到达司机办理运统1和货运票据交接	▬▬▬（5–15）
7	准备解体	▬▬▬（25–35）
	作业总时分	（0–35）

调车工作按其作业目的的不同可分为如下几类:

(1) 解体调车:将到达解体的车列或车组,按其车辆的去向或其他需要分解到调车场各固定线路上去的调车。

(2) 编组调车:按列车编组计划、列车运行图以及有关规章的规定和要求,将车辆选编成车列或车组的调车。

(3) 摘挂调车:对部分改编中转列车进行补轴、减轴、车辆换挂以及摘挂列车在中间站进行摘挂车辆的调车。

(4) 取送调车:将待装、待卸的车辆由调车场送至装卸作业地点以及从上述地点将作业完了的车辆取回调车场的调车。

(5) 其他调车:因工作需要对车列或车组进行转场、转线,对调车场内的停留车辆进行整理,以及机车出入段等调车作业。

车站由于作业性质的不同,完成各种调车工作的比重也不一样,如编组站有大量的解体和编组调车,而中间站一般只进行摘挂和取送调车。

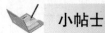

小帖士

调车工作工种众多,调车的领导人有车站调度员、调车区长,负责安排调车机车的运用及编制调车作业计划;调车指挥人是调车长,负责指挥调车组全体人员(连接员、制动员)配合调车机车、扳道员协同完成各种调车工作。

(四)车站工作日常计划

铁路运输是一个实时处理系统,车流、列流每日均有所变化,车站自身的工作条件也经常发生变化。为使车站各项工作顺利进行,必须有一个周密又切实可行的工作日常计划。

车站工作日常计划,包括班计划、阶段计划和调车作业计划。

1. 车站班计划

车站班计划,是车站最基本的作业计划,是车站完成一个班运输生产任务的作业组织计划。铁路日常生产活动一般分两个班次进行,即由当日 18:00 至次日 6:00 为第一班;自 6:00 至 18:00 为第二班。班计划由主管运输的副站长或运转车间主任负责编制。其内容一般包括如下几个方面:

(1)列车到达计划。
(2)列车出发计划。
(3)卸车计划。
(4)排空车计划。
(5)装车计划。
(6)班工作指标及临时重点任务。

车站班计划编制完成后,由站长或主管副站长负责审批下达;各班组要制定保证安全、准确完成计划的具体措施。

2. 车站阶段计划

车站阶段计划,是一个班各阶段工作的具体安排,是完成班计划的保证。它由车站调度员根据该阶段工作开始前的具体情况,利用车站技术作业图表进行编制。由于各站情况不同,一般车站每隔 3~4h 就要编制下一阶段计划。

3. 车站调车作业计划

车站调车作业计划,是列车解体、编组和车辆取送作业的具体行动计划。它一般由调车区长根据阶段计划编制,并以调车作业通知单的方式下达给有关作业人员执行。

第四节 高速铁路运输组织

铁路运输组织的基本任务是满足广大旅客的旅行需求,安全、迅速、准确、便利地运送旅客和行李、包裹、邮件,达到良好的旅途服务效果。高速铁路的运输组织是根据高速铁路的特点,研究一些有别于普通铁路运输组织中的一些技术问题。高速铁路运输组织的目标是高速铁路技术经济优势得到充分发挥,最大限度地吸引客流,获得最佳的经济和社会效益。高速铁路运输组织是高速铁路技术的重要组成部分。

一、高速铁路运输组织工作的特点

(1)运输服务系统覆盖旅客旅行服务的全过程,最大限度地满足不同层次的旅客出行需求。从客票预订和售票服务、站车信息服务、旅客换乘服务以及各种形式旅客自助服务等,实现了运输组织管理和运输服务管理的一体化。

(2)充分满足旅客出行需求、适应客流变化的运输计划和旅客列车开行方案。列车开行的等级、数量、运程、经停、服务、时刻、票制等形式多样,保证旅客有充分的选择空间。

(3)运输基础设施和运载工具运用的效率化、精细化,运输计划的科学化、合理化,运输过程管理和控制的规律性、节奏性,在高速铁路运输组织中得到充分体现。

(4)建立以高新技术为基础的安全保障体系和以调度中心为中枢的运营管理系统,在保证高速铁路运输的高度安全性和可靠性的基础上,形成以设备运用、整备、检修一体化的系统;运营管理特色和信息、机制决策、运作、评估之间的高度协调统一,实现了运营组织管理的高水平和高效益。

二、我国高速铁路(客运专线)的基本类型

我国的高速铁路,根据不同的标准,可以分为以下几类:

1. 根据速度高低不同分类

根据速度高低不同,可以分为:

(1)300km/h 及以上的客运专线。

(2)200~250km/h 客运专线。

2. 根据采用的基本运输组织模式来分类

根据采用的基本运输组织模式,可以分为:

(1)客运专线。

(2)客货混跑模式的高速铁路。

3. 根据线路在客运专线网中的位置来分类

根据线路在客运专线网中的位置,可以分为:

(1)通道型客运专线。

(2)城际型客运专线。

三、高速铁路系统的构成

1. 工务工程系统

高速铁路线路是实现高速的基础,高速铁路要求线路的空间曲线平滑,平纵断面变化尽可能平缓;要求路基、轨道、桥梁具有高稳定性、高精度和小残余变形。同时,要求建立严格的线路状态检测和保障轨道持久高平顺的科学管理系统。

2. 动车组系统

动车组是运送旅客的动力设备。高速铁路的动车组基本均为机车车辆一体化,按列车动力轮对的分布和驱动设备的设置,可分为动力集中式和动力分散式。目前,世界上的动车组基本都向动力分散式发展。

3. 通信与信号控制系统

高速铁路的信号与控制系统,是高速列车安全高密度运行的基本保证。高速铁路的信号控制系统是集微机控制与数据传输于一体的综合控制与管理系统,是当代铁路适应高速运营、控制与管理而采用的综合性高技术。

4. 牵引供电系统

牵引供电系统是为高速铁路列车运行提供稳定、高质量的电流。高速列车电力牵引具

有牵引功率更大、所受阻力更大、受电弓移动速度快、电流易发生波动性等特点。

5. 运营调度系统

高速铁路运营调度系统是集计算机、通信、网络等现代化技术为一体的现代化综合系统。调度系统进行列车的计划、对列车运行进行管理、对基础设施维修计划进行审批和管理等。它是完成高速铁路运输组织特别是日常运营的根本保证，也为完成运输生产提供有力保障。

6. 旅客服务系统

旅客服务系统的主要功能，是处理与旅客服务相关的事件。它主要包括发售车票、信息采集、信息发布、日常投诉、紧急救助、旅客疏散、旅客赔付、统计分析等工作。

四、高速铁路列车运行图及其调度指挥

1. 高速铁路列车运行图

1）高速铁路列车运行图的特点

高峰时段更加突出；严格的旅行速度限制；高弹性的运行线安排；有效时间带的出现。

2）高速铁路列车运行图的基本要素

追踪列车间隔时间；列车区间运行时间；列车起停附加时间；列车在站停车时间；动车组折返时间；天窗时间内按单线行车时的车站间隔时间。

3）综合维修天窗的设置

（1）客运专线综合维修天窗作业时间。高速客运专线综合维修主要指对线路、供电、信号等固定设备进行日常维护和检修。在列车运行图上预留的用于维修施工所需要的行车"空隙"称为天窗。在高速度、高密度的行车条件下，综合维修天窗开设方式和维修时间的确定，对客运专线的通过能力、行车组织方式有很大影响。

（2）我国高速客运专线需要进行日常的工务维修、接触网维修和信号通信设备检修工作。因此，需要设置工务维修天窗、接触网维修及其通信信号设备检修天窗来进行日常的维修工作。

①通信信号检修的时间远远小于工务维修所需的时间。

②我国高速客运专线上接触网维修天窗的设置时间应采取90～180min。

③我国高速客运专线，应采用大型养路机械进行工务维修工作，为了充分发挥作业机组的工作效率，工务天窗的时间应为4～6h。

④我国高速客运专线，应该为工务维修、接触网维修和通信信号设备检修共同开设4～6h的综合维修天窗。

2. 高速铁路调度指挥

1）高速铁路调度指挥的特点

高计划性、行车集中控制；高安全性；高密度性；高正点率；旅客服务的人性化；维修综合化。

2）中国铁路调度指挥系统

TDCS是铁路调度指挥信息管理系统，主要完成调度指挥信息的记录、分析、车次号校核、自动报点、正晚点统计、运行图自动绘制、调度命令及计划的下达、行车日志自动生成等功能。原来行车调度员和车站值班员需要用笔记录下的东西都可以由TDCS自动完成。

第五节　铁路运输安全管理

安全是指不因人、机、媒介的相互作用而导致系统损失、人员伤害、任务受影响或造成时间损失。生产过程中的安全，指不发生工伤事故、职业病、设备或财产损失。铁路运输安全是指在铁路运输过程中，维护铁路正常的运行秩序，保证旅客及铁路员工生命财产安全、运输设备和货物完整性的全部生产活动。

铁路运输生产的根本任务，就是把旅客和货物安全及时地运送到目的地，而铁路运输安全水平直接决定了铁路运输与其他运输方式的竞争能力、声誉和经济效益，所以安全始终是铁路运输企业的永恒主题。

一、安全在铁路运输中的地位

1. 铁路运输安全要适应经济和社会发展的需要

铁路是现代化的交通工具，铁路运输对经济、社会和科技发展、满足人民物质文化生活需要起着重要作用。作为国家基础设施，铁路运输安全既保证了国家重点物资、重要工程、重大科研基地及军事运输的需要，也为地方区域经济开发、招商引资和科技发展带来了生机和活力。作为公益事业，铁路运输安全保障了人民生命财产不受伤害和损失，提高了广大人民群众的生活质量。安全生产不但是提高运输企业自身经济效益的基本保证，也直接影响到社会效益和社会的稳定及国家的声誉和形象。

2. 铁路运输安全是铁路运输产品合格的保障

铁路运输业是一个从事社会化运输的物质生产部门，运输是生产过程在流通过程中的继续。运输生产的全部意义在于有计划、有目的、有成效地实现旅客和货物空间位置的移动，"位移"即是铁路运输的产品。产品的数量以吨公里、人公里（或换算吨公里）计算；产品质量特性包括安全、准确、迅速、经济便利和文明服务。其中，安全最为重要。位移这种产品既不能储存，也不能调剂，它在运输生产的同时就被消费掉了。运输生产的全过程是由车站、机务、工务、电务、车辆各部门协调共同完成的。在铁路运输生产过程中，各部门、各工种人员必须遵章守纪，才能确保旅客和货物的运输安全。如果在发站、到站或途中发生货物的损坏、丢失、旅客的伤亡等事故，都直接反映出铁路运输产品的质量的不合格性。只有把货物与旅客安全地运送到目的地，运输产品的整个生产过程才算完结，运输产品"位移"的质量和社会价值也同时得到体现。

3. 安全是加快铁路改革与发展的重要保证

加快铁路改革与发展，必须要有一个稳定的运输安全局面。如果安全形势不稳，不断发生事故，将会打乱运输秩序，干扰总体部署，分散工作精力，社会舆论也会反映强烈，铁路工作会处于被动局面，铁路改革与发展就失去了重要前提与基础，难以顺利进行。面对日趋灵活多变的市场需求，铁路通过运输管理体制、组织方法、经营方式的改革，努力从粗放型经营向集约型经营转变，重载、高速及多元化经营带来的运输安全问题日益突出，安全严重影响市场竞争实力。没有稳定的安全形势，就没有铁路大联动机的高效正常运转，就难以使铁路运输优势和铁路运力资源得到充分发挥。铁路越是深化改革、加快发展、走向市场，越要强化安全意识,搞好安全生产。

4. 安全是法律赋予铁路运输的义务和责任

旅客和货物托运人与铁路运输企业之间的关系是合同关系,合同形式是客票和运单。办完手续货物装车、旅客检票乘车后,彼此的权利和义务对等。铁路必须安全、准确、迅速、经济、便利和文明服务,保证将货物和旅客运送到目的地。如果铁路运输企业因人为事故不能保证旅客和货物的运输安全,不仅违背了当事人的意愿,损害了他们的权益,而且也违反了《中华人民共和国铁路法》的规定。

二、贯彻"安全第一、预防为主、综合治理"的方针

1. 牢固树立"安全第一"的思想,强化"安全第一"的责任意识

牢固树立"安全第一"的思想,强化"安全第一"的责任意识,这是保障运输安全的重要前提。人的因素是影响运输安全最重要的因素,人的安全思想和意识是安全行为的基础。因此,必须加强以人为中心的管理,持久深入地进行安全生产教育,增强广大职工在市场经济条件下的安全责任感和紧迫感,以及不安全的危机感,营造人人重视安全、事事确保安全的工作氛围。而运输生产中存在的隐患、发生的事故(除不可抗拒的自然原因外)归根结底是人的"安全第一"思想不牢、安全责任意识淡薄所致。在安全工作与其他工作发生矛盾,或安全工作取得成绩的时候,"安全第一"的思想往往被淡化或移位。这是安全措施不落实、安全形势不稳定的根本原因,应坚决克服纠正。

2. 遵守规章制度,严格组织纪律

遵守规章制度,严格组织纪律,这是运输安全的重要保证。在长期生产实践中,我国铁路部门根据运输生产规律、事故发生的因果关系和防止事故的宝贵经验,制定了许多保证安全、提高效率的规章制度和作业标准,并根据情况变化及时加以完善和发展。有章必循,就要有严格的组织纪律约束。纪律松弛,有章不循是对运输生产安全的最大威胁。因此,必须加强职工队伍的组织性和纪律性,使"严字当头、铁的纪律、团结协作、雷厉风行"的路风得以发扬光大。建立健全严格的安全管理制度,最为重要的是各级安全责任制的逐步完善和切实执行。应避免职责不清、分工不明、互相推诿的不良现象发生,并通过各种管理手段做到是非分明、赏罚分明,形成强有力的竞争、激励和约束机制。

3. 加强职工教育培训工作,提高职工队伍安全素质

加强职工教育培训工作,提高职工队伍安全素质,这是运输安全的重要基础。提高人员安全素质最为有效的途径就是理论联系实际的教育或培训。这在高科技广泛应用于铁路运输的情况下显得更为迫切和重要。通过各种形式的教育和培训,大力抓好职工队伍的职业道德建设,培养爱岗敬业的精神和遵章守纪的良好习惯,提高实际操作能力,特别是非正常情况下的作业技能和应急处理能力。全路落实作业标准化。与此同时,还要不断加强干部的技术业务培训,普遍提高干部队伍的业务素质。

4. 不断改善和更新运输技术设备

不断改善和更新运输技术设备,这是保障运输安全的物质基础。运输设备质量决定于出厂的产品质量,也取决于运用中的设备能经常得到精心的维护和保养。因此,要坚持设备检修与保养并重、预防与整治相结合的原则,攻克设备隐患,落实维修标准、作业标准和质量

标准,努力提高设备的有效性,使设备经常保持良好状态。同时,增加经费投入,改善设备功能,加快实现主要运输装备现代化的步伐。积极发展和完善既能提高运输效率,又能确保各种技术设备的安全,这是提高铁路运输安全水平的必由之路。

三、铁路运输安全系统管理的基本内容

1. 安全组织管理

负责安全的组织领导、协调平衡、监督检查工作,使运输企业安全管理体制有效地正常运转,保证安全目标的实现。

2. 安全法规管理

严格遵守国家有关铁路运输安全法律、法规等条文规定,对各种运输规章制度和作业标准进行研究、制定、修改、完善、贯彻和落实,使运输安全管理工作做到有法可依、有章可循、违法必究、违章必查。

3. 安全技术管理

正确执行国家有关技术政策、标准、规程和铁路主要技术政策,为运输安全提供可靠的技术依据和技术措施;充分发挥科技的作用,不断吸收现代科技先进成果,促进运输安全管理的科技含量。因此,运输安全技术管理应涵盖对运输基础设施和安全技术设备的研制、试验、引进、装配、维护和安全质量管理以及运输安全软技术的开发与应用,如与运输安全有关的各种操作办法、管理方法、运输安全管理基础理论及安全科学理论的研究与应用等。

4. 安全教育管理

为实现运输安全,必须通过各种形式和方法,对广大干部和职工进行经常性的安全思想教育、安全知识教育、安全技能教育和事故应急处理教育等。

5. 安全信息管理

建立健全各种信息中心和网络,在运输生产过程中,能准确、及时、经济地收集、加工传递、储存、检索、输出一切对运输安全有用有利的信息管理,并用运输安全所需的安全指令信息、安全动态信息、安全反馈信息和其他先进的信息处理技术来指挥、组织、管理运输生产,不断开创运输安全生产的新局面。

四、改善铁路运输安全管理的途径

铁路运输安全的状况反映了铁路运输的设备质量、管理水平、人员素质以及社会秩序的状况。世界各国铁路企业和政府当局历来都十分重视铁路运输安全,把安全即防止铁路运输事故放在重要位置,并为此而进行持久不懈的努力。各国政府和铁路企业通过改善技术设备、加强管理和健全法制3个途径来不断改善铁路运输安全。

1. 改善技术设备是保证运输安全的重要物质基础

线路、车站、通信以及机车车辆的破损、故障和性能不良是发生运输事故,首先是行车事故的重要原因。线路上钢轨的损伤、信号故障以及机车车辆的车钩、车轴、转向架、制动装置的破损是导致严重事故的主要原因。随着科学技术的进步,必须不断提高各种技术设备的性能、强度和可靠性,并努力采用设备故障防护报警和自动检测、自动控制、远程控制等先进手段,切实保证运输安全。

2．加强运输管理是保证铁路运输安全的基本环节

大多数事故都是由于违反规章制度、违反劳动纪律以及职工技术业务素质不良而引起的，因此，必须坚持不懈地健全规章制度，严格劳动纪律并加强技术业务培训。许多国家的铁路管理部门还为此而制定安全奖惩办法，开展安全月、安全周和各种形式的安全竞赛活动。

3．健全铁路安全的法制是增强运输安全的重要保证

制定和实施有关铁路运输安全的法规、法令，有助于使保证铁路运输安全成为各级政府、铁路企业、各有关行业以及广大社会公众共同承担的义务。

 复习思考题

1．当前我国铁路开行的旅客列车有哪几种？
2．列车的上下行是如何规定的？
3．车票的有效期是如何规定的？
4．行李和包裹是怎样划分的？
5．铁路货物怎样分类？有哪几种运输方式？
6．车站货运工作主要包括哪些？
7．货物列车主要有哪几种？
8．车站接发列车工作应办理哪些作业程序？
9．调车作业有哪几种？
10．高速铁路运输组织工作的特点有哪些？
11．铁路运输安全管理的方针是什么？
12．贯彻铁路运输安全管理指导方针有哪些要求？

第八章 高速铁路和动车组及重载运输

第一节 高速铁路和动车组

一、概述

目前,一般可以将铁路速度分级定义如下:速度 100~120km/h 称为常速铁路;速度 120~160km/h 称为中速铁路;速度 200~400km/h 称为高速铁路;速度 400km/h 以上称为特高速铁路。

以最高速度 200km/h 以上运行的列车称为高速列车。高速列车可以是由机车牵引客车组成的列车,也可以是动车组组成的列车,称为高速动车组。高速列车一般均采用具有牵引动力、固定编组的电动车组,多则 6~8 辆一组,12~16 辆一列,少则 2 辆一列,有动车和拖车之分。动车上装有牵引动力装置,而拖车不带动力装置。

(一)高速铁路的技术经济特征

(1)输送能力大:如日本新干线每 3.5min 发车间隔。

(2)速度快:如上海到北京,全程 1300km,运行 4.5h 左右,与飞机相近。

(3)安全性好:高速铁路 40 多年来,重大行车事故极少,安全性明显高于公路、航空。

(4)正点率高:基本不受气候影响,日本 1997 年平均晚点只有 0.3min。

(5)舒适、方便:运行平稳、发车间隔小。

(6)能源消耗低、环境影响小、经济效益好。

(二)高速铁路的发展模式

(1)日本新干线模式,全部修建新线,旅客列车专用。

(2)法国 TGV 模式,部分修建新线,部分旧线改造,旅客列车专用。

(3)德国 ICE 模式,全部修建新线,旅客列车及货物列车混用。

(4)英国 APT 模式,既不修建新线,也不大量旧线改造,主要靠采用摆式车体的车辆组成的动车组;旅客列车及货物列车混用。

(三)高速动车组的分类

1. 按牵引动力分类

(1)高速电动车组,80%以上的高速动车组是电力牵引的动车组。

(2)高速内燃动车组。

(3)磁悬浮车组。

2. 按动力配置方式分类

(1)动力集中型高速动车组是将动力装置集中安装于动车组的一端或两端的动力车上,

仅有动力车的轮对受电机驱动。将电气设备和动力装置集中安装在动力车上。由动力车牵引列车,动力车只牵引不载客,拖车只载客不牵引。

(2)动力分散型高速动车组是将由电机驱动的动力轮对分散布置在所有或多组轮对上;同时,将主要电气设备吊挂在车辆下部,也可以将动力装置吊挂在车辆下部。动车组的全部车辆都可以载客。

3. 按转向架连接方式分类

(1)独立式高速动车组,即为传统的车辆与转向架的连接方式,每节车辆的车体都置于两台转向架上,车辆与车辆之间用密封式车钩相连接,列车解体后车辆可独立行走。

(2)铰接式高速动车组,是将车辆的车体之间用弹性铰相连接,并放置在一个共用的转向架上,因此,每节车辆不能从列车上分解下来独立行走。

二、世界高速铁路的发展

列车在既有线上以超过200km/h速度运行的尝试很早就出现过。早在1903年德国生产的一列试验型三相交流电动车组,就创造了210km/h的行车速度记录;1954年法国电力机车牵引列车创造了243km/h的行车速度记录;1955年法国用两节普通的电力机车在普通铁路线上做高速试验时,创造了331km/h的行车速度记录,这个记录保持了20年,直到20世纪70年代才被打破。但是,高速列车以200km/h以上的速度在高速铁路上运行,却是20世纪60年代以后出现的事。1964年日本建成了世界上第一条高速铁路(东海道新干线),并研制使用0系高速列车,运营速度达210km/h。日本高速铁路的巨大成功极大地刺激了欧洲各国高速铁路的发展,法国、德国、意大利、西班牙等国纷纷开始效仿,世界高速铁路逐步兴建,至今还在高速地发展。归纳起来,高速铁路的发展可划分为如下3个不同阶段。

1. 初期阶段(1964—1990年)

在这期间建设并投入运营的高速铁路有日本的东海道、山阳、东北和上越新干线;法国的东南TGV线、大西洋TGV;意大利的罗马至佛罗伦萨线以及德国的汉诺威至威尔茨堡高速新线。这期间,日本建成了遍布全国的新干线网的主体结构。除了北美外,世界上经济和技术最发达的日本、法国、意大利和德国推动了高速铁路的第一次建设高潮。日本东海道新干线和法国TGV东南线的运营,在技术、商业、财政以及社会效益上都获得了极大的成功。东海道新干线在财务收支上已经成为主要支柱;法国TGV东南线也在运营10年的期限里完全收回了投资。因此,高速铁路最初的建设成就极其显著。随后,德国和意大利各国都先后修建了适合本国国情的高速铁路,并取得了较好的效益,成为当今世界上高速铁路技术的保有国。

2. 高速铁路建设的第二阶段(1991—1997年)

高速铁路建设在日本和法国所取得的成就影响了很多国家,促进了各国对高速铁路的关注和研究。1991年瑞典开通了X2000摆式列车;1992年西班牙引进法、德两国的技术建成了471km长的马德里至塞维利亚高速铁路。1994年英吉利海峡隧道把法国与英国连接在一起,开创了第一条高速铁路国际连接线。1997年,从巴黎开出的"欧洲之星"又将法国、比利时、荷兰和德国连接在一起。在这一时期的日本,因早已完成了新干线路网骨干结构的建设,高速路网的建设开始向全国普及发展。日本于1996年起开通了福岛、山形两条小型新干线,为既有线的提速改造走出了一条新路。法国和德国则在修建高速铁路的同时,实施既有线的改造。

在这个时期内,日本、法国、德国以及意大利对发展高速铁路进行了全面规划。日本于1971年通过了新干线建设法,并对全国的高速铁路网做出了规划,根据1987年的计划,日本再修建5条新干线,总长达1440km。1986年意大利政府批准了交通运输发展规划纲要,修建横连东西(都灵—米兰—威尼斯)、纵贯南北(米兰—佛罗伦萨—罗马—那不勒斯),长达1230km的"T"形高速铁路网。法国于1992年由政府公布了建设全国高速铁路网的规划。根据规划,之后20年内高速铁路网将由4700km新线(其中1282km已于1997年开通投入运营)构成。德国于1991年4月德国联邦政府批准了联邦铁路公司改建/新建铁路2000km计划,计划包括13个项目,其中涉及新建高速铁路的有4项。1991年,欧洲议会批准了泛欧高速铁路网的规划中提出在各国边境地区实施15个关键项目促使各个国家独立高速线之间的联网。在这些项目中选定了9个优先建设的工程项目。它们是:

(1)高速铁路南北贯通线(德国—意大利之间)。
(2)连接欧洲五国首都的高速铁路线。
(3)高速铁路南方线(西班牙—法国之间)。
(4)高速铁路东部连接线(法国—德国之间)。
(5)高速/普速铁路综合运输线(法国—意大利之间)。
(6)既有铁路连接线(英伦三岛之间)。
(7)丹麦—瑞典固定连接线。
(8)北欧三角地带。
(9)英国西海岸干线。

在这一时期高速铁路建设,表现出了如下一些新的特征:
(1)已建成高速铁路的国家进入高速铁路网规划和建设的年代。
(2)修建高速铁路网已经不仅仅是铁路部门的需要,而成为地区之间相互联系的政治上的需求。
(3)由于能源和环境的要求,需要发展无污染的高速铁路。
(4)出现了国内和跨越国境的高速铁路网。

3.高速铁路建设的第三阶段(1998至今)

1998年10月在德国柏林召开的第三次世界高速铁路大会,将高速铁路的发展定为世界高速铁路发展的第三次高潮。这次高潮波及亚洲、北美、澳洲以及整个欧洲,形成了交通领域中铁路的一场复兴运动。自1992年以来,俄罗斯、韩国、我国台湾省、澳大利亚、英国、荷兰等国家和地区均先后开始了高速铁路新线的建设。据不完全的统计,为了配合欧洲高速铁路网的建设,东部和中部欧洲的捷克、匈牙利、波兰、奥地利、希腊以及罗马尼亚等国家正对干线铁路进行改造,全面提速。除了以上这些已经开工建设的项目,正在对高速铁路开展规划与筹建工作的国家还有土耳其、中国、美国、加拿大、印度、捷克等。

参与第三次高速铁路建设的各个国家与前两阶段高速铁路建设不同,其特征主要表现如下:

(1)大多数国家在高速铁路新线建设的初期,拟定了修建高速铁路的全国规划。

(2)虽然建设高速铁路所需资金较大,但从社会效益、节约能源、治理环境污染等诸多方面分析,修建高速铁路对整个社会具有较好的效益,这一点各国政府都有共识。

(3)高速铁路促进地区之间的交往和平衡发展,欧洲国家已经将建设高速铁路列为一项政治任务,各国呼吁在建设中携手打破边界的束缚。

(4)高速铁路从国家公益投资转向多种融资方式筹集建设资金,建设高速铁路出现了多种形式融资的局面。

(5)高速铁路的技术创新,正在向相关领域辐射和发展。

知识链接

中国高速铁路之"最"

1. 运营里程最长

2014年,贵阳至广州、沪昆高铁杭州至南昌段和长沙至怀化段、兰新等一批高速铁路新线相继开通。2016年9月10日,全长360km的郑徐高铁正式开通运营。截至2016年底,全国铁路营业里程达12.4万km,其中高速铁路2.2万km以上。超过世界高速铁路营业里程的一半,是当之无愧的"世界第一"。根据规划,到2020年,高速铁路营业里程将达到3万km,覆盖80%以上的大城市。

2. 建设速度最快

2004年,中国高速铁路踏上引进消化吸收再创新之路,正式开始"加速跑"。短短12年间,"四纵四横"的高速铁路网骨架已基本成形。一张以高速铁路为骨架,包括区际快速铁路、城际铁路及既有线提速线路等构成的快速铁路网基本建成,总规模达4万km以上,基本覆盖50万人口以上城市。

3. 运营速度最高——486.1km/h

486.1km/h——这是喷气飞机低速巡航的速度!2010年12月3日,在京沪高速铁路枣庄至蚌埠试验段,CRH380AL新一代高速动车组创造了486.1km/h的世界铁路运营第一速。

4. 轮轨试验速度最高——605km/h

2011年12月,由中国南车研制的更高速度试验列车,又称500km试验列车,在中国南车四方股份公司落成,设计速度500km/h,在高速列车国家工程实验室中创造了605km/h的最高轮轨试验速度。

5. 世界等级最高的高速铁路——京沪高速铁路

2011年6月,京沪高速铁路建成投产,这是世界上一次建成线路最长、标准最高的高速铁路。它贯穿北京、天津、河北、山东、安徽、江苏、上海7省市,连接环渤海和长三角两大经济区,全长1318km。

6. 世界首条新建高寒高速铁路——哈大高速铁路

2012年12月1日,中国首条也是世界第一条新建高寒地区哈大高速铁路即哈尔滨—大连高速铁路投入运营。哈大高速铁路营业里程921km,设计时速350km,纵贯辽宁、吉林、黑龙江三省,全线设23个车站。根据最近30年的气象记录,东北三省全年温差达到80℃,是中国最为寒冷、也是温差最大的地区。

7. 世界单条运营里程最长高速铁路——京广高速铁路

2012年12月26日,全球运营里程最长的高速铁路——京广高速铁路全线开通运营。全长2298km的京广高速铁路,是我国中长期铁路网规划中"四纵四横"高速铁路的重要"一纵",北起北京,经石家庄、郑州、武汉、长沙等地,南至广州,全线设计时速350km,初期运营时速300km。

8. 世界上一次性建成里程最长的高速铁路——兰新高速铁路

2014年12月26日,兰新高速铁路全线贯通。全长1776km的兰新铁路是世界上一次性建成通车里程最长的高速铁路。除此之外,它还享有不少"第一":

(1) 它途经烟墩、百里、三十里及达坂城等4大风区,同时沿线有塔克拉玛干、古尔班通古特等几处沙漠,是首条穿越沙漠大风区的高速铁路;

(2) 横穿我国海拔最低的吐鲁番盆地和海拔最高的祁连山高铁隧道,16.3km的祁连山隧道中的最高轨面海拔为3607.4m,被誉为"世界高速铁路第一高隧"。

9. 谱系最全的动车组"大家庭"

我国拥有世界上200～500km各种速度等级的动车组,可谓种类最丰富、谱系最完整。这个动车组"大家庭"融合了世界先进技术,并通过消化吸收再创新,打造出具有自主知识产权的高端产品。

这个"大家庭"的成员有:初期引进的CRH_1、CRH_2、CRH_3、CRH_5,时速200～300km不等,引进后提升到350km;之后自主研发的有CRH_{380}系列,时速可达380km。之后还有CRH_{380AM}时速500km试验车和为城际铁路研发的CRH_6系列动车组。

10. 最惊人的高速铁路运量

在京津、京沪、武广等线路,高速铁路出现了"一票难求"的现象。2016年,有8亿多人次选择高速铁路出行,其中最繁忙的是京沪高速铁路,一条线就有过亿人次乘坐。

三、我国高速铁路的发展

我国高速铁路的发展,经历了如下5个阶段:

1. 第一阶段(1990—1998年)

中国高铁1990年《京沪高速铁路线路方案构想报告》完成。后面围绕要不要建设高速铁路,要建设什么标准的高速铁路,什么时间动工建设高速铁路,"建设派"、"缓建派"、"磁浮派"进行了旷日持久的大战。广深铁路改造为时速160km的准高速铁路,于1994年12月22日建成通车。到1998年止,这个阶段,主要是高铁的思想启蒙阶段。

2. 第二阶段(1999—2002年)

中国第一条高速铁路秦沈客专的开工建设,期间还经历了国产动车组的研发高峰,诞生了以中华之星、先锋号、蓝箭为代表的一大批优秀国产动车组型号。数据统计显示,中国早期自主研发的动车组高达20多个品种,总产量达到67列,其中大部分都是在这个阶段完成的。这67列动车组中,内燃动车组47列,电力动车组20列;有46列在国内进行试验或交付运用,另外21列则出口到了国外。

3. 第三阶段(2003—2010年)

我国开始"四纵四横"高速铁路网的大规模建设和高速动车组技术的引进消化吸收再创

新。这个阶段最突出的成就是奠定了中国高速铁路网的主骨架,以及确定了中国高速铁路网的建设以及运营标准,这个框架与标准至今仍是中国高铁的基石。

4. 第四阶段(2011—2013 年)

中国高铁经历了降速与降标在起伏中艰难前行。这一阶段的主要成就是实名制购票以及互联网售票的推行,在大大缩短了人们旅行时间的同时也方便了人们的购票出行。

5. 第五阶段(2013 年夏天至今)

这一阶段中国高速铁路重新恢复发展势头,铁路固定资产投资逐年上升,中国干线高速铁路重新恢复时速 350km 的建设标准,运营高速铁路也分步骤稳妥地恢复到设计时速运营。截至 2015 年,"四纵四横"高速铁路主骨架基本建成,在区际运输中发挥着重要作用。

"四纵"高速铁路,已开通运营了京沪、京广、京哈高速铁路及上海—杭州—宁波—福州—深圳快速铁路等,并加快建设京沈高速铁路。

"四横"高速铁路,已开通运营郑州—西安—宝鸡、杭州—长沙—贵阳、南京—合肥—武汉—重庆、胶济客专、石太高速铁路等。加快建设济南—石家庄、徐州—郑州、宝鸡—兰州、贵阳—昆明高速铁路等。

"十三五"我国高速铁路仍将保持快速发展,规划贯通哈尔滨至北京至香港(澳门)、连云港至乌鲁木齐、上海至昆明、广州至昆明高速铁路通道,建设北京至台北、呼和浩特至南宁、北京至昆明、宁夏银川至海口、青岛至银川、兰州至广州、北京至兰州、重庆至厦门等高速铁路通道,拓展区域连接线。高速铁路营业里程达到 3 万 km,覆盖 80% 以上的大城市。这一阶段的另外一个重大成就是中国高速铁路重新赢得声誉,并努力开拓国际市场,成为我们国家的一张名片。

四、国内外铁路高速动车组

(一)国外铁路高速动车组

1. 日本的高速列车

新干线作为日本交通运输的大动脉发挥了巨大作用,支撑着日本经济高速发展。日本开发了 0 系、100 系、200 系、300 系、400 系、500 系、700 系、E_1 系、E_2 系、E_3 系、E_4 系、E_5 系、E_6 系的动车组。

0 系新干线电动车组是日本最早研制出的高速列车,是新干线通车以来的主力车型,在 1964 年新干线开始通车,当时有 30 列 12 节编组,共计 360 台。在 1969 年到 1970 年间,实现了 16 节编组,到 1986 年共生产了 3216 台。1988 年作为山阳专用列车,将座席改为 4 座席(2 列 + 2 列)排列。该型车于 1999 年退役。

300 系新干线电动车组是为东海道新干线而开发的高速列车,是东海道、山阳新干线的主力车型,于 1992 年开始投入运行。300 系是日本从 1964 年高速铁路开通以来,以全新面貌出现的高速列车,最高运行速度达 270km/h。取消了餐车。列车编组为 16 节,其中 10 辆动车、6 辆拖车。每 2 节车组成一个电气单元。

400 系电动车组是日本首次为了实现新干线与既有线直通行驶而开发的新干线高速列车。1992 年 7 月作为山形新干线的"翼"号列车投入运用,并可与东北新干线的"山谷回声"

号列车连接,行驶在东京至福岛段。

E_1系新干线电动车组是日本在新干线上首次采用全部双层车厢编组的列车。于1994年7月开始投入运行,最高运行速度为240km/h。编组12辆(6M6T),座席定员1235人。

500系新干线电动车组是实现最高运行速度300km/h的新干线高速列车,是JR西日本公司于1997年3月22日在大阪至博多间投入运行的新型高速列车,平均速度242.5km/h,创造当时的吉尼斯纪录。

E_4系新干线电动车组是E_1系的进一步发展,是为了适应客运量的不断变化,实现灵活运用而开发的全双层车厢的新干线高速列车,于1997年12月投入东北新干线运行。E_4采用8节编组(4M4T),每两节车组成一个电气单元。将两列E_4系列车连挂,组成16辆编组座席高达1634人,是世界上座席定员最高的高速列车。

700系新干线电动车组是在300系的基础上开发后继车型,是以日本未来新干线高速列车为目标而设计的,由JR东海公司和JR西公司共同开发的。于1999年2月正式投入运营,编组为(12M4T),但列车定员和座席配置与300系相同可坐1323人,最高运营速度为285km/h,可与300系通用。

2013年3月投入使用的东北新干线"隼鸟号(E_5和E_6系)",在东京至盛冈段以最高速度320km/h运行。

日本新干线高速列车,如图8-1所示。

a)新干线0系高速列车

b)新干线300系高速列车

c)新干线500系高速列车

d)新干线700系高速列车

图 8-1

e) 新干线E_{954}（360km/h高速列车）

f) 新干线E_6型高速列车

图8-1　日本新干线高速列车

2. 法国的高速列车

早在1967年，法国铁路就开始研究高速列车，首先尝试将航空燃气涡轮发动机用于铁路动车组。至1996年，法国国家铁路投入运营的燃气涡轮动车组还有22列。其最高运行速度曾达318km/h。1973年开始制造高速动车组，曾多次创造世界最高行车记录。自1981年9月第一列电动车组TGV-PSE投入商业运营以来，法国高速列车已形成四代9种型号的高速动车组，如图8-2所示。

a) 法国TGV-2N高速列车

b) 法国AGV高速列车

图8-2　法国高速列车

1) 第一代高速动车组TGV-PSE

1981年9月首次在巴黎至里昂的东南高速线南段投入运营，1993年9月在巴黎至里昂全线运营。该列车最高试验速度达到380km/h，最高运营速度为270km/h。列车编组为1L+8T+1L，全列车共有13台转向架，其中6台是动力转向架（其中2台分别安装在邻近动车的拖车端部），7台非动力铰接式转向架，两辆拖车端部支承一台铰接式转向架。

2) 第二代高速动车组TGV

（1）大西洋高速动车组TGV-A 于1989年9月在巴黎—勒芒—布里塔尼亚线投入运行，1990年5月曾在大西洋线创造了515.3km/h的轮轨系统高速行车的世界纪录。最高运营速度为300km/h，最大功率为8800kW，列车爬坡能力为27‰。TGV-A为动力集中式，编组2动10拖，全列车有15台转向架，其中动力转向架只有4台，非动力转向架11台。列车总定员485人，10辆拖车中有3辆头等车定员116人；6辆二等车定员369人。还有1辆酒吧车。

（2）网路高速动车组 TGV-R 于 1993 年 5 月投入运行，能适用于比利时和荷兰铁路的电流制和信号系统，同时把巴黎、里昂和波尔多等大城市连接起来，环绕巴黎把法国高速铁路联成一体。TGV-R 最高运营速度为 300km/h，最大功率 8800kW。它为动车集中式，列车编组为 1L＋8T＋1L；动力转向架为 4 台，从动转向架 9 台。列车总定员 377 人，其中头等车 120 人，二等车 257 人。

（3）欧洲之星高速动车组 TGV-TMST，是大西洋高速动车组 TGV-A 衍生而来的。它于 1994 年 11 月在巴黎—伦敦、布鲁塞尔—伦敦的线路上投入运营，将法国、英国和比利时三国的首都连接起来。1995 年运营线路又从伦敦延长至曼彻斯特和爱丁堡。最高运行速度为 300km/h，最大功率为 12000kW，列车爬坡能力为 26‰。欧洲之星高速动车组适用于其运行通过的 3 个国家不同的供电制式、信号系统和线路限界。它有 6 台动力转向架，18 台从动转向架。总定员 794 人，其中头等车 210 人，二等车 584 人。

（4）西班牙高速动车组 AVE，是由法国向西班牙进行技术转让的高速动车组。于 1992 年 4 月在马德里—塞维利亚高速铁路新线上投入运营，最高运营速度 300km/h，最大功率 8800kW，列车爬坡能力为 32‰。AVE 动车组采用双电流制 25kV、50Hz 和直流 3kV。列车编组为 1L＋8T＋1L，其中 1 辆俱乐部车、2 辆头车、4 辆二等车和 1 辆酒吧车。总定员为 329 人，其中俱乐部车 38 人，头等车 78 人，二等车为 213 人。全列车有 4 台动力转向架，9 台从动转向架。

（5）塔利斯高速动车组 TGV-PBKA，是法国、德国、比利时、荷兰四国铁路联运的高速列车，1996 年投入运用。编组为 1L＋8T＋1L，有 4 台动车转向架，9 台从动转向架，最高运营速度 300km/h，最大功率为 8800kW，列车爬坡能力为 38‰。列车总定员为 377 人，其中头等车 120 人，二等车 257 人。

（6）韩国高速动车组 TGV-K，是法国向韩国转让成套技术。TGV-K 动车组于 2001 年投入运营，在首尔到釜山间运行。其编组为 1L＋18T＋1L，有 6 台动车转向架，18 台从动转向架，采用同步牵引电机交流传动，最高运营速度 300km/h，最大功率为 13200kW，列车爬坡能力为 35‰。全列车定员为 1000 人，其中头等车 184 人，二等车 816 人。

3）第三代高速列车 TGV-2N

法国第三代高速列车 TGV-2N 是双层高速动车组，法国铁路共订购 100 列，第 1 列车于 1996 年投入运用，用于连接巴黎和法国北部以及东南线。载客能力和舒适性都得到很大提高。列车编组为 1L＋18T＋1L。列车定员为 377 人，头等车为 120 人，二等车为 257 人。列车有 4 台动力转向架，9 台从动转向架，最高运营速度为 300km/h，最大功率为 8800kW。

4）第四代高速动车组 AGV

法国第四代高速动车组 AGV，是第一列动力分散、铰接式高速动车组。它于 2001 年投入试运行，2006 年在法国东部高速铁路巴黎—斯特拉斯堡线投入商业运营；其最高速度达 350km/h，最大功率为 7600kW。AGV 由 3 辆车组成一个牵引单元，装有 2 台动力转向架和 1 台从动转向架。根据需要挂上无动力拖车，组成 6、7、9、10、12 辆车为一列的编组方案，分别表示为 AGV_6、AGV_7、AGV_9、AGV_{10} 和 AGV_{12}。

3. 德国的高速列车

德国的高速铁路在 1988 年由电力机车牵引的行车试验速度达到 406.9km/h。但由于德国政府的错误认识,德国高速铁路直到20世纪90年代初才开始修建,曼海姆至斯图加特线于1991年6月建成通车;1992年建成汉诺威至维尔茨堡线;高速铁路上开行的ICE城际高速列车,速度为250km/h。1993年以来,ICE高速列车已进入伯林,把德国首都纳入ICE高速运输系统。ICE也穿过德国与瑞士的边界,实现了苏黎世至法兰克福等线路的国际直通运输。德国又修建了柏林至汉诺威、科隆至法兰克福两条高速铁路。

1)ICE_1型高速动车组

1990年7月ICE_1型动车组试制完成。1991年6月2日投入高速线运营。牵引传动装置为动力集中式布置,列车编组的形式一般为2M+12T,两端各有1辆动力车,中间为12辆拖车,根据客流情况也可编组为2M+14T和2M+10T。最大功率为9600kW,最高运营速度为280km/h。一等车厢座席48个,二等车厢座席66个,带特殊设备的二等车厢座席45个和餐车座席40个。

2)ICE_2型高速动车组

德国铁路于1993年12月订购44列ICE_2动车组,第一列动车组于1996年投入试运营,它主要用于1998年开通的柏林—汉诺威—不来梅/科隆高速线,适应各区段不同客流的需要。ICE_2动车组,它由1辆动力车和6辆拖车加1辆控制拖车(带驾驶室)组成。ICE_2全部采用分隔式敞开客室,两个等级的所有客车均采用相同的车体。该车最高运行速度为280km/h,最大持续功率为4800kW,列车全长205.4m;总定员是391人,1等车定员105人,2等车定员263人,酒吧间23人。

3)ICE_3型高速动车组

为适应科隆—法兰克福高速客运专线的要求,1994年向西门子公司订购了50列ICE_3型电动车组。其中37列动车组为单电流制AC15kV,用于德国国内客运,于2002年底在科隆—法兰克福客运专线投入运营;4列动车组为3电流制(AC15kV、AC25kV、DC1.5kV)用于德国至荷兰的国际联运,在1999年投入运营;9列动车组为4电流制(AC15kV、AC25kV、DC1.5kV、DC3kV),用于德国、荷兰、比利时的国际联运,于1999年交付使用;1995年荷兰又订购了6列这种高速动车组,用于阿姆斯特丹—科隆—法兰克福线运营。ICE_3为动力分散式高速动车组,最高运行速度为330km/h,最大牵引功率8000kW;在直流电网下的最高运行速度为220km/h,最大牵引功率为4300kW。该列车编组为4动4拖。

4)ICEM型高速动车组

ICE_3型多电流制高速动车组,称为ICEM型动车组。ICEM型动车组的外形、编组和结构基本与ICE_3型动车组相同。但也有一些不同点:ICEM型动车组适用于4种电流制;在中间拖车上安装了直流受电弓;从动转向架上每根轴上安装了3套轴盘式制动盘;在直流供电区牵引功率要降低;装备了多国自动信号系统。

5)ICET型高速摆式动车组

1999年夏季在斯图加特—苏黎世线投入使用高速摆式动车组,又称为ICT型动车组。ICET型动车组最高运行速度为230km/h。它可根据时间和运营线路的需要编组,具有较高的灵活性。目前德国铁路对于ICET型动车组一般采用两种编组形式,即5辆车和7辆车的编组形式,分别称为415型和411型,其功率分别为3000kW和4000kW,总定员分别为250和381人。同时,两列同型编组(两列415型或两列411型)的列车可连挂,411型和415型也可连挂,三列 415 型编组列车也可连挂。另外,还可通过加挂其他的中间车辆(有动力或无动力)组成新的编组列车。

6)ICE_{350}型高速动车组(西班牙 $AVES_{103}$)

ICE_{350}型高速动车组,2005 年在西班牙马德里—巴塞罗那高速线上运行。它的最高运营速度达 350km/h。其编组形式是 4M4T,最大牵引功率为 8800kW,有一等车和二等车及观光车。它是 ICE_3 型动车组的进一步的发展。德国 ICE 型高速列车,如图 8-3 所示。

a)德国ICE_1高速列车   b)德国ICE_3高速列车

图 8-3　德国 ICE 型高速列车

(二)我国铁路高速动车组

1998 年四方机车车辆厂开发了 NYJ_1 型内燃动车组,即先后运用于南昌铁路局的九江号、哈尔滨铁路局的北亚号、集通铁路的罕露号、北京铁路局的晋龙号、广西地方铁路的北海号内燃动车组。该型车 6 辆(2M4T)编组,车组长度 157270mm,自重 424t,定员 546 人。它采用液力传动装置,最大运用速度为 140km/h,运用功率 $2 \times 1000kW$。1999 年由戚墅堰机车车辆厂和南京浦镇车辆厂联合研制的神州号内燃动车组,该年 10 月投入京津线运营。其总功率 3480kW,双层,2 动 10 拖,定员 1440 人,运营速度 180km/h。和谐长城号内燃动车组是以新曙光号内燃动车组为基础进行研制,列车动力配置为 2 动 7 拖,头尾每端各配有 1 台柴油机车,最大运行速度为 160km/h。该车机车为电力传动内燃机车,由戚墅堰机车车辆厂和南京浦镇车辆厂联合制造。我国生产的内燃动车组,如图 8-4 所示。

"中华之星"电动车组(DJJ_2型电力动车组)是由株洲、长春、四方、大同四厂联合研制的高速电力动车组。它是采用交流传动系统、动力集中型。其设计速度为 270km/h,定员 726 人。2002 年 11 月 27 日,"中华之星"电动车组冲刺试验创造了最高速度 321.5km/h 的当时"中国铁路第一速"。

"先锋"号交流传动电动车组是由南京浦镇车辆厂负责总体研制的我国第一列交流传动动力分散电动车组,首列电动车组命名为"先锋"号。该电动车组由 2 个单元计 6 节车组成,每 3 节车组成一个单元。全车设空调装置,并具有空调集中监控功能。列车运营速度 200km/h,最高试验速度 250km/h,总定员 424 人。

"蓝箭"号动车组,是由长春客车厂生产的动力集中式电动车组。它是为了实现中短距离大城市间的快速铁路旅客运输而设计制造的。该车采用 CW-200 转向架,构造速度 200km/h。该动车组分 VIP 豪华空调软座车和一等空调软座车两个车种。全列车由动车 +5 辆拖车 + 动车组成。

第八章 高速铁路和动车组及重载运输

a) 运营速度140km/h北亚号

b) 运营速度140km/h晋龙号

c) 运营速度180km/h神州号

d) 运营速度160km/h长城号

图8-4 我国生产的内燃动车组

"春城"号电动车组,长春客车厂为迎接"1999"昆明世界园艺博览会开发制造的中国首列商业运行电动车组。该动车组为动力分散式,以1动1拖为一个动力单元,一列6节编组,可运用于标准轨距电气化线路上。车内造型新颖、色调明快,大量地采用了新技术、新结构、新材料。车内设施齐全,软座车为新型可调节座椅,硬座车为仿人体工程学座椅,并设有投影电视、信息显示、吧台、食品冷热加工设备、真空集便装置等设施,大大提高了该车的舒适性和实用性。动车组总功率为2160kW,设计速度120km/h。国产电动车组,如图8-5所示。

a) "中华之星"号动车组

b) "先锋"号动车组

图 8-5

c)"蓝箭"号动车组

d)"春城"号动车组

图 8-5　国产电动车组

知识拓展

2016 年 11 月 21 日,"世界第一列以锂电池动力包为牵引动力的空中悬挂式轨道列车"在成都投入试运行。此前德国和日本虽然已经拥有"空铁"相关技术,但其动力采用高压电网,而中国研制的首列新能源"空铁",创造性地用锂电池包代替高压电用于列车的动力,属于世界首创。目前建成的试验线总长 1416m,由乘客车站、正线轨道箱梁(含桥墩)、弯道段、山下坡段、客车车厢、右线轨道箱梁、静调库(充电装置)、大功率锂电池动力包组成。"空铁"的速度可达 60km/h,与普通地铁接近;一列空铁最高承运量为 230 人。如图 8-6 所示。

图 8-6　锂电池动力空中悬挂式轨道列车

2004 年 4 月,国务院《研究铁路机车车辆装备有关问题的会议纪要》,明确了"引进先进技术、联合设计生产、打造中国品牌"的基本原则。按照"先进、成熟、经济、适用、可靠"的方针,2004 年 8 月,原铁道部展开为用于中国铁路第六次大提速——时速 200km 级别的第一轮高速动车组技术引进招标,当年 10 月签订了 140 列时速 200km 动车组的采购项目合同,成功引进了日本川崎重工、加拿大庞巴迪、法国阿尔斯通的动车组先进技术。至 2005 年 11 月,原铁道部与德国西门子在"以市场换技术"的原则下签订了 60 列时速 300km 的高速列车订单。原铁道部将所有引进国外技术、联合设计生产的中国铁路高速(CRH)车辆均命名为"和谐号"。通过几年的发展,我国已形成了完善的动车组技术和生产体系。现在,我国铁路共有和谐号 CRH_1、CRH_2、CRH_3、CRH_5、CRH_6、CRH_{380} 六个动车组系列,形成了时速 200 ~ 380km、8 节或 16 节编组、座车、卧车齐备的动车组产品体系。

CRH_1型电力动车组,是引进庞巴迪先进技术。后由我国和庞巴迪运输设备公司联合设计生产的动车组。初期最高运营速度为205km/h,后期为220km/h。列车编组方式是全列8节,包括5节动车及3节拖车,其中包括2节一等座车,5节二等座车,1节二座车/餐车。

CRH_2是以川崎重工公司以新干线E_2系电力动车组车型为原型的动车组,主要在长三角地区运行,上海铁路局所属动车全部为该车型。CRH_2只有首列列车是日本原产,其余均为在青岛四方组装。CRH_2共有四种型号:CRH_{2A}运营速度200km/h,8辆编组座车(4M4T);CRH_{2B}运营速度200km/h,16辆编组座车(8M8T);CRH_{2C}运营速度300km/h,8辆编组座车(6M2T);CRH_{2E}运营速度200km/h,16辆编组卧车(8M8T)。

CRH_3列车的原型为德国铁路的ICE_3列车(西门子),中国以引进西门子公司先进技术并吸收的方式,由中国北车唐山轨道客车在国内生产实现国产化,最终被定型为CRH_{3C}。CRH_{3C}型电力动车组采用动力分散式,每列8节编组,共4节动车和4节拖车(4M4T),最高运营速度达350km/h。列车设有一等座车(ZY)1辆、二等座车(ZE)6辆和带酒吧的二等座车(ZEC)1辆。其中一等座采用2+2方式布置,二等座为2+3布置。除了带酒吧的二等座车外,其他车厢所有座位均能旋转。

CRH_5型电动车组是引进法国阿尔斯通技术由长春客车厂在国内生产的。CRH_5动车组采用动力分布式,每列8节编组,共5节动车和3节拖车,运营速度为250km/h,列车可两组连挂成16节。列车设有一等座车、二等座车和带酒吧的二等座车/餐车。其中一等座车采用2+2方式布置,二等座车采用2+3布置。

新一代高速列车"和谐号"380系列的型号:CRH_{380A}为6动2拖编组,四方股份;CRH_{380B}为4动4拖编组,长客股份/唐山公司;CRH_{380C}为4动4拖编组,长客股份;CRH_{380D}为4动4拖编组,青岛BST公司,16辆长编组型号后加L。2010年,时速超过380km的国产"和谐号"CRH_{380A}新一代高速动车组列车下线。CRH_{380A}设有二等座车/观光车(8节短编)、观光车(16节长编)、一等座车、二等座车、二等座车/酒吧车(8节短编)、酒吧车(16节长编)。四种高速列车,全列定员约1000人。不同车厢座位设置不同。一等车厢座位并排四个,呈2+2式并列,中间为通道。二等车厢并排五个座位,呈2+3式并列,中间为通道。一等座车里的包厢更舒适,为6(4)人一个包间,中间有桌子,可以开小型会议。观光车座位呈2+2式并列(8节短编),和呈1+2式并列(16节长编)。和谐号动车组,如图8-7所示。

中国南车四方股份公司(位于青岛)生产的"更高速度试验列车"。该型列车于2011年12月25日下线;该列试验车为6辆编组,全部为动力车,时速超500km,试验速度超越我国目前所有动车组列车速度,2015年3月25日在西南交通大学牵引动力国家重点试验室试验成功。时速超500km的CIT试验列车,如图8-8所示。

2015年7月28日,由青岛四方机车车辆厂生产的CRH_{6A}型城际动车在广西贺州、南宁、北海间运行。如图8-9所示。2016年3月30日,由南京浦镇车辆有限公司生产的CRH_6型城际动车组,分别由广东小金口站和东莞常平东站同时开出。CRH_6是国内最新型城际动车组,满足载客量大、快速乘降、快启快停的运营要求,关键技术及零部件与和谐号动车组完全一致。CRH_6型车实现三个覆盖:覆盖时速160~250km速度等级;覆盖干线铁路和城际铁路的运营需求;覆盖国内和国际城际动车组的运营需求。技术质量达到国际先进水平,引领世界城际动车组的发展方向。

a) CRH_1 高速动车组

b) CRH_2 高速动车组

c) CRH_3 高速动车组

d) CRH_5 高速动车组

e) CRH_{380A} 高速动车组

f) CRH_{380D} 高速动车组

图 8-7　CRH "和谐号" 动车组

图 8-8　时速超 500km 的 CIT 试验列车

图 8-9　时速 200km CRH_{6A} 城际动车组

知识链接

CRH$_{6F}$城际动车组

2017年5月23日,首批两列CRH$_{6F}$城际动车组正式交付给宁波市政府,成为宁波和余姚之间的"铁路公交",满足两地市民的通勤需要。宁波至余姚城际铁路线路长48.8km,采用的时速160km的CRH$_{6F}$城际动车组。CRH$_{6F}$城际动车组列车(见图8-10)4动4拖8节编组,设有510个座位,每排4个座位,左右各两个,定员载客达1470人,超员载客量近2000人,是目前国内载客量最大的动车组。与一般的高铁动车组相比,CRH$_{6F}$的加减速能力更强,能够像地铁一样快起快停,因而更适应短站间距,沿途可以密集设站。

为了方便旅客乘降,除了头尾两节车为两对车门外,其他每节车都设有3对1.3m的双开塞拉门,即使满员状态下,乘客也能快捷地上下车,减少了停站时间。能耗方面,其人均百公里能耗比地铁还低20%左右。列车还优化了旅客设施,为乘客提供舒适的乘车体验。车厢的空调系统能使车内温度保持在26℃的恒温状态;每节车厢设有液晶显示屏,各窗配有遮阳帘,而且每排座位下都设有电源插座,更加人性化。

图8-10　CRH$_{6F}$城际动车组

五、高速动车组的关键技术

(一) 9大关键技术

高速列车的关键技术主要包括9个方面:动车组总成、牵引传动控制、转向架、制动系统、车体、牵引变压器、主变流器、牵引电动机、列车控制网络系统等。

1. 动车组总成

高速列车总成技术,包括总体技术条件、系统匹配、设备布置、参数优化、工艺性能、组装调试和试验验证。在总体设计技术条件下,对动车组车体、转向架、牵引传动系统、制动系统、列车控制网络系统、辅助供电系统和车端连接装置等元素按有关参数进行合理选择设计和优化,确定各子系统间的接口关系。最后经历生产、组装、测试、调整和试验等过程,完成动车组整体集成。系统集成使动车组达到牵引、制动、车辆动力学、列车空气动力学、舒适性和安全性等基本性能要求。

2. 牵引传动控制系统

大功率电力牵引传动系统是高速列车的原动力。由于高速列车在高速区运行时的基本阻力主要是空气阻力,可近似地认为基本阻力与速度的平方成正比,所需功率与速度的三次方成正比。高速列车运行速度在300km/h以上时,空气阻力已占到总阻力的90%以上,所需功率是100km/h级列车的15倍以上。如此大幅度地增加功率,则意味着要有新技术的大量应用。因此,高速列车的电力牵引传动系统必须向功率大、重量轻、体积小、可靠性高和低

成本方向发展,这就决定了高速列车的电力牵引传动系统必然采用先进的交流(交-直-交)传动系统。它主要包括主变流器、牵引变压器、牵引电动机及牵引传动控制等。

(1)主变流器:采用新型大功率半导体器件,从最早的晶闸管发展到GTO、IGBT、IPM,以至IGCT。主变流器发展的目标是小型化、轻量化、节能、环保、可靠和经济适用。随着变流器的模块化、系列化和小型化,出现了将主变流器与辅助变流器和列车供电变流器统筹考虑、集成设计制造的新趋势。主变流器的冷却是另一项关键技术,它要求冷却装置冷却效率高、体积小、易于维修、不污染环境。

(2)牵引变压器:是牵引传动系统中重量、体积最大且能量耗损最多的部件,尤其在动力分散式高速列车中,由于要求起动加速功率和再生制动功率大,而安装空间又有限,所以牵引变压器损耗占到总损耗的30%。因此减轻重量、减小体积、降低损耗,一直是牵引变压器技术发展的目标。近代,随着电子技术的发展和高温超导线材性能的提高,出现了2种新型变压器,即电子变压器和高温超导变压器,它们与传统的工频变压器完全不同,具有重量轻、体积小、效率高的特点。

(3)牵引电动机:近代高速列车大多采用三相交流异步牵引电动机,与直流电动机相比,它具有重量轻、功率大、结构简单、运用可靠、寿命长、维修简便的特点,同时交流异步牵引电动机还具有较好的自我抑制空转的性能。近代开发的永磁多极同步牵引电机,由于可实现很高的转矩密度,从而有可能实现无传动齿轮的直接驱动;与带齿轮装置的异步牵引电动机相比,具有损耗低、重量轻、噪声小、无油泄漏等优点,很有发展前途。

(4)牵引传动控制:牵引传动控制的水平取决于牵引传动控制的策略和手段。牵引传动控制策略由最初的转差特性控制发展到矢量变换控制;近年又实现了电机转矩控制的新技术:直接转矩控制(DTC)和直接自控制(DSC)。这项新技术具有控制简单、性能优良的特点。近代牵引传动控制手段普遍采用数字电路和大规模、超大规模集成电路以及微处理器、微控制器和数字信号处理器等组成微机控制系统,由单机个别控制向车载计算机网络发展。车载计算机网络,由列车控制级、车辆控制级和功能控制级组成。

3. 高速转向架

转向架起到对整个车辆的承载、导向和减振作用。同时,还是牵引与制动的最终执行机构。随着列车速度的提高,列车所需的牵引功率急剧增长,轮轨动作用力也随之加大,轮轨黏着快速降低,制动功率需要增加,从而对高速列车转向架提出了更高的要求。为了满足列车高速运行的需要,高速列车转向架必须保证具有足够的强度和刚度,高的运动稳定性和运行平稳性,良好的曲线通过能力,低的轮轨动作用力,最大限度地发挥轮轨间的黏着潜力,要结构简单、可靠、少维修。为此,高速列车转向架需要解决的关键技术有:

(1)转向架轻量化技术。
(2)转向架悬挂技术。
(3)转向架驱动技术。
(4)牵引电动机悬挂技术。

4. 高速制动技术

高速列车的制动系统是实现列车高速、安全运行的保障。列车高速运行时具有相当大的运动能量,而高速列车的制动技术必须解决列车动能的快速转换和能量消耗问题,并在轮轨黏着允许的条件下,做到高速列车的可靠制停或降速。另外,由于轮轨黏着系数随运行速度的提高而下降,因此更增加了高速制动技术的难度。目前,高速列车制动的关键技术有:

(1)基础制动技术。

(2)动力制动技术。

(3)复合制动技术。

(4)非黏着制动技术(非黏着制动主要是指电磁轨道制动和涡流轨道制动)。

(5)防滑控制技术。

5. 高速列车车体技术

高速列车在车体方面的关键技术主要包括:

(1)车体轻量化技术,包括采用新材料、新工艺;改变车体结构;优化结构设计;模块化和集成化。

(2)气动外形技术。

(3)车体密封技术。

6. 列车控制网络系统

列车控制网络系统对于高速列车安全运行起着重要的作用,因为高速列车的故障会带来严重的后果。因此,必须在事故发生以前,利用先进的装备发现和预防故障。高速列车控制网络系统,大致可以分为运行监控、故障检测与诊断,以及通信网络3个方面的内容。

(二)10项配套技术

1. 空调系统

动车组的车内空气清洁度、车内平均温度、车内湿度、车内空气流速、应急通风量等直接关系到旅客的乘坐舒适度。动车组的空调系统性能应符合相关要求,每辆车均配有1套独立的空调系统。

2. 集便装置

高速动车组通常采用全封闭式集便系统,即控制水箱的水进入集便器冲洗,然后排入污物箱。在列车停车后,定时对污物箱的污物进行处理。根据控制原理的不同,高速列车的厕所又分为真空式、循环式、喷射式和生物处理式。其中较为成熟的是真空式和循环式;尤其真空式厕所已成为当前高速列车采用的首选,它具有清洁卫生、无环境污染、造价低廉、使用可靠和维修方便等优点。

3. 车门

高速动车组的车门,包括车厢外侧的侧拉门和客室内部两端的内端门。这2种车门的工作性质和要求是完全不同的:侧拉门是将车厢与外界隔离的最后一道"防线",它只能在整车停稳后才能打开,而在列车运行时必须保持关闭并具有良好的气密性,因此,侧拉门除坚固结实外,还必须满足气密性和隔声要求;而内端门主要功用是保持客室的相对独立性和起一定的隔热隔声效果,因此,内端门往往采用自动感应电动式滑动门。

4. 车窗

动车组车窗,包括驾驶室前窗和客室侧面车窗2种。它们除了必须具有足够的强度要求外,还必须具有良好的隔热隔声性能和减速功能(即减缓高速运行时司机和旅客对窗外景物的视觉反应速度)。

5. 风挡

当动车组以200km/h以上的速度高速运行时（尤其是2列动车组会车或通过隧道时），为了保护旅客的耳膜不受车外空气压力波动的影响，动车组的车体必须具有良好的密闭性；当然与之配套的车厢与车厢间的连接风挡也必须具有很好的密闭性。所以，高速动车组的风挡通常采用密闭式橡胶风挡或双层折棚风挡。

6. 车钩缓冲装置

为了减少高速运行时的纵向冲击，高速动车组的车钩一般采用自由间隙很小的密接式车钩。通常车端采用了密接式自动车钩，并设有弹簧缓冲器及球形橡胶轴承，以减少车辆运行中产生的纵向冲击力。中间车既可以采用与端部同样的密接式车钩，也可以采用半永久车钩连接。

7. 受流装置

采用电力牵引的高速列车必须通过弓网受流系统不间断地从接触网上获取电能。受流装置是将电能由接触网顺利导入动车组内部变压设备的重要装置。受流装置按其受流方式有多种形式，但高速动车组通常采用受电弓受流器。弓网受流系统必须满足的基本条件是：良好的受流质量，安全的运行性能，足够的使用寿命，减少对周围环境噪声的影响。良好的受流质量依赖于弓网系统的动态稳定和跟随性，保证弓网间良好的接触，不离线、不产生火花。

8. 辅助供电系统

辅助供电系统，是保证动车组除主传动系统以外的所有用电设备正常工作的必不可少的系统。现代高速动车组的辅助供电系统通常采用列车线供电方式，由分散布置在若干辆车底架的各电源设备向干线并联供电。辅助供电系统从主变流器中间直流环节取电，由辅助变流器以及蓄电池等设备组成。用电设备包括空气压缩机、冷却通风机、油泵/水泵电机、空调系统、采暖设备、照明设备、旅客服务设备、应急通风装置、诊断监控设备和维修用电等。某些车车底架下设置有容量充足的充电机和蓄电池组，充电机向蓄电池充电并向低压负载供电。紧急时由蓄电池供电。

9. 车内装饰材料

为了保证车辆的轻量化及旅客乘坐的舒适性，车内装饰通常采用轻量化、模块化设计，采取隔声降噪措施，充分体现人性化设计理念。装饰材料的燃烧性、发烟性和毒性应满足相关标准的规定。

10. 座椅

动车组客室座椅，是提供旅客乘坐舒适性的重要设施，旅客在车厢内旅行的大部分时间实际上都是在座椅上度过的。因此，座椅的重要性是不容忽视的。动车组客室一般设置一、二等车座椅和观光区座椅。为保证旅客始终面朝列车行驶方向，除餐车外其他各车座椅设有机械的转向机构，提高旅客乘坐的舒适性。座椅布置充分考虑人机工程学的相关参数，保证旅客乘坐的舒适度。

  知识拓展

中国标准动车组"复兴号"列车

2017年6月26日，中国标准动车组"复兴号"在京沪高铁正式双向首发。中国标准动车组"复兴号"列车,如图8-11所示。由中国铁路总公司组织研制、达到世界先进水平的中国标准动车组,于2017年6月25日被正式命名为"复兴号"。2017年6月26日,"复兴号"率先在京沪高铁两端的北京南站和上海虹桥站双向首发,分别担当G123次和G124次高速列车。中国高铁"复兴号",从2012年开始研发,2014年完成方案设计,2015年下线,2017年正式投入运营。"复兴号"列车,大量采用中国国家标准、行业标准、中国铁路总公司企业标准等技术标准。在254项重要标准中,中国标准占84%。此外,"复兴号"整体设计以及车体、转向架、牵引、制动、网络等关键技术都是中国自主研发,具有完全自主知识产权。"复兴号"中国标准动车组目前有"CR_{400AF}"和"CR_{400BF}"两种型号。它采用了全新低阻力流线型头型和车体平顺化设计,车型线条更为优雅。列车阻力比既有CRH_{380}系列降低7.5%~12.3%;列车在350km时速下运行,人均百公里能耗下降17%左右,跑起来更节能。

图8-11 中国标准动车组"复兴号"列车

按照中国铁路总公司新的动车组编制规则,新型自主化动车组均采用"CR"开头的型号,"CR"是中国铁路总公司英文缩写,也是指覆盖不同速度等级的中国标准动车组系列化产品平台。"复兴号"型号中的"400"为速度等级代码,代表该型动车组试验速度可达时速400km及以上,持续运行时速为350km。"复兴号"全车设有2500余项监测点,能对轴承温度、冷却系统温度、制动系统状态、客室环境进行全方位实时监测;一旦发现列车出现异常,就会自动报警或预警,自动采取限速或停车措施。此外,还能够通过远程数据传输,地面能实时掌握车辆状态,对列车进行同步监测、远程维护。在车头部和车厢连接处,还增设碰撞吸能装置,在低速运行中出现意外碰撞时,可通过装置变形,提高动车组被动防护能力。为适应中国地域广阔、温度横跨±40℃、长距离、高强度等运行需求,"复兴号"进行了60万km运用考核,比欧洲标准还多了20万km。最终,整车性能指标实现较大提升,"复兴号"的设计寿命达到30年。列车高度增加到了4050mm,车内空间更大,车内噪声明显下降,座位间距更宽敞。在车厢内,乘客不仅可以随意充电、连WiFi,还能通过照明控制模式获得不同的光线环境,过隧道或者列车交会时耳朵不舒服的感觉也减轻了不少。"复兴号"在京沪高铁率先开行,对于进一步提升京沪高铁运营服务品质,打造中国高铁国际品牌具有重要的示范引领作用。具有完全自主知识产权的中国标准动车组将在印尼高铁项目中使用,"复兴号"也将是中国高铁"走出去"的主力军。

第二节　磁悬浮铁路

一、磁悬浮铁路发展概况

早在30年前,美国的两位年轻科学家就设计出一种利用磁悬浮技术的运输方式,根据他们的设想,强大的磁场会将火车提升至离导轨几英寸的地方,然后以时速300英里(482.8km)行驶,与轨道不发生摩擦。随后的几十年中,日本、德国等造出了磁悬浮列车原型,并宣布了全面发展这种交通系统的种种计划。之后美国从德国及日本的研究中发现超高速磁悬浮铁路与机场通路连接,可以扩展成为取代短、中距离空运的交通工具。美国一些学者认为,磁悬浮铁路不是铁路的延续而是航空机场的终端,磁悬浮列车将可解决大型机场航运紧张,航班到发延时等问题,可有效利用机场设备。

日本从1962年起,经过广泛深入地分析和论证,决定采用超导磁斥式磁悬浮系统;又经过10年研究,在试验线上采用ML100型试验车,实现了60km/h的悬浮运行。接着又研制了LSM200、ML100A试验车。1975年着手修建宫崎试验线,1977年对倒T形导轨和跨座式ML500型试验车进行了无人驾驶试验,工作进展得很顺利。1979年12月实现517km/h的世界最高速度。1980年,日本在已取得的研究成果的基础上,为使磁悬浮铁路向更实用化的阶段迈进,将线路的基本形状改进成U形断面,同时开发了箱形的试验车MLU-001号。该试验车由转向架、二系弹簧装置和车体等构成;车辆长28.8m,宽3m,高3.3m;采用线性同步电机驱动,最高时速达300~400km。日本计划的第一条磁浮铁路将从东京至大阪,全长515km,列车速度为500km/h,行程1h多点。日本今天宣称已完全掌握了超导体技术,已能在列车上安装-269℃液氮维持冷却的新型电磁铁。1994年2月24日,磁悬浮列车在宫崎的一段7km试验线上创造了时速431km的日本最高纪录。

德国从20世纪70年代开始研制磁悬浮列车,采用常导磁吸式。1974年采用的TR04型磁悬浮车,为异步短定子,车辆长15m、宽3.4m、重达20t,最高时速为250km。1983年推出的TR06型磁悬浮列车采用同步长定子,由两辆车组成,长54m、宽3.7m、共120t,可载客200人,最高时速为400km。20世纪80年代,联邦德国在柏林修建M-Bahn磁悬浮列车系统,该系统共有3个车站,全长1.6km,由无人驾驶系统控制,于1989年8月开始试运行,1997年7月开始商业化运行,但是在两德统一两个月后,该系统被拆除,并改为传统轮轨式铁路。

已经投入可行性研究的磁悬浮铁路有:美国的洛杉矶—拉斯维加斯(450km)、芝加哥—密尔沃基(120km);加拿大的蒙特利尔—渥太华(193km);欧洲的法兰克福—巴黎(515km)、布鲁塞尔—巴塞尔(500km);澳大利亚的墨尔本—悉尼(810km);沙特阿拉伯的里亚德—麦加(880km);韩国的首尔—釜山(500km)等线。

我国在磁悬浮列车方面的研究,起步较晚。在1988年由铁道科学院和中国科技馆共同研制出了直线电机传动列车,这是利用直线电机、感应短定子直线电机来推动列车高速前进的。2001年,国防科技大学磁悬浮实验线路建成。同年国家"863"计划课题"高速超导磁悬浮试验车"通过验收,该车采用国产高温超导体块材,工作在77K(-196℃)液氮温度;该车悬浮重量 530kg、悬浮高度 23mm、加速度 $1m/s^2$、直线电机推进。课题组首次试验研究了 YBCO 高温超导体块材在永磁导轨上的磁悬浮性能，这为高温超导磁悬浮研究奠定了良好的基础。

上海磁悬浮列车专线西起上海地铁 2 号线的龙阳路站，东至上海浦东国际机场，专线全长 29.863km。磁悬浮列车时速 400km，有 9 节车厢，一次可乘坐 959 人，每小时可发 12 列，最大年运量可达 1.5 亿人次，如图 8-12 所示。由中德两国合作开发。2001 年 3 月 1 日在浦东开工

图 8-12 上海磁悬浮 TR08 列车

建设，2002 年 12 月 31 日全线试运行，2003 年 1 月 4 日正式开始商业运营，全程只需 8min。这是世界上第一条商业运营的高架磁悬浮专线。

同济大学嘉定校区内的试验线长 1.5~2km，于 2007 年底建成。这一试验线首先用于试验国产 A 型列车。

长沙中低速磁悬浮工程连接高铁长沙南站和长沙黄花国际机场 T_2 航站楼，线路全长 18.54km，列车最高运行速度 120km/h。于 2014 年 5 月 16 日正式开工建设，在 2016 年 5 月 13 日开始载客运营。长沙磁悬浮是国内第一条自主设计、自主制造、自主施工、自主管理的中低速磁悬浮列车，如图 8-13 所示。

a)   b)

图 8-13 长沙磁悬浮快线列车

2017 年 3 月 15 日，中车唐山公司研制生产的"玲珑号"中低速磁悬浮列车首次在北京 S_1 线石门营车辆段出库调试，如图 8-14 所示。其悬浮系统及推进系统，如图 8-15 所示。S_1 线是北京首条磁悬浮线，也是北京市中低速磁悬浮交通运营示范线，线路全长 10.236km，西起门头沟石门营站，东至石景山区苹果园站，自西向东分设石门营、小园、矿务局、上岸村、石龙路、四道桥、金安桥和苹果园 8 座车站。该磁悬浮列车的设计时速 100km，采用 6 辆编组，额定载客 1032 人。

今后，高速、安全、舒适、方便、环保的磁悬浮列车运输系统，会出现在世界各主要发达地区。它将以更高的效益在中短途运输竞争中争得一席之地。

图 8-14 北京磁悬浮列车

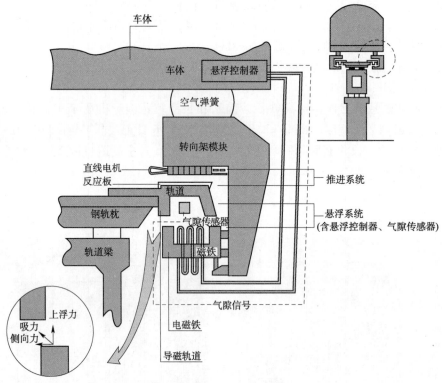

图 8-15 北京磁悬浮列车的悬浮及推进系统

二、磁悬浮铁路的优缺点

磁悬浮铁路是利用电磁系统产生的吸引力或排斥力将车辆托起,使整个列车悬浮在线路上,并利用电磁力导向,利用直线电机将电能直接转换成推进力而推动列车前进的铁路。

1. 磁悬浮铁路的优点

(1)速度高、旅行时间短:磁悬浮铁路不同于普通铁路列车的主要特征是不使用车轮,而是依靠电磁作用力把车辆悬浮在轨道上方,除了空气摩擦之外,没有轮轨接触所带来的阻力。其时速可达到 500~1000km。

(2)安全可靠:由于磁悬浮系统采用导轨结构,列车运行平稳,不会发生脱轨和颠覆事故,提高了列车运行的安全性和可靠性。磁悬浮列车上装有储备电源,当发生断电现象时,系统会自动切换到储备电源上来,储备电源可以继续维持列车行驶一段时间,在此过程中,列车速度会逐渐慢下来,离地面的高度也逐渐下降,最后平稳落地。

(3)能源消耗低:磁悬浮铁路的运行单位能耗比飞机低10%。

(4)无公害、无污染:磁悬浮列车可以离开地面(高架线或地面线),利用计算机技术、自动控制,有专用线路,可避免交通事故和交通阻塞。由于采用橡胶轮支撑和悬浮运行,无噪声、无振动、无废气排出,对环境无污染。

(5)故障少、维修费用低:磁悬浮列车的主要部件比较单一和牢固,因而故障少、维修费用比高速铁路和传统铁路低。

2. 磁悬浮铁路的缺点

(1)常导磁悬浮技术的悬浮高度较低,因此对线路的平整度、路基下沉量及道岔结构方面的要求较超导技术更高。

(2)超导磁悬浮技术由于涡流效应悬浮能耗较常导技术更大,冷却系统重,强磁场对人体与环境都有影响。

(3)磁悬浮铁路的造价较高。

三、磁悬浮铁路的制式和磁悬浮列车的原理

1. 磁悬浮铁路的制式

根据磁悬浮列车上电磁铁的使用方式不同,磁悬浮铁路的基本制式可分为常导磁吸式和超导磁斥式两大类。

1)常导磁吸式(EMS型)属于电磁式悬浮

常导磁吸式是利用装在车辆两侧转向架上的常导电磁铁和铺设在线路导向轨上的磁铁,在磁场作用下产生的吸引力使车辆浮起。车辆和轨面之间的间隙与吸引力大小成反比。悬浮的气隙较小,一般为10mm左右。驱动车辆所用的直线电机类型不同,常导磁吸式磁悬浮列车还可分为如下两种:

(1)采用长定子同步直线电机推进,效率较高,速度也较快,主要用于高速运行,速度可达400~500km/h,这种列车典型代表是德国的TR系列磁悬浮列车。图8-16所示为上海常导磁吸式磁悬浮列车解剖图。

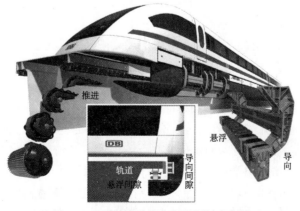

图8-16　上海常导磁吸式磁悬浮列车解剖图

(2)采用短定子感应直线电机推进,效率较低,速度也较低,主要适用于低速运行,速度一般为 50~100km/h。这种列车的典型代表是日本 HSST 系列磁悬浮列车。

2)超导磁斥式(EDS 型)属于电动式悬浮

超导磁斥式是利用磁极同性相斥的原理,使车辆在轨道上浮起。由于采用了超导磁铁,磁场特别强,因此车辆悬浮高度较高,可达 100mm 左右。推进装置也是采用长定子同步直线电机。列车运行速度可达 500~600km/h。这种列车的典型代表是日本超导磁悬浮列车,它是利用超导磁体(液氦)产生的强磁场,列车运行时与布置在地面上的线圈相互作用,产生电动斥力将列车悬起的。日本超导磁斥式磁悬浮列车,如图 8-17 所示。而我国的高温超导(液氮)列车尚处于研究阶段。西南交通大学研究团队在环线上试验的磁悬浮列车,采用侧挂轨道的方法:让列车"贴"在壁面上运行,采用原本用来克服列车重力的悬浮力来抵抗环线上产生的离心力。2016 年年初,完成了高温超导磁悬浮系统的第一阶段调试,实现了真空管道、高温超导侧浮和电力驱动的全系统运行,使原型车达到了 82.5km/h 的运行速度。同年 9 月,系统第二阶段调试完成,最高速度达到了 150km/h,创造了高温超导磁悬浮列车试验运行的最高速度。2017 年年初,在中国高铁系列纪录片《了不起的高铁》中,原型车的最高速度更是达到了 160km/h。

图 8-17 日本超导磁斥式磁悬浮列车

2. 磁悬浮列车的原理

1)悬浮原理

(1)常导磁吸式 EMS 型磁悬浮列车,是一种吸力悬浮列车,它采用的是一种吸力悬浮系统。如图 8-18a)所示。利用装在车辆两侧转向架上常导电磁铁和铺设在线路导向轨上的磁铁,在磁场作用下产生的吸引力使车辆浮起,在车辆下部的导向电磁铁与轨道电磁铁的反作用下,使车轮与轨道保持一定的侧向距离,实现轮轨在水平方向和垂直方向的无接触导向。车辆和轨面之间的间隙与吸引力大小成反比,此种磁悬浮列车可使车体抬起 10~15mm,并使导轨钢板的排斥力与车辆的重力平衡,从而使车体悬浮于车道的导轨面上运行。此种悬浮方式不需设置专用的着地支撑装置和辅助着地轮,对控制系统的要求也可稍低一些。

(2)超导磁斥式 EDS 型的磁悬浮列车,是一种斥力悬浮系统。如图 8-18b)所示。在车辆底部安装超导磁体,在轨道两侧铺设一系列铝环线圈。列车运行时,给车上线圈通电流,产生强磁场,地上线圈与之相切割,在铝环内产生感应电流;感应电流产生的磁场与车辆超导磁体的磁场方向相反,两个磁场产生排斥力。当排斥力大于车辆重量时,车辆就浮起。因此,超导磁斥式就是利用置于车辆上的超导磁体,与铺设在轨道上的无源线圈之间的相对运动来产生悬浮力,可使车体抬起 100mm 左右,并使列车平稳运行。这种悬浮控制属于稳定型,列车运行速度较高,可达 500~600km/h。

由于车体内装有处于低温下的强大超导磁体,导向轨导体中的磁通随着车辆的向前运动而改变,从而感应出强大的电流。由于超导磁体的电阻为零,在运行中几乎不消耗能量,且磁场强度很大,在超导体和导轨之间产生强大排斥力,可使车辆浮起;当车辆向下位移时,超导磁体与悬浮线圈的间距减小,电流增大,使浮力增加,又使车辆自动恢复到原来的悬浮高度。这个间隙与速度的大小有关,一般起始升举速度为50km/h。低于这个速度,即列车在低速运行或停车起动时,悬浮力大大减弱以至消失。因此,必须在车辆上装设机械辅助支撑装置,如辅助支持轮及相应的弹簧支承,以保证列车安全可靠地着地,控制系统应能实现起动和停车的精确控制。

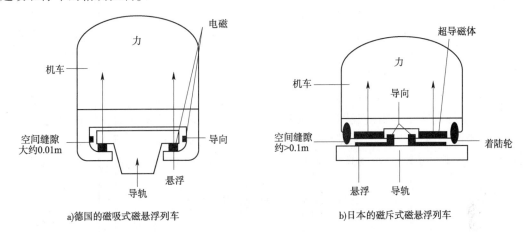

a)德国的磁吸式磁悬浮列车　　b)日本的磁斥式磁悬浮列车

图 8-18　磁悬浮原理比较图

2) 导向原理

磁悬浮列车是利用电磁力的作用进行导向的。

(1) 常导磁吸式 EMS 型导向系统。这个导向系统是在车辆侧面安装一组专门用于导向的电磁铁。当车辆运行发生左右偏移时,车上的导向电磁铁与导向轨的侧面相互作用,产生一种排斥力,使车辆恢复到正常位置,和导轨侧面之间保持一定的间隙。当车辆的运行状态发生变化时,例如运行在曲线或坡道上时,控制系统通过对导向磁铁中的电流进行控制,来保持这一侧向间隙,从而达到控制列车运行方向的目的。

(2) 超导磁斥式 EDS 型的导向系统,一般采用如下 3 种形式:

① 在车辆上安装机械导向装置实现列车导向。这种装置是采用车辆上的侧向导向辅助轮,使之与导轨侧面相互作用以产生复原力。这个力与列车沿曲线运行时产生的侧向力相平衡,使列车沿导轨中心线运行,保持正确的运行方向。

② 在车辆上安装专用导向超导磁体,使之与导轨侧向的地面线圈或金属带产生磁斥力;该力与列车的侧向作用力相平衡,使列车保持正确的运行方向。这种导向方式避免了机械摩擦,只要控制侧向地面导向线圈中的电流,就可以使列车保持一定的侧向间隙。

③ 利用磁力进行导引的"零磁通量"导向系统,即沿线路中心线均匀地铺设"8"字形的封闭线圈内磁场不为零,并产生一个反作用力以平衡列车的侧向力,使列车回到线路中心线的位置。

3) 推进原理

两种制式的磁悬浮列车均采用直线电机。直线电机的构成和作用原理与普通旋转电机类似,就如同将旋转电机沿半径方向切开展平而成。其传动方式也就由旋转运动变为直线运动。

直线电机的推进原理是:当定子线圈接通电流后,产生磁场,沿轨道方向平行移动,产生移动的行波磁场。转子线圈切割磁场产生电流,转子线圈在定子磁场中受电磁力作用,使定子和转子间产生相对直线运动,推动列车前进。推动力的大小取决于定子磁场的强度、转子线圈的电流以及线圈的长度。调节定子供电的频率与电压,即可改变列车运行速度。在磁悬浮线路上,直线电机的固定部分只能设置在地面上,运动部分放置在车辆上。运动部分是转子还是定子,要根据不同形式的直线电机而定。

(1)常导磁吸式 EMS 型的磁悬浮列车。它采用直线异步电机;在列车上安装三相电枢绕组,在轨道上安装垂直的感应轨。这种方式较简单,容易维护,造价低。其主要缺点是功率较低,适用于低速运输系统,不利于高速运行。

(2)超导磁斥式 EDS 型的磁悬浮列车。它采用直线同步电机;在车辆上安装超导电磁体,在轨道沿线设置无源闭路线圈或非磁性金属板。当列车上的超导电磁体通过地面闭路线圈或非磁性金属板时,由于电磁感应而出现的两者之间的排斥力使车体浮起。这种方式结构具有重量轻、功率大、速度高的特点,但技术相对复杂、造价较高,适用于高速运输系统。

第三节 重载运输

一、铁路重载运输的概念及重载列车的组织形式

1. 铁路重载运输的概念

在重载铁路上组织开行重载货物列车、实现货物位移的运输形式,称为重载运输。

重载运输是指在一定的铁路技术装备条件下,采用大功率机车,扩大列车编组长度,大幅度提高列车载质量,充分利用运输设备的综合能力,达到一定载重量标准的运输方式。

世界各国的铁路由于运营条件、技术装备水平的不同,采用的重载列车形式和组织方式也各有特点。1985 年国际重载运输协会正式成立后,先后于 1986 年、1994 年和 2005 年 3 次修订了重载铁路标准。2005 年国际重载协会对新申请加入国际重载协会的国家提出新的重载铁路标准,要求至少满足下列条件中的 2 条:

(1)列车牵引质量不少于 8000t。
(2)车列中车辆轴重达到或超过 27t。
(3)线路长度不少于 150km 区段,年计费货运量不低于 4000 万 t。

重载运输是铁路运输现代化的重要标志。目前世界范围内的货物列车重载运输技术迅速发展,重载运输在运送大宗货物上显现出高效率、低成本的巨大优势,是铁路运输规模经营和集约化经营的典范。铁路重载运输已成为许多国家追求的现代货运方式,已被世界公认为铁路货运发展的重要趋势。现在,我国大秦线满足国际重载协会 2005 年的重载铁路标准,塑黄、京广、京沪、京哈等干线满足 1994 年的标准。

2. 重载列车的组织形式

目前,国内外开行的重载列车组织形式主要有单元式、整列式和组合式重载列车 3 种。

1)单元式重载列车

单元式重载列车,是把大功率机车双机或多机与一定编成辆数的同类专用货车固定组

成一个运输单元,并以此作为运营计费的单位。单元式重载列车运送的货物品种单一,在装、卸站间往返循环运行,中途列车不拆散,不进行改编作业,机车车辆固定编挂位置,车底固定回空,两端车站装卸设备配套,集装、运、卸"一条龙"的运输组织形式。在路网规模大、行车密度小、货运比重大、运能较富裕的美国、加拿大、澳大利亚等国,组织开行从装车地到卸车地之间的重载单元列车,通过货物集中发送、快速装卸、加速机车车辆周转来降低成本,从而获得较大的效益,提高了与其他运输方式的竞争能力。美国的重载单元列车,牵引总重在10000t以上,是名副其实的万吨列车,并曾创造总重达44066t的世界最高纪录。我国大秦重载运煤专线上也组织开行了万吨单元式重载列车。

2) 整列式重载列车

整列式重载列车,是由大功率单机或多机牵引,列车由不同形式和载重的货物车辆混合编组,达到重载标准(牵引重量达到5000t及其以上)的列车。目前我国繁忙干线上如京广线(北京—武昌)、京沪线(徐州—上海)、陇海线(徐州—郑州)等区段开行的重载列车主要是这种形式。它具有"短、轻、快"的特点。此外,以客运为主的一些欧洲国家,目前也在结合本国实际条件,开行不同重量标准的整列式重载列车。

3) 组合式重载列车

组合式重载列车,是由两列及其以上同方向运行的普通货物列车首尾相接、合并组成的列车。运行至前方某一技术站或终到站后,分解为普通货物列车。这实质上是在线路通过能力紧张的区段,利用一条运行线行驶两列及以上的普通货物列车的一种扩大运输能力的方式。俄罗斯铁路是客货混用,列车数量多、行车密度大,运能与运量的矛盾比较突出,为扩大运输能力,挖掘现有设备潜力,即组织开行超重、超长列车或组合列车,并成功地试验开行了总重43047t的重载列车。我国大秦线开行的2万t重载列车,采用的是2个万吨单元列车加以组合的形式,因此是较普通组合列车更为高级形式的组合列车。

不同的重载列车组织形式各有特点,采用何种重载形式,需要根据铁路运营条件、技术装备水平等具体情况确定。在路网规模大、运能较富裕的国家,如美国、加拿大、澳大利亚等,一般采用单元式重载列车组织形式;而运能比较紧张的国家,如中国和俄罗斯,一般组织开行整列或组合式重载列车,主要是为了扩大运输能力、挖掘现有设备潜力,以加速货车输送。

二、国内外铁路重载运输的发展

(一) 国外铁路重载运输的发展

1. 北美铁路

北美铁路以货运为主,是重载运输发展最早的地区。北美铁路重载运输主要采用重载单元列车方式,近年来还积极组织开行和发展双层集装箱重载货物列车。20世纪70年代末美国一级铁路开始了重载运输。美国重载列车通常编组在100辆以上,列车重量可达万吨左右。

2. 南非铁路

南非铁路在20世纪70年代末开始采用重载技术,有两条重载货运专线:里查兹湾运煤专线和Orex矿石运输专线(锡申—萨尔达尼亚),均为窄轨(1067mm)电气化铁路,长度分别为 580km 和 861km。由于采用重载运输技术，这两条铁路的运量与效益逐年提高。1989年，南非铁路试验开行了编组 600 辆、16 台机车牵引、总长度 7200m、总重 71600t 的重载列车，创造了当时铁路重载列车的世界纪录。

3. 澳大利亚铁路

澳大利亚借鉴美国和加拿大的经验，因地制宜修建了几条重载铁路，既有窄轨，也有准轨铁路。澳大利亚铁路发展重载运输主要采取两种途径：一是在客货混跑线路上，采取改造旧线和修建部分新线相结合的办法，变轻载线为重载线；二是新建重载专线，牵引总重可达 2 万 t。澳大利亚最有特色的准轨重载铁路，是 BHP 铁矿铁路和哈默利斯铁矿铁路，其中纽曼山铁路和哈默利斯铁矿铁路都是世界上运量最大的重载单线运输线路，其年运量分别能达到 6000 万 t 左右。

1996 年，BHP 公司在纽曼山—德兰港之间，试验开行了由 10 台内燃机车牵引 540 辆货车，总长 5892m，总重 72197t，净重 57309t 的重载列车。该重载列车由 1 名司机操纵，采用 Locotrol 无线遥控技术，平均速度 57.8km/h，最高速度达 75km/h。

2001 年，BHP 公司又在杨迪尔—德兰港之间 276km 线路上，试验开行了由 8 台 AC6000 型交流传动内燃机车牵引 682 辆运煤敞车，全长 7353m，总重达 99734t，净重 82000t 的重载列车。该重载列车由 1 名司机操纵，采用 Locotrol 无线遥控技术，创造了重载列车的世界纪录。

4. 巴西铁路

巴西最有影响的重载铁路运输公司是 CVRD 公司，其下有两条重要的重载运输铁路，即巴西北部的卡拉齐重载铁路和南部的维多利亚—米纳斯铁路。卡拉齐重载铁路全长 890m 单线、轨距 1600mm，主要运输铁矿石，开行重载列车的平均牵引质量已达到 39000t，货车轴重 30t，年运输铁矿石达 5000 万 t。维多利亚—米纳斯铁路，全长 980km，复线窄轨（1000mm），年货运量近 1 亿 t，占巴西全国铁路运量的 37%，是世界上运量最大的窄轨铁路。巴西的重载运输线除了主要运送铁矿石外，还运送旅客和其他普通货物。

5. 瑞典铁路

瑞典铁路北部的瑞典—挪威矿山铁路，全长 540km。1997 年在开行 25t 轴重、52 辆编组、列车重量 5200t 的基础上，将轴重提高到 30t，开行全长 740m、68 辆编组、8500t 的重载列车，使运输成本降低 35%，年运量从 2000 万 t 提高到 3000 万 t。

6. 苏联铁路

苏联铁路的主要做法是在繁忙干线上开行超重超长重载列车和组合列车。1964 年首次开行组合列车，从 2 列普通列车连挂合并发展到 3 列、4 列，最多到 7 列合并。还开行 6000~10000t 以上的单元式重载列车及 100~200 辆的超长空车列车。在运营试验中成功开行过总重 4 万 t 以上的重载列车；20 世纪 80 年代重载列车运行线路超过 3 万 km，完成运量占全路 10%。

7. 欧洲铁路

欧洲在客货混运、国际联运的铁路干线上发展 25t 轴重的重载列车。德国铁路从 2003 年开始在客货混运的既有铁路上开行轴重 25t、牵引质量 6000t 的重载列车，最高运行速度 80km/h；同时开行 200~250km/h 的旅客列车。2005 年开始，法国南部铁路正式开行 25t 轴重的运送石材的重载列车。芬兰铁路正在研究开行30t轴重的重载列车。

(二)我国铁路重载运输的发展

我国铁路运力不足、技术装备水平不高、客货混行、运能与运量持续增长,长期以来一直制约着国民经济的发展。从20世纪80年代起,我国在部分繁忙干线试验开行重载列车,首先在丰沙大—京秦线、沈山线、石德线这些繁忙干线开行2列合并组合列车。组合列车开行的过程中也暴露出,由于列车的组合和分解作业需要占用更多的车站通过能力,可能抵消开行组合列车增大区间通过能力的效果,而且技术装备和作业组织的关系未理顺,机车同步操纵问题未得到很好的解决,列车组合分解效率不高,制动效能不好,容易发生拉断车钩事故,所以,组合列车在上述3大干线上开行未能延续进行。

1985年我国开始建设大秦铁路(运煤专线),1992年建成,开行重载单元式列车。这一模式的重载列车开行实践比较成功从而不断得到丰富和发展。2000年大秦线首次达到1亿t设计能力,之后年运量不断增长,2004年达到1.5亿t。在进行后续固定设备扩能技术改造的基础上,大秦线连续三年年运量递增5000万t,2008年实现年运量3.4万t。

在建设大能力运煤专线的同时,我国铁路也在不断探索在既有线发展重载运输的新模式。1992年开始,在京广、京沪繁忙干线通过提高普通列车牵引质量标准,成功开行了5000t整列式重载列车,不但在京广、京沪干线形成一定的开行规模,提高了运输能力,而且逐步扩展到哈大、焦枝等既有线及新建的朔黄线、侯月线,全面提高了全路的货运机车平均牵引总重水平。从1995年的2597t,提高到2007年的3193t。

我国重载运输的发展,为我国铁路运输能力的提高发挥了重要作用。从2002年到2007年,我国铁路营业里程,从7.2万km增至7.8万km,同期铁路货运量从20.5亿t增长到31.4亿t,运输密度从2869万t/km增至3978万t/km。

1. 大秦重载铁路建设与运营

大秦铁路西起北同蒲铁路的韩家岭站,东至秦皇岛地区的柳村南站,全长625km,是我国第一条双线电气化、开行重载单元列车的运煤专线。大秦铁路西端汇集了大同地区的口泉支线、云岗支线及北同蒲线、神朔线、大包线、大准线等煤炭货流;东端连接我国北方最大煤炭运输港口秦皇岛及天津港和京唐港、曹妃甸港;北接秦沈线。它是我国西煤东运的主要通道。大秦铁路承担五大电网、十大钢铁公司和6000多家工矿企业生产用煤和国家主要煤炭出口的运输任务,经大秦线运送的煤炭远销全国19省、市和自治区。

因此,大秦铁路是连接内蒙古西部、山西、陕西煤炭基地与华北、东北地区的运输大通道。其货源虽然仅为煤炭,但品种多样性、来源与去向的多样性却为世界其他重载铁路所不及。这条铁路来自不同地区、不同煤炭品种、输向不同用户的煤炭资源,导致了车流组织的复杂性。因此,在列车牵引质量上有5000t、10000t和20000t等多个标准;在重载列车组织上有5000t整列重载列车、10000t单元列车和由2个10000t单元列车组合开行的20000t组合列车模式等较为复杂的车流组织方式。大强度的货流,导致了大秦线上的车流密度和运输强度等都远远超过国外重载铁路,因而其发展模式和运输组织模式也不同于国外重载铁路,具有鲜明的中国特色。

2. 大秦重载铁路采用的重载技术

大秦线成功采用了以下重载技术:

(1)在世界上首次实现了Locotrol技术与GSM-R技术结合,并成功应用于2个10000t重组合列车的开行。把Locotrol技术由过去点到点通信传输,发展为系统网络通信传输,解决了机车间通信距离限制的关键问题。

(2)首次实现了采用2台和谐型大功率机车加可控列尾的方式,开行2万t重载组合列车,是世界重载技术的又一次创新。

(3)在世界上首次实现了800MHz数据电台与Locotrol技术的结合,并成功应用于大秦线4个5000t重载组合列车,使通信传输距离由450MHz的650m提高到800MHz的790m,进一步拓展了Locotrol技术的应用领域。

(4)首次采用单套Locotrol系统与SS_4型机车结合,实现了主控机车双端同步操纵控制功能。

(5)首次系统采用了重载车辆及重载配套技术。为大秦线设计生产了载重80t的C_{80}重载货车,加装了120-1型控制阀和中间牵引杆,在SS_4型机车上加装了E级钢车钩的大容量弹性胶泥缓冲器,纵向冲击力减少35%。

(6)首次采用自主研制的机车自动过分相装置。通过采用这种装置,确保了重载组合列车的安全平稳运行。

3. 大秦重载铁路在运输组织上所做的工作

大秦重载铁路在运输组织上,具体做了以下几方面的工作:

(1)对所衔接的大准、北同蒲等相关干线和支线实施扩能改造,使相关干线和支线具备了1万~2万t列车始发能力,实现了1万~2万t列车从装车点直通秦皇岛港,使用翻车机装卸作业。

(2)加强了战略装车点的建设。截至2007年年底,大秦线铁路建成2万t战略装车基地8个、1万t战略装车基地46个、5000t战略装车基地31个。

(3)以秦皇岛港为重点,成立了驻港运输协调办公室,与港务局合署办公,实现了煤矿、铁路、港口、船舶公司物流链管理过程的重新整合,形成以大秦线铁路为纽带的集疏运大格局。秦皇岛港经过几年来煤炭运量的拉动,已发展成为世界最大的煤炭集运港,2007年已实现煤炭吞吐量2亿t目标。

(4)优化运输组织、提高运输效率是内涵扩大再生产的主要方式。从2003年到2007年,大秦线铁路在增加2万t列车对数、机车交路调整、乘务制度调整、检车检修制度改变等方面创新,助推大秦铁路步入持续、快速、健康发展的轨道。在2016年全年,大秦线累计完成货物运输量35125万t。

(5)调整运输生产力布局。对大秦线及相关各线运力资源进行整体优化,全线653km只设一个机务段、一个车辆段。针对日常运输组织中出现的瓶颈区段和限制点,大秦线铁路撤销了一半以上中间站,减少了列车的停站次数和停站时间,提高了列车速度及全线通过能力。

三、我国的铁路重载运输技术

1. 重载运输线路等级

Ⅰ级重载铁路每年每千米通过总重大于8000万t·km,轨重为75~80kg/m。

Ⅱ级重载铁路每年每千米通过总重6000万~8000万t·km,轨重≥70kg/m;

Ⅲ级重载铁路每年每千米通过总重4000万~5000万t·km,轨重≥60kg/m。

2. 重载运输机车技术

1) 重载运输机车的研发目标

研制大功率内燃、电力机车以提高牵引列车质量,是我国重载机车主要发展方向,并追求轮轨之间的最佳黏着特性来提高机车的牵引能力;机车采用低动力作用的转向架以减轻对线路的破坏作用;采用电空方式提高机车的制动能力;在多机牵引条件下,不仅重视牵引动力在列车头部和中间的合理配置以减少列车纵向冲击力不利影响,而且通过采用无线遥控同步运转的"Locotrol"系统,实现机车之间同步操纵和牵引、制动过程的自动调整和良好控制,保证机车较高的运用可靠性,此外,还应具有能整列牵引或顶送重载列车的调车机车。

2) 我国重载机车的机型及在研发重载运输机车技术上所取得的成就

我国铁路目前主要重载机型有 $SS_{4改}$、HX_D1、HX_D2、HX_D3、HX_N3。其中,"和谐"系列电力、内燃机车是实现中国铁路干线货运重载、快捷运输的主型机车,也是中国首批达到世界先进水平的大功率交流传动机车。

2003年以来,我国铁路通过技术引进消化吸收再创新,已基本掌握了世界最先进的大功率电力机车的总成、车体、转向架、主变压器、网络控制、主变流器、驱动装置、牵引电动机、制动系统9大核心技术,实现了传统的交-直-交传动方式的跨越,标志着我国大功率重载机车生产制造技术已跻身于世界先进行列。目前,单轴功率达1200kW 的和谐型 8 轴和 6 轴大功率交流传动电力机车已投入批量生产。2007 年 6 月,首批总功率为9600kW 的和谐型(HX_D1) 8 轴交流传动电力机车在大秦铁路投入正式运营,可双机牵引 2 万 t 重载组合列车牵引试验中取得成功,并已正式运行。另外,总功率为7200kW 的和谐型(HX_D3)交流传动电力机车已逐步成为京沪、京广两大铁路干线的主力车型。同时,具备良好性能的国产化4413kW 大功率交流传动内燃机车已陆续生产,进一步提升了我国铁路重载运输的牵引动力水平。

3) 我国重载运输机车技术所面临的问题及其发展趋势

列车重量超过 100000~12000t 时多采用多机牵引,多台机车合理地分布在列车前部和中部,并根据列车的实际重量确定所需要的机车台数。由于列车编组长,牵引动力又分别位于整个列车的不同部位,前后机车联系、操作动作的失调,都会直接危及行车安全。因此,解决列车同步操纵问题,国际上主要采用机车无线遥控操纵系统(Locotrol)技术和电控空气制动(ECP)技术。

(1) 解决列车同步操纵问题:

①Locotrol 技术主要提供机车遥控功能,即由主控机车来遥控分布在列车中的其他机车分开编组的机车群,使它们置于同步工况。一般头部机车是主控机车,安装有主控设备,其余的机车安装有受控设备。主控机车司机通过无线通信传送编码指令,控制列车任何部位的和所控机车的牵引和制动。Locotrol 系统可以优化整列动力分配和制动控制,加快制动波速和缓解波速,使列车起动和制动更加迅速、平稳,减小车钩受力,提高列车运行安全效率。

②ECP 系统由机车和每辆车辆上的控制单元及列车网络组成,通过列车网络传递控制信息,使每节车辆同步制动或缓解,最大限度地减小列车纵向冲击。

(2)径向转向架技术。大功率交流传动内燃机车和电力机车采用径向转向架成为国际重载机车发展趋势,国外一些机车的大公司生产机车基本均采用径向转向架。我国主要机车制造厂也均开始小批量生产带径向转向架的重载机车。

3. 重载车辆技术

重载运输通常采用载重量大、强度高、自重系数小的大型四轴货车。货车车体大量采用耐腐蚀的钢结构和铝合金材料,高强度、低自重,以增大车辆容积或增加轴重为特征的浴盆式车体,低动力作用的转向架,装备新型的空气制动装置、高强度车钩和大容量高性能缓冲器。

1)货车大型化

货车大型化的主要途径是提高轴重。提高轴重可以提高车辆容积与载重力,在提高列车牵引质量标准的同时,有效缩短列车长度,缩短站线有效长度,减少站场用地面积。我国铁路货车轴重过去长期在21t及以下。从2006年开始,通用货车轴重提高到23t,重载货车轴重提高到25t,目前30t轴重货车的研制项目已开始启动。

2)车辆轻量化

车辆轻量化是指在相同的货车总重条件下,尽可能降低货车自重。这是提高货车净载重的有效措施。要达到车辆车重量化,主要是采用铝合金、不锈钢、高强度耐候钢、高强度合成材料等轻型高强度的车体结构的新材料取代原有的普碳钢材料。此外,要优化车辆结构设计,主要是采取改进车体承载形式和优化结构设计的手段来实现的。在保证车体强度和刚度的前提下,应充分利用等强度理论和结构的有限元分析程序,对车体结构进行优化设计,减轻车辆自重。但轻量化必须保证设备有良好的性能、足够的刚度和强度,同时也要考虑制造成本和运营费用。

3)转向架技术

转向架是保证列车运行品质和安全的关键部件。由于车辆轴重提高会加剧车轮与钢轨的磨耗,为了减少轮轨磨耗,各国都在着力改进重载车辆转向架的性能,除了采用低动力作用及径向转向架外,对转向架各部件还必须进行改进。

为了减少磨耗,可采用大直径车轮,通过改进车轮的材质提高车轮耐剥离性能。为提高车轮材质的抗剥离性,美国已研制成功一种新合金材质的车轮。不断改进车辆的弹簧悬挂装置。在轴箱外采用弹性橡胶,使用新型减振摩擦构件等。美国对重载车辆的转向架进行了改进并研制各种新型转向架悬挂装置。对轴承采用最新迷宫密封技术,缩短轴颈,提高轴承的用钢质量,采用SKF公司技术标准延长大修周期。侧架和摇枕采用B级钢,采用整体芯铸造、射线探伤等手段,提升安全可靠性。

4)新型车钩缓冲装置

车钩缓冲装置是车辆最重要的部件之一,为了减少列车的分离事故和列车冲动,重载列车采用高强度的车钩和大容量的缓冲器及牵引杆装置。在重载列车单元中,由于采用翻车机进行卸车,为创造不摘车卸车条件,在车辆一端安装高强度旋转式车钩,每3辆车为一组,中部车辆间的连接采用牵引杆装置。

5)采用可控的列尾装置

为了减少列车的制动延迟时间,可以采用可控的列尾装置。在列车中,在列车尾部的车辆上设置一个像机车制动机一样的排风减压控制装置。当机车进行减压制动时,在尾部的该装置也同步对列车进行减压制动。这样从头尾两个方向对整个列车进行减压制动,大大提高了列车制动的效能。

复习思考题

  1. 简述世界高速铁路的发展阶段。
  2. 简述高速铁路的技术经济特征。
  3. 简述我国高速铁路的发展阶段。
  4. 高速动车组有哪些关键技术?
  5. 什么是动车组?它有哪些类型?这些类型各有什么特点?动车组与既有机车车辆方式相比有何特点?
  6. 我国动车组有哪些型号?各型号动车组的主要特点有哪些?
  7. 磁悬浮铁路有哪两种不同的制式?各自有什么特点?
  8. 说明磁悬浮列车的悬浮、导向、推进的工作原理。
  9. 重载铁路的国际标准是什么?我国铁路有哪几条是重载铁路?
  10. 重载铁路运输模式有哪些?
  11. 重载铁路机车和车辆都采用了哪些技术?

参 考 文 献

[1] 佟立本.铁道概论[M].北京:中国铁道出版社,2012.
[2] 肖荣.铁道概论[M].北京:人民交通出版社,2013.
[3] 孙建晖.铁道概论[M].成都:西南交通大学出版社,2013.
[4] 周平.铁道概论[M].北京:中国铁道出版社,2008.
[5] 佟立本.高速铁路概论[M].北京:中国铁道出版社,2014.
[6] 钱仲侯.高速铁路概论[M].北京:中国铁道出版社,1999.
[7] 张全良.铁路设计基础[M].北京:中国铁道出版社,2007.
[8] 杨浩.铁路重载运输[M].北京:北京交通大学出版社,2010.
[9] 王春山,陈雷.铁路重载提速货车技术[M].北京:中国铁道出版社,2010.
[10] 陈雷,张志建.70t级铁路货车及新型零部件[M].北京:中国铁道出版社,2006.
[11] 赵洪伦.轨道车辆结构与设计[M].北京:中国铁道出版社,2009.
[12] 严隽耄,傅茂海.车辆工程[M].北京:中国铁道出版社,2008.
[13] 刘柱军.车辆构造及检修[M].北京:中国铁道出版社,2004.
[14] 刘志强.铁路机车车辆[M].北京:中国铁道出版社,2007.
[15] 董锡明.高速动车组工作原理与结构特点[M].北京:中国铁道出版社,2007.
[16] 丁莉芬.动车组工程[M].北京:中国铁道出版社,2007.
[17] 李晓村,侯梅英.动车组构造[M].成都:西南交通大学出版社,2009.
[18] 陈伯施,刘瑞扬.地对车安全监控体系5T系统[M].北京:中国铁道出版社,2006.
[19] 鲍维千.内燃机车总体及走行部[M].北京:中国铁道出版社,2004.
[20] 李晓村.内燃机车总体[M].北京:中国铁道出版社,2009.
[21] 王连森.内燃机车检修[M].北京:中国铁道出版社,2007.
[22] 冯金柱.电气化铁路基本知识[M].北京:中国铁道出版社,2010.
[23] 铁道第四勘察设计院.站场及枢纽[M].北京:中国铁道出版社,2009.
[24] 杨松尧.铁路运输安全管理[M].北京:人民交通出版社,2015.
[25] 彭其渊,王慈光.铁路行车组织[M].北京:中国铁道出版社,2007.
[26] 彭进.铁路客运组织[M].北京:中国铁道出版社,2009.
[27] 罗国雄.铁路货运组织[M].北京:中国铁道出版社,1988.
[28] 贾毓杰.铁路通信信号设备[M].北京:中国铁道出版社,2007.
[29] 翟红兵.铁路车站自动控制系统维护[M].北京:中国铁道出版社,2012.
[30] 中国铁路总公司.铁路技术管理规程(普速铁路部分)[S].北京:中国铁道出版社,2014.
[31] 中国铁路总公司.铁路技术管理规程(高速铁路部分)[S].北京:中国铁道出版社,2014.